天喜文化

有趣的灵魂

段召旭对话古典音乐大师

段召旭 著

天地出版社 | TIANDI PRESS

图书在版编目（CIP）数据

有趣的灵魂：段召旭对话古典音乐大师 / 段召旭著 .—成都：天地
出版社，2020.7（2021.11 重印）

ISBN 978-7-5455-5554-7

Ⅰ.①有… Ⅱ.①段… Ⅲ.①古典音乐—音乐家—生
平事迹—世界 Ⅳ.①K815.76

中国版本图书馆CIP数据核字（2020）第046156号

YOUQU DE LINGHUN DUAN ZHAOXU DUIHUA GUDIAN YINYUE DASHI

有趣的灵魂：段召旭对话古典音乐大师

出 品 人	陈小雨　杨　政
作　　者	段召旭
责任编辑	刘鹿涛　李　博
封面设计	今亮后声 HOPESOUND pankouyugu@163.com
责任印制	董建臣

出版发行	天地出版社
	（成都市槐树街2号　邮政编码：610014）
	（北京市方庄芳群园3区3号　邮政编码：100078）
网　　址	http://www.tiandiph.com
电子邮箱	tianditg@163.com
经　　销	新华文轩出版传媒股份有限公司

印　　刷	北京文昌阁彩色印刷有限责任公司
版　　次	2020年7月第1版
印　　次	2021年11月第3次印刷
开　　本	880mm×1230mm　1/32
印　　张	12.5
字　　数	256千字
定　　价	68.00元
书　　号	ISBN 978-7-5455-5554-7

咨询电话：（028）87734639（总编室）
购书热线：（010）67693207（营销中心）

如有印装错误，请与本社联系调换

奥地利

约翰·施特劳斯

莫扎特

舒伯特

车尔尼

马勒

勋伯格

法国

德彪西

萨蒂

圣-桑

柏辽兹

♪ 总　序

（"中读"文丛）

李 鸿 谷

杂志的极限何在？

这个问题没有标准答案，需要不断拓展边界。

中国传统媒体快速发展 20 余年，随着互联网和移动互联网时代的到来，尤其是智能手机的普及，新媒体应运而生，使传统媒体面临转型及与新媒体融合的挑战。这个时候，传统媒体《三联生活周刊》需要检视自己的核心竞争力，同时还要研究如何保持生命力。

这本杂志的极限其实也是"他"的日常，是记者完成 90% 以上的内容生产。这有多不易，我们的同行，现在与未来，都可各自掂量。

这些日益成熟的创造力，下一个有待突破的边界在哪里？

新的方向，从两个方面展开：

其一，《三联生活周刊》作为杂志，能够对自己所处的时代提出什么样的真问题？

有文化属性与思想含量的杂志，其重要的价值是"他"的时代感与问题意识。在此导向之下，记者将他们各自寻找的答案，创造出一篇一篇的文章，刊发于杂志上。

其二，杂志设立什么样的标准来选择记者创造的内容？

杂志刊发是一个结果，也是这个过程的指向，《三联生活周刊》期待那些被生产出来的内容，能够被称为知识。以此而论，文章发表在杂志上不是终点，这些文章能否发展成一本一本的书籍，才是检验。新的极限在此！挑战在此！

书籍才是杂志记者内容生产的归宿，这源自《三联生活周刊》的一次自我发现。2005 年，《三联生活周刊》的抗战胜利系列报道获得广泛关注。我们发现《三联生活周刊》所擅长的不是刊发的速度，而是内容的深度。这本杂志的基因是学术与出版，而非传媒。速度与深度是两条不同的赛道，深度追求，最终必将导向知识的生产。当然，这不是一个自发的结果，而是意识与使命的自我建构，以及持之以恒的努力。

生产知识，对于一本有着学术基因，同时内容主要由自己记者创造的杂志来说，似乎自然。我们需要建立一套有效率的杂志内容选择、编辑的出版转换系统。但是，新媒体来临，杂志正在发生蜕变与升级。"他"能够持续并匹配这个新时代吗？

我们的"中读"APP，选择在内容的轨道上升级，研发出第一款音频产品——"我们为什么爱宋朝"。这是一条由杂志封面故事、图书、音频节目，再结集成书、视频的系列产品链，也是一条艰难的创新道路，所幸，我们走通了。此后，我们的音频课，基本遵循音频—图书联合产品的生产之道。很显然，所谓新媒体，不会也不应当拒绝升级的内容。由此，杂志自身的发展与演化，自然而协调地延伸至新媒体产品生产。这一过程结出的果实便是我们的《三联生活周刊》与"中读"文丛。

杂志和中读的内容变成了一本本图书，它们是否就等同创造了知识呢？

这需要时间，以及更多的人来检验，答案在未来……

♪ 推 荐 序

李　　峥

　　随着段老师的无数遍弹奏，在琴声的召唤下，作曲家穿越时空，出现在了琴房之中，与段老师侃侃而谈，聊起人生的经历，一起探讨创作的理念，评论自己所处时代的人与事。在此过程中，作曲家的性格特点展现了出来，其音乐风格也得以揭示，以上这些内容有机地交融在一起，便构成了作曲家多层面的形象。这就是段老师所独创的"作曲家虚拟访谈"，通过文字所描述的一个又一个不断变换的场景，作曲家鲜活地在读者的眼前亮相了！

　　为什么说段老师的虚拟访谈是"独创"？因为它与人们通常所认为的虚构受访者言谈、并带有主观成分，甚至通过受访者之口表述作者自己观念的虚拟访谈截然不同。段老师的虚拟访谈内容出自翔实的音乐史实，完全没有虚构的成分，作曲家所言皆是历史资料的重组与再现，力图在整个访谈中还原历史场景，带领读者回到作曲家所处的那个时代，对作曲家及其作品获得直观的认识。所以说段老师的"虚拟"实际上仅是一种外在形式，其内核则没有虚拟，全然是真实的。

作为一位钢琴演奏家，段老师还对文中所涉及的专业知识进行了深入浅出的解读，既具有专业的严谨性，又具备通俗的可读性。长久以来，不论专业人士还是音乐爱好者，都在寻找各种普及古典音乐的方法，然而，不论是对音乐知识的系统性介绍，还是对音乐会的个性化评论，似乎都与普通读者有一定距离。而段老师的"虚拟访谈"则因其趣味性而颇具亲和力，读来引人入胜，可以吸引更广泛的读者群体，对音乐欣赏的普及起到促进作用。

虚拟访谈涉及的作曲家从巴洛克时期古典音乐家至现代派，从巴赫到菲利普·格拉斯，既有莫扎特、贝多芬、李斯特、瓦格纳等人们熟知的作曲家，也有萨蒂、勋伯格、梅西安、约翰·凯奇等比较小众的作曲家，还有车尔尼这样在音乐教学领域的著名人物。这些访谈最初以连载的形式在三联《爱乐》杂志上刊发，从 2017 年第 4 期开始，截至 2019 年第 12 期，已经持续了两年零九个月的时间，总共"采访"了 33 位作曲家，涵盖了历史上对音乐发展起到重要作用的人物。

在虚拟访谈之外，段老师还长期为三联《爱乐》杂志的各个栏目撰稿，从作曲家与作品到唱片及其版本，从音乐游记、音乐会评论到关于音乐知识的诸多话题。凭借多年教学的经验，段老师以专业的思路，通过举重若轻的表述，展开自己的文章，令读者受益匪浅。其中给我印象最深刻的一篇是《因雪思高士——维也纳独奏游记》，文章记录了"东方遇上西方"钢琴独奏会的整个过程和雪中探访位于海利根施塔特小镇的贝多芬故居的经历，真情流露的文字令人深深感动。

在撰写文章的同时，段老师与三联《爱乐》杂志合作开启了"陶然爱乐天"系列音乐沙龙活动，他以幽默且机敏的语言、边讲解边弹奏的方式，赢得了听众的喜爱和欢迎。这一系列活动经过精心设计，形式非常活泼，内容多姿多彩，例如："李斯特生日宴""一天到晚游泳的肖邦""跟着斯卡拉蒂去踏青"等，尤其是以"费加罗的婚礼"为主题的音乐沙龙，段老师携中央音乐学院研究生共同亮相，亲自钢琴伴奏，为大家献上了一场美声大餐，对于每一位在座的听众来说，都是一次难忘的经历。

并且，段老师还与三联"中读"合作了音频小课，在短时间内就取得了不俗的成绩。在小课上，段老师以边弹奏边讲解的形式，引导听众进入到音乐的深层，乃至内在的结构之中，不论是入门级的听众还是资深乐迷，都可以从中得到各自所需的东西，收获到对于音乐的新的认知。不仅如此，段老师的"虚拟访谈"也部分被音频化，以鲜活的形式呈现给听众。作为古典音乐的热心普及者和资深乐迷，段老师总是竭尽自己所能，通过各种方式对古典音乐的普及奉献出自己的一份力量。

我所认识的段老师，他对音乐有着非常广的涉猎，也是一位唱片爱好者，收集与聆听了大量唱片，对于同一部作品的不同演绎，有着自己的独到见解，特别是对于李斯特的钢琴音乐，有着深入的研究与探索。在一篇标题为《"李斯特夫人"是谁？》的文章中，段老师介绍了被尊为"李斯特夫人"的法国女钢琴家弗朗斯·格利达（France Clidat），通过聆赏她所录制的唱片，对她演绎的李斯特作品做出深入的分析，使读者对演奏家与作曲家之间的交集有了更深入的理解。

回首往事，我记得与段老师的初识是很多年前在唱片店中。当年尚无现在便捷的网络可以试听或下载音乐，欣赏音乐很大程度上要靠听唱片。对于那时的人来说，一张唱片的价格实在不菲，何况大量曲目的收集与不同版本的收集，更让花销大幅上涨，能够做到毫不吝惜的，唯有真爱之人，这恐怕在爱乐圈之外是不容易被理解的。也正是由于对音乐的这份真诚，才能够让人全身心地投入到音乐之中，我觉得不论诠释音乐还是欣赏音乐，其实皆是如此，而我们可以在段老师身上找到这样的真诚。

本书所汇集的作曲家虚拟访谈，正是段老师在经过多年的积累，并进一步对所掌握的历史资料进行甄选之后，最终凝结而成的奇思妙想之作。在这些洋溢激情的文字中，传达出了古典音乐的精神，让读者在了解作曲家与他们的音乐创作的同时，也在更深层次拓展了自己的视野。相信，读过段老师的作曲家虚拟访谈，每一个人都会有各自的收获。

现在，段老师的钢琴声响起了，他将唤来哪一位作曲家呢？让我们翻开这本书，跟随段老师的钢琴声，去同那些历史上著名的作曲家相会，听一听他们为我们带来怎样的故事。

段 召 旭

　　我小时候除了在钢琴键盘上接触西方古典音乐家，对于其人其事多是通过一些普及读物了解的。那些读物的作者大概都有一种"生活充满苦难的人才能堪称伟大"的主导思想，因此极尽笔墨去描写作曲家要么在穷困潦倒中坚持创作（如舒伯特、莫扎特、贝多芬），要么与病魔不屈不挠地斗争（如耳聋的贝多芬、双目失明的巴赫和亨德尔、患有肺结核的肖邦、患有精神病的舒曼），这些大师在自身朝不保夕和患病的境遇中还不忘悲天悯人、关怀世人（如纯属杜撰的贝多芬《月光奏鸣曲》来历的故事）。很多大师都英年早逝（如 31 岁去世的舒伯特、35 岁去世的莫扎特、38 岁去世的门德尔松、39 岁去世的肖邦、46 岁去世的舒曼），还有很多大师终身未婚（如舒伯特、贝多芬、李斯特、肖邦）。以至于我幼小的心灵中甚至建立起了"穷、早死、独身"是伟大作曲家标配的概念。

　　然而，当我阅读了更多作曲家书信集、作曲家自述等一手资料后，惊讶地发现：不仅有很多大作曲家结了婚、没有早逝，而且实际上莫扎特、贝多芬和舒伯特等人也根本没有那么穷，莫扎特和贝多芬甚至还可以说收入不菲。此外，在形象方面，作曲家们也完全不是普及读物中所塑造的那么不食人间烟火。原来他们也会计较钱，会为了稿酬而与出版商讨价还价，会在乎自己的出场费；原来他们也追求生活品质，而非"安贫乐道的苦行僧"（贝多芬煮的每颗咖啡豆都要自己精挑细选）；原来他们也会对同行毒舌、对竞争对手冷嘲热讽……最重要的是，在了解了这些之后，非但没有影响这些作曲家在我心中的伟大形象，反而让我在演奏或欣赏他们的作品时，感觉更为亲切，觉得这些作曲家更加可爱了。

这时我想，以往对古典音乐家的"造神运动"，对于古典音乐的普及其实是十分不利的。这种做法导致人们在聆听古典音乐时，完全没有听流行歌曲那种仿佛邻家男孩女孩在对自己诉说的亲和感，而是在聆听天神圣谕般的教诲，从而使很多人对古典音乐敬而远之。那么，如果能够揭开古典音乐家们神秘的面纱，请这些大师自己现身畅谈，展现自己人性中甚至有些顽皮的一面，这对于大家理解他们的作品一定是会有好处的，同时或许对于自己的人生也能有所启发。

曾有哲人说过，阅读能够令我们得以和已故先贤对谈。于是，我决定以虚拟访谈的形式来让这些大师亲口讲述自己的人生、艺术和对同行的评价。当然，只要是神志正常的人都能够知道，我不可能真的与作曲家当面访谈。但是，我绝不会胆大包天地自行虚构作曲家的言论，在此我可以保证访谈中作曲家的话都是真实的，其来源就是他们的书信集、文稿和自传等。此外，我的虚拟访谈中"把作曲家的某一作品弹到一千遍，作曲家就会现身和你聊一会儿"的设定，也不完全是一个玩笑。作为一个有着多年练琴和演奏经验的人，我可以肯定：在充分弹熟一首作品的过程中，作曲家隐藏在音符背后的含义会逐渐清晰地浮现出来，在其中感受到的作曲家的性情和人格，常常是更为直接的，并且可能与生活中的他们不尽相同。

最初，我只是想把虚拟访谈写出来，在自己的公众号上发一下，并没有奢望做成一个系列甚至出书。然而我写出第一篇虚拟访谈之后，发给了三联《爱乐》杂志的耿捷老师，没想到得到了耿老师的肯定，并在三联《爱乐》杂志上发表。从此虚拟访谈系列开始在三联《爱乐》杂志上连载，渐渐积少成多，并成了我在三联中读音频栏目《古典音乐说明书（第二季）》的线索。因此，如果没有耿捷老师和三联《爱乐》杂志的支持，就没有今天这本书的诞生，在此致以最大的谢意！

此外，在这本书中我还将为大家展示我手绘的访谈作曲家肖像。作为从来没有学过一天绘画的我来说，画这些肖像完全没有要跨界的不自量力和野心，而只是为了能与这些大师有另一种方式的亲近。另外，扫描书签上二维码可以听到我的"云上钢琴独奏音乐会"。我在钢琴上、文字中、画笔下对作曲家们的感受与理解，都在本书中与大家一次性全方位分享。我非常开心，也希望你们能够喜欢，谢谢每一位朋友的阅读与聆听！

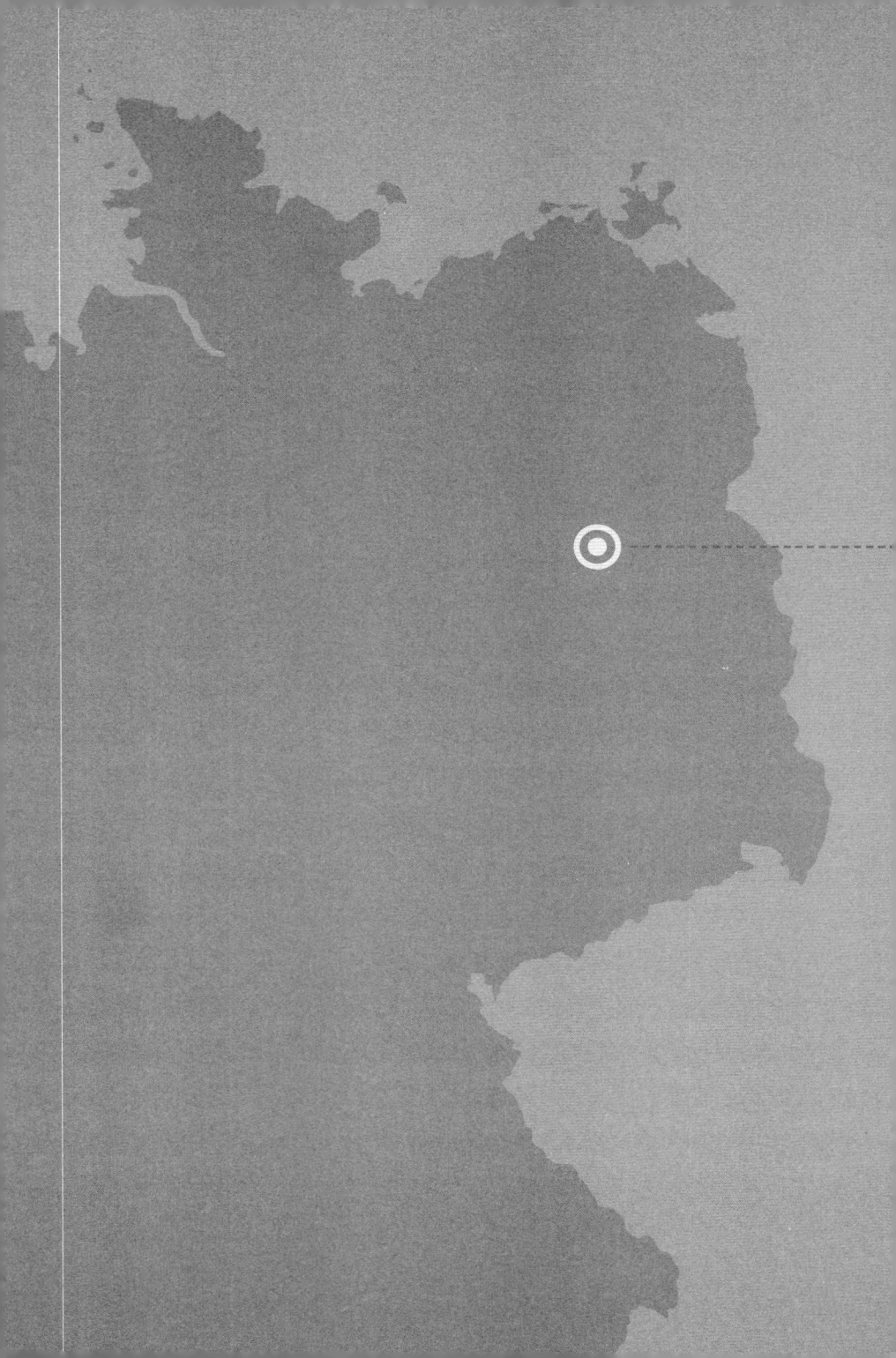

德国

J.S.巴赫

我只是只争朝夕地努力

作曲家小传

巴赫家族是历史上很出名的音乐家族，我们访谈的是其中最著名的 J.S. 巴赫（J.S.Bach，1685—1750）。在 J.S. 巴赫前后 200 年里，巴赫家族出现了至少 50 多位作曲家，令人叹为观止。

出生于 1685 年的 J.S. 巴赫无疑是其家族中最伟大的音乐家，其突出的才能表现为在音乐中将感性的旋律与理性的逻辑、横向的复调织体与纵向的和声完美地结合在一起。在巴洛克晚期他坚持复调音乐的创作，没有顺应主调音乐开始兴起的潮流，打造出复调音乐的珠穆朗玛峰。

J.S. 巴赫的音乐对后世历代作曲家都有深远的影响，因此被誉为"音乐之父"。除此之外，J.S. 巴赫在生活中也是一位伟大的父亲，两任爱妻先后为他生下了 20 个孩子，虽然有些孩子不幸夭折，但仍有很多子女长大成人，且有些孩子子承父业成了音乐家。

尽管后世对 J.S. 巴赫崇拜到无以复加，但 J.S. 巴赫在世时却屡屡被人轻视，人们只是将他视为一个管风琴家或一位乐长。在 J.S. 巴赫死后，尽管严肃音乐家诸如海顿、莫扎特、贝多芬等人一直十分重视 J.S. 巴赫，但直到 1829 年门德尔松复排《马太受难曲》，J.S. 巴赫的作品才得到了真正的复兴。

　　J.S. 巴赫一生的创作也给后世留下了诸多难解之谜，比如《哥德堡变奏曲》的真实创作目的，巴赫与数字 14 和 41 的关系等。

　　冲动和好斗的性格在"音乐之父"的身上时有体现，如他曾经在排练时骂一位管乐手吹得"像驴叫"，引发一场决斗；他还曾因为与人打架而遭到牢狱之灾。然而在狱中，他仍创作《十二平均律钢琴曲集》。

　　J.S. 巴赫由于早年过于勤奋，曾在月光下抄写乐谱，以致染上眼疾，视力下降，到晚年几近失明。后来有一位号称是欧洲各大皇室御用医生的江湖郎中，使用各种诸如马粪、尿液和虫子等偏方医治巴赫的双眼。在这位江湖术士的"不懈努力"下，J.S. 巴赫终于彻底双目失明了。

J.S.Bach

在《半音阶幻想曲与赋格》奏响千遍之后，终于迎来了访谈系列以来最激动人心的时刻。世人称颂的乐长、"音乐之父"——约翰·塞巴斯蒂安·巴赫来到了访谈现场！严肃、一丝不苟的他，其实并不是特别高大，但是很强壮。J.S.巴赫在侃侃而谈中给每一位想要探索其艺术世界的人提供了一片自由洞察的视野，就像他的音乐一样，他本人从未让他的崇拜者们失望。

一

D①：听说您小时候在爱森纳赫上学时，经常逃学，是不是因为那里的学校太差了？

B：我应该早一点儿用功才对。

D：今天的莱比锡已经把您视为他们的骄傲，但是了解过您的生平就会知道，您任职过的所有地方，除了莱比锡，其他地方给您的薪水都比前任要高，而且在您的继任者那里，薪水又会恢复之前的水平。只有莱比锡，不仅薪水不及前任，后来还继续减少您的工资，那里的议会总是想尽办法打压一切有才华的人。想必莱比锡的任职岁月对您来说是很苦涩的吧？

B：是的。那里的待遇并没有我原来以为的那么好；他们还时常拖欠、克扣津贴；莱比锡的生活费也十分昂贵；那里的当局

---

① 全书 D 统一代表作者段召旭老师。

者都是一些不可理喻之人，几乎不懂音乐。我曾在莱比锡两个主教堂任音乐主管，在行使职务当中，时常感到我的职权受到无故的限制甚至压缩。我几乎不得不一直生活在无尽的苦恼、猜忌和迫害之中。我祈求上帝的帮助，因为我被迫要另寻人生的转机。

D：可以请您详细说说当时莱比锡教堂音乐的情况吗？

B：所谓完备的教堂音乐，必须配备歌手及乐手。在莱比锡，歌手来自荣获圣托马斯学校的基金会奖学金的学生。如果想让合唱团能演出好的教堂音乐，歌手需要分独唱和合唱两部分进行训练。独唱者通常需要4个人，合唱队员则至少要8个人，2个人为一个声部。器乐方面，乐手的编制总数至少要有18个人。另外，由于教堂音乐经常使用长笛，所以至少得有2个长笛手。这样器乐手就应该有20个人。当时市政府雇用的乐手只有8个人，其中4个是管乐手，3个是专业小提琴手，另外一个还在学徒阶段。经过深思熟虑，我想为了安全起见，我还是不要老实说出我对他们的技艺有何看法。不过，我要说的是，这批人不是已经退休，就是缺乏练习。

虽然说莱比锡的正规音乐人才不足，但教堂音乐的品质还算是差强人意，除了大学生弥补一些不足，最主要的幕后支撑力量还是来自音乐学校。那个学校的学生一向很乐意支持教堂音乐，部分原因是可以得到酬金。但是，后来那点微薄的酬劳都被剥夺了，学生的参与意愿消失殆尽。试问，谁会愿意毫无回报地付出呢？

于是，在严重缺乏合格音乐人才的情况下，第二小提琴经常是由尚未出师的学生演奏，至于中提琴、大提琴和低音提琴更是毫无例外地由缺乏经验的学生担任。如此一来，你就很容易理解这样的处境对唱诗班的演出有多大的影响。这还只是周日礼拜的部分，如果要是赶上教会重大的节日，两所大教堂同时举行仪式，演出阵容就更捉襟见肘了，连只会一种乐器的学生我都得让他们上阵。

另外，有句话我非说不可，学校收了那么多既没天赋又没素养的学生，结果就只能使演出的水准每况愈下。一个对音乐一无所知又不能唱第二声部的孩子，根本就不是学音乐的料；即使是一些略有基础的孩子，学习的速度也赶不上我对他们的期望。然而，我却没有足够的时间去训练他们。

而且，当时的乐风也正在出现剧烈的变动，音乐的层次不断提高，口味发生了出人意料的变化，因此，过去的音乐风格在耳朵里自然已经不再悦耳动听。也就是说，必须要挑选合适的表演者来演出新风格的音乐，这样才能满足作曲家传扬作品的需求。另外，唱诗班本来已经很微薄的报酬还被取消了，照理说应该增加，而不该一分都不给。音乐家如果能在毫无准备的情况下就演奏各式各样的作品，无论是英国的、法国的还是波兰的，甚至还能背谱，那么，他们就理应得到跟他们付出的努力和心血呈正比的酬劳！但是根本没有人考虑这些，音乐家就得自求多福。为了养家糊口，有的人一辈子都没有多余的时间把技艺提升到更高的境界，更别说功成名就了。

情况已经清楚摆在我的眼前：我根本没有办法得到改善音乐品质的机会。

二

D：很多人都片面地把您视为一位写作教堂音乐、为宗教服务的作曲家，但据我所知，您曾经由于蒂维·布拉希教堂的首席牧师反对教堂音乐的丰富和发展而提出辞职，是吗？

B：是的。尽管我对所委托的任务总是很乐意接受，但终归是不无违心的。从当时的形势看，也没有迹象表明以后会有所改观。我对教堂音乐创作的终极目的，只能在顺心的岗位和没有其他人给我脸色看的环境下才能达到。我要把一种均衡的教会音乐献给上帝和他的意志。

D：您的时代有一种著名的音乐手法叫"通奏低音"①，我想请教您关于这种即兴演奏的要领。

B：通奏低音应该这样来演奏：左手按现成的乐谱演奏，而右手则要抓住协和与不协和音，以便能出现优美的和声，用来崇敬上帝和陶冶人们的性情。凡是不注意这点的，都只是魔鬼的号叫和庸俗的卖弄，而不是真正的音乐。

D：我知道您的《二部创意曲》《三部创意曲》是为您的长子威廉·弗里德曼·巴赫写的教程。在您当初创作的时候，希望学

---

① 低音以数字标出，留给演奏家即兴处理，因此也被称为"数字低音"。

生通过弹奏这套曲集达到什么学习目的呢？

　　B：我想用清晰的形式来教导键盘乐器的爱好者，特别是对键盘乐器求知若渴的学生，不仅让他们能清楚地演奏两个声部，还要通过三个同时进行的声部掌握正确、得当的演奏方法，同时尝试在原作的基础上进行良好的创新。不仅如此，还要通过实践，在绝大多数情况下演奏时达到如歌的效果，并且对音乐创作树立起坚定的品位。

　　D：您的《平均律钢琴曲集》直至今天还是所有从事键盘乐器和作曲的人的必修教程。莫扎特、贝多芬、舒曼、门德尔松、李斯特和肖邦等大师都从中受益匪浅。但是这么一部伟大的、划时代的杰作却没有在您生前得到印刷出版，实在有失公允。请问您创作这部作品的初衷是什么呢？

　　B：我创作这部作品是为喜欢音乐的青年在学习的时候使用，或者是给在音乐艺术上已达到一定水准的人在闲暇时消遣之用。

　　D：您作为举世闻名的管风琴家，也为管风琴教学写了《管风琴小曲》集，这本曲集是为什么级别的管风琴学习者所写的呢？

　　B：这本书是供管风琴初学者使用的。首先要熟练掌握每一种众赞歌的类型，其次就是学习脚键盘技巧。在这本书的众赞歌里，脚键盘多为必要声部。

　　D：据说您向来不屑于回应对您批评和攻击的文章，您是否不喜欢与人争辩?

B: 我一直认为, 作为音乐家只要做好他的本分就足够了, 把时间浪费在长篇大论的书籍和啰里啰唆的哲学讨论上毫无意义。

三

D: 您的家庭在音乐史上可谓是名副其实的大家庭了。您的歌唱家妻子安娜·玛格莱娜和多个音乐才华出众的孩子, 给您营造了一个美乐飘飘、其乐融融的家庭氛围吧?

B: 是的。他们都是天生的音乐家。我可以向你保证, 我在家里就可以搞音乐会, 声乐器乐俱全。特别是我的第二位妻子, 她是一位音色嘹亮的女高音歌唱家, 还有我的大女儿也唱得不错。

D: 我曾经听说您除了作曲, 有时候兴之所至也会写诗, 能否在这里和我们分享一首诗?

B: 好吧。我写过一首表达男人和烟斗的相似之处的诗, 是这样的:

无论我何时拾起我的烟斗,

吞云吐雾以排遣时光。

我的思绪, 在我坐着抽烟时,

凝视于一幅哀伤的画。

使我明了,

我和我的烟斗何其神似。

这烟斗以馨香烧就，

除陶土外一无所是。

我也出自同样的土壤，

有朝一日我还将归于尘土，

烟斗却在我欲有所思的时候掉落，

在我眼前断为两截，

仿佛是诉说我的命运。

烟斗虽然未染纤尘，却仍渐黯淡，

但如今它仍洁白。

我因此了悟，我应侧耳倾听死神之召唤，

我的身躯亦将苍白，

九泉下它将翻黑，

如烟斗经历火炼。

是的，当烟斗仍在燃烧时，

请尽情观赏，

轻烟升往稀薄的空气中，

当仅剩灰烬时便无可观。

人的躯体也将如此烧尽，

归于尘土。

经常在抽烟时，

用手指揉匀我烟斗中燃着的烟丝，

被灼痛了，我想：

噢，要是这能带来如此剧烈的疼痛，

那我在地狱中该会有多么热啊！

D：很多人都不会想到，看上去那么严肃、一丝不苟的您，还有如此浪漫诗情的一面。您除了这首烟斗的诗之外，有写给您的爱妻安娜·玛格莱娜的诗吗？

B：有的。我是这样写的：

若你在我身旁，

我将带着欢乐去迎接死神和永恒的安宁。

啊，我的临终将是甜美的。

只要是你美丽的手，

合上我忠实的双眼。

D：非常感人！谢谢您。

D：据我所知，您和第一任夫人玛利亚·芭芭拉所生的第三个儿子约翰·格里弗里德·贝尔纳德·巴赫，他虽然是一名不错的管风琴师，但是也让您很不省心，总是在做了许多不体面的事并欠了许多债务之后，逃之夭夭，由您去给他善后，是这样的吗？

B：是这样的。正如您所知，当时我不仅付清了他的全部伙食费，也还清了他在米尔豪森的一切债务。除此之外，我还留下了几个杜卡特金币作为他的其他开销，并期待他会开始新的生活。然而后来，我听说他又到处举债，继续他过去的那种生活方式，这真令我惊骇万分；不仅如此，他还隐藏起来，不肯告诉我他的新住址。我还能说些什么、做些什么呢？无论怎样的忠告，甚至最诚心的关怀和支持都已于事无补，我只能谦恭地背负着我的十字架，把我这不孝之子托付给仁慈的上帝，希望上天终能垂听我的怨诉和祈祷，以神圣的意志引导我的儿子，使他领悟，只有神的恩典才能把他领上正路。好在，没有人把我的孩子的不良行为视为我的过错，而且大家都认为我是一个关心自己孩子命运并为他们的幸福竭尽全力的好父亲。

D：尽管您这样的大天才是不可复制的，但是我还是想向您请教，您是如何让自己的作品如此完美的？

B：我总是只争朝夕地不懈努力。任何人只要能够像我一样用功，都一定可以拥有我这样的成就。

> 我以伯恩斯坦①的话来结束访谈："巴赫是一个人，而不是上帝。但他是上帝的人，他的音乐自始至终都受到了上帝的恩泽。"是的，你对巴赫音乐的理解和热爱，将让你拥有一个世界上任何人都无法夺走的宝藏。

---

① 伯恩斯坦（Bernstein，1918—1990）：美国指挥家、作曲家。

贝多芬

我总是随身带着笔记本

作曲家小传

生于德国波恩的贝多芬（Beethoven，1770—1827）不论从艺术成就还是知名度，都可以说是西方古典音乐家中的巨星。关于这位大师的传闻一直都是五花八门的，以讹传讹，甚至进入到我国小学教科书中。

家长们经常用来勉励孩子的故事就是：童年的贝多芬常常在半夜睡梦中被父亲拎起来练琴。请注意，贝多芬当时住的是公寓楼，而非独门独院，因此，前述情况也许发生过，但绝不会是经常。

还有一个最励志的贝多芬故事就是，贝多芬作为一个双耳失聪之人，竟然成了音乐家。贝多芬并不是天生就失聪的，他的听力是在成年后逐渐丧失的，到了晚年他才全聋。在写那首常被人误说成是失聪的贝多芬对命运不屈抗争的《第五命运交响曲》时，他的听力还是可以的。

关于贝多芬流传最广、最不靠谱的故事，大概就是那篇关于《月光奏鸣曲》来历的小学课文了。那个故事完完全全是杜撰的，贝多芬甚至没有给这首奏鸣曲起名叫"月光"，这个名字是出版商为了销量而加上去的。

　　贝多芬与海顿、莫扎特都属于"维也纳古典乐派"，他曾师从海顿，而莫扎特是贝多芬自幼的偶像。

　　贝多芬的许多豪言壮语广为流传，如"贵族有千千万万，贝多芬只有一个""你是出身的贵族，我是头脑的贵族"。这些话表现了贝多芬的桀骜不驯，但是同时也表现出了贝多芬很深的"贵族情结"。

　　在一个风雨交加的夜里，贝多芬去世了，临终还紧握着拳头。

Beethoven

4月的一天，音乐界永远的巨人、"乐圣"贝多芬来到了我的琴房。他说他的某一首奏鸣曲已经被我练习了一千遍，因此他如约而至。

贝多芬的听力似乎已经恢复了正常，整个交谈过程进行得十分顺畅。贝多芬热情、真诚，双目炯炯有神，而每当聊到他的作曲家同行们时，他的回答都非常小心谨慎。出于对大师的崇敬，对于大师那些不愉快的往事，例如他那不争气的侄子、海利根施塔特遗嘱等，我在交谈中也都有意进行了回避。

—

D：我们先聊聊莫扎特，好吗？因为我知道，莫扎特是您自幼的榜样，后来您在维也纳也见到了莫扎特并听过莫扎特本人的演奏，能否说说莫扎特的演奏是什么样的吗？

B：莫扎特的演奏方式细致且变化多端，但是遗憾的是，他的演奏中没有连奏。他的触键非常干净利落，但是略嫌空洞、扁平而过时。

D：除了莫扎特，维也纳另外一位古典音乐大师海顿跟您也有一段渊源：您曾是他的学生，请您说说您跟海顿学习的体会。

B：坦白讲，我跟海顿的学习经历是这样的，虽然的确得到了海顿的一些指点，但是我却从未在海顿身上学到什么。正因如此，尽管海顿当时希望我在我的作品上写上"海顿的学生"，我却没有这么做。

D: 您有没有比较推崇的前辈作曲家？

B: 我对亨德尔佩服得五体投地。他是有史以来最伟大、天分最高的作曲家，他身上有我学不完的东西。我愿意摘下我的头颅，跪倒在他的墓前。

D: 我想您一定认识克莱门蒂，因为我知道作为出版商的克莱门蒂曾经是您的作品在英国的总代理。我很想听听您对他和莫扎特在音乐创作上的评价。

B: 其实我并不看重莫扎特的钢琴曲，相反我对克莱门蒂的奏鸣曲却情有独钟。在家里我收藏了克莱门蒂奏鸣曲的全部乐谱。我认为这些奏鸣曲是美丽动听的钢琴曲中的第一流作品。在我教我的侄儿卡尔弹钢琴的时候，有好几年我给他的规定曲目几乎都是清一色的克莱门蒂奏鸣曲。

D: 那么还有什么练习曲是您会推荐给钢琴学生练习的呢？

B: 练习曲方面我会推荐克拉莫的练习曲。这些练习曲是基础，非常值得弹奏。如果我编写一部钢琴教材，一定会把克拉莫练习曲选编进去。如果想要弹好我的作品，首先就得学好这些练习曲。

D: 作曲家舒伯特是您的粉丝中最出名的一位，据说您也非常赏识他的才华？

B：之前我本以为舒伯特写的歌曲最多也就五首，根本不相信那时候流传的说他写了五百首歌曲的说法。直到我去世前几个月，我的朋友辛德勒给我拿来了好几十首舒伯特写的歌曲，这真的让我大吃了一惊。我对舒伯特创作的数量和质量都感到惊愕！读了他很多首歌曲的歌词原诗后我都觉得舒伯特的心里亮着天火，我要是早知道这些诗，我也会把它们谱成曲的！我非常赞叹和难以理解舒伯特哪来那么多时间去为这么多长诗谱曲，很多长诗的长度是一首相当于十首的。我当时就预言，他一定会成为世人关注的焦点。同时我深深地为自己没有早点结识他而遗憾不已。

D：歌剧《魔弹射手》的作者卡尔·马里亚·冯·韦伯也在您的时代生活，您对他有何评价？

B：他启蒙得太晚。他的艺术永远都达不到浑然天成的境界，显然他的一切努力都只是为了让大家承认他是天才。

二

D：您创作的灵感一般来自哪里？

B：对于我从哪里得到灵感，我也不能确切地回答。它们通常是间接或直接、自由地来到我身边，而我可以把它们抓在手中。在大自然中、在树林里、在散步时、在寂静的夜晚、在黎明的晨曦，当被灵感激发之时，诗人们会将灵感转化成文字，而我却将它们谱成曲调，那些汹涌澎湃、咆哮如潮的声音最后都以音符的形式呈现在我的面前。所以我永远随身带着笔记本，一有什么念头马上就记下来，哪怕是半夜三更，只要脑子里想到什么，我都要从床上爬起来。因为如果不把它记在本子上，那个念头就会忘掉。

D：我非常好奇，您作为一位巨人般的作曲家是如何创作的？

B：在我把我自己的独特想法写出来之前，我经常需要一段非常长的时间酝酿成熟。这样做，我才信得过我的记忆，使我能够永远记住我的主题，即使几年之后我也确信不会忘记。我的创作改动很大，乐谱常常是涂了又涂、改了又改，直到我感到满意为止。然后，新作又在我脑海中拓展，向着各个方向延伸，达到新的高度和深度。由于我知道自己需要什么，所以我不会背离我的基本思路，主题思想不断升华并逐渐成熟，我在心里耳闻目睹作品全幅展开，犹如它已经大功告成，余下来我所要做的全部工作就是将它完整地写出来。这个过程进展得很快，它取决于我可用的时间，因为我经常会同时撰写几个作品的片段。而我必须确定不会将不同作品的片段彼此混淆。

D：您当时的日常作息和工作习惯是怎样的？

B：我一般都是在黎明时分起床，然后直奔工作室，在那儿一直工作到下午两三点才吃午饭。在这期间我通常跑出去两三次，在野外一边散步一边工作。这样的散步时间不超过一个小时。

下午是我固定的散步时间，之后我会去我喜欢的啤酒屋，看看当天的新闻。

D: 您会在夜里作曲吗？

B: 通常不会，因为我的眼睛吃不消，我最晚十点钟就上床了。此外我还有一个习惯，就是冬天我一般不创作，而只把夏天写的东西整理成乐谱，或者进一步推敲润色。那也是很花时间的。

D: 您在创作歌剧时对题材的选择有什么考虑吗？

B: 我谱写歌剧需要可以刺激我的题材，它必须合乎道德并可鼓舞人心。如果歌剧脚本不能吸引我、不能激起我的热情，我是写不出歌剧的。像莫扎特用来谱曲的一些脚本，我是不会用的，我永远无法让自己有为下三烂题材写音乐的情绪。因此我绝对不会写莫扎特的《唐璜》和《费加罗的婚礼》那样的歌剧，我很反感那种歌剧，不会选那类主题。比如我的《爱格蒙特》序曲就完全是出自我对伟大诗人歌德的热爱。

D: 您的《"槌子键琴"奏鸣曲》Op.106 在今天被视为是一首高深莫测的奏鸣曲，其长度也令人望而生畏。在您的时代人们是如何看待这部作品的？有没有觉得过于长了？

B: 有的，我当时也料到了这一点。所以在我跟英国出版商谈判时，我给了他几种方案：可以删去整个慢板部分，直接从最后一章——赋格曲开始；也可以先用第一乐章，接着用柔板，之后紧接着第三乐章谐谑曲，删除整个第四乐章；还可以保留第一乐章和第三乐章，把它整合为一首独立的奏鸣曲。我把选择权给了出版商，他认为怎么好就怎么做。

D：您的《第九交响曲》是人类音乐史上的一座不朽丰碑，特别是在交响曲中加入合唱的做法更是让这首交响曲获得了《欢乐颂》的名字，有人说这是有史以来首次在交响曲中加入声乐，是这样吗？

B：恐怕并非如此。在这之前的 1814 年，彼得·冯·温特（Peter von Winter）就曾经把声乐加入到交响曲中，我本人也曾经在这之前 1808—1809 年写的《合唱幻想曲》中尝试过这种做法。所以说，《第九交响曲》并不是历史上第一次这么做的。

D：您在钢琴教学中比较强调哪些方面？

B：我会对学生在音乐表情和音乐风格方面的错误感到难以容忍。我认为，像碰错音一类的错误都属于偶然，但是音乐表情弹错的根源则在于缺乏知识、情感和不专注。

三

D：您一生未婚，这是否与您对婚姻的理解有关？

B：我深深知道，没有人在婚后不后悔的。因此我很高兴，那些我曾经认为与之结婚将是我最大幸福的女人中，没有一个人成为我的妻子。因为我觉得愿望未达成而保持期待可能更是一件好事。

D: 朱莉·圭奇贾迪伯爵夫人似乎与您关系甚为近密，您的那首俗称《月光奏鸣曲》的作品也是献给她的。您愿意谈谈你们的故事吗？

B: 她是第一个让我感觉到婚姻可能会给我带来快乐的人。她爱我，我也爱她。不幸的是，我和她门不当户不对，她的父亲反对我们的婚事，她最终嫁给了别人。实际上她爱我的程度比她爱她丈夫还要深，但是他是她的爱人，而我却不是。

D: 维也纳是您一生的主要居住地，您对那里的音乐生活印象怎么样？

B: 大家都知道，那时候，在维也纳敌人最多的就是我。这一点从当时维也纳音乐水准每况愈下来看也就容易理解了。那里的乐长不仅不知道怎么指挥，甚至都看不懂总谱。情况最差的就是维也纳剧院。不少跟音乐沾上边的人给我出了许多难题，对我使出可怕的伎俩。维也纳宫廷乐长萨列里更是极力跟我作对。他们扬言要驱逐宫廷里任何为我演奏的音乐家。我承认在演奏会中我难免会犯些错误，但是观众对整体演出还是报以热烈掌声的，但是那些低档次的评论家一直不遗余力地写批评我的烂文章。

D: 尽管如此，在 1815 年您被维也纳市政参议会授予了荣誉市民的称号。

B: 是的，我当时对此的回答是："我以前不知道维也纳还有不名誉市民。"

D: 每一个时代都会有许多品味低下的作曲家，而且其作品充斥在音乐生活中，您对此怎么看？

B: 这类作曲家总还是要有的，否则那些没文化、缺教养的人何以消遣？

D: 作为一位 57 岁就离世的作曲家，您当时是否有未完成的创作计划？

B: 当然，我万万没想到自己会那么早离开人世。我当时还想写《第十交响曲》，写一部《安魂曲》，为《浮士德》配乐，甚至还计划写一部跟别人写得很不一样的钢琴教材。

D: 我知道在 1798 年您曾经和一位来自萨尔茨堡的音乐家——约瑟夫·沃尔夫展开了一场艺术竞争。尽管你们是有竞争关系的同行，但是你们二人互相之间却非常尊重、惺惺相惜，我想知道您是如何做到这一点的？

B: 这是因为我信奉一个原则："艺术的大道宽广得容得下许多人，犯不着为了沽名钓誉而嫉妒，失去自我。"

D：您一生与音乐为伴，为人类留下了无比宝贵的精神财富。能否请您跟我们分享一下您对音乐的理解和感悟？

B：音乐是人类进入高级知识领域的一条无形的通道。这个知识领域自然包含了人类，但人类却未能了解它……

> 贝多芬那粗壮、结实的身影离开了。我的心中不停地在想，假如当年上帝能多给他一些时间，让他得以完成《第十交响曲》《安魂曲》《浮士德》配乐和那部钢琴教材，该有多好。

舒曼

人才进行工作，天才则进行创造

作曲家小传

舒曼（Schumann，1810—1856）可谓是"神经质"名副其实的代表。而且舒曼没有止步于"神经质"，直接走到了"精神病"的程度。当然，科学对此的解释是，梅毒潜伏在体内导致的精神病。

生于德国的舒曼，自幼喜爱音乐，无奈母命难违，进大学学了法律。就在大学毕业的那一天，舒曼宣布已经报答了母亲的恩情，从此开始音乐之路。

舒曼起初立志成为钢琴家，并成了钢琴名师维克的"家徒"。尽管舒曼勤奋无比，却因为别出心裁地发明了许多歪门邪道的练习方法，最后"成功"把手练废，终身不能再弹。

尽管钢琴之路中断，但是舒曼在维克老师家里还有另外的收获，那就是与维克的女儿、比舒曼小九岁的钢琴女神克拉拉坠入了爱河。维克老师坚决反对他们谈恋爱，最终舒曼拿起了自己擅长的法律武器，与维克老师对簿公堂，最终"赢"娶了克拉拉。从此他和克拉拉开始了"我作曲来你演奏"的音乐人生。

除了作曲，舒曼还创办了《新音乐杂志》，并发表多篇音乐文章。在舒曼的写作中，他假想出两个性格相反的人物——热情的约塞比乌斯和沉思敏感的佛罗列斯坦——进行对话。在舒曼的音乐中，也会发现这两个人物的痕迹。

随着舒曼精神病的恶化，他在一个冬日跳入莱茵河自杀，虽然被人救起，但是医生对他的精神病已回天乏力。1856 年舒曼去世，比同年出生的肖邦多活了七年。

街头咖啡馆

注：舒曼肖像与勃拉姆斯肖像在同一幅图，见下篇。

这次访谈的主角是曾声称"必须经常用暴力使自己离开音乐"的、音乐史上最著名的精神病患者——舒曼。作为一位具有乐评人身份的作曲家，舒曼可谓是口若悬河、侃侃而谈，多次就某一话题发表长篇大论，而且和每一位大师一样，充满自信。

一

D：首先想请您谈谈您最伟大的同乡——约翰·塞巴斯蒂安·巴赫。

S：随着时光的流逝，各个创作的源泉彼此越来越接近了。比如，莫扎特研究的东西，贝多芬就不必全部研究；而亨德尔研究的东西，莫扎特也不必全部研究；帕莱斯特利那研究的东西，亨德尔也不用全部研究，因为他们每一个人都已经融合了前人的成果了。但是，有一个源泉却是所有人都必须永远汲取的，这个源泉就是：约翰·塞巴斯蒂安·巴赫！

D：很多人会把您和另外一位作曲家舒伯特搞混，大概是名字有些接近吧。您可以谈谈这位舒伯特吗？

S：如果说高产是天才的主要特征之一，那么弗朗茨·舒伯特完全可以跻身于最伟大的天才之列了。他享年只有31岁，作品的数量却多得惊人。我曾有一段时期不愿意公开谈论舒伯特，只有在夜深人静的时候，当着星光树影梦想到他——谁会没有梦想呢。

这里我只能浮光掠影地做一些简单的评价，因为如果要详尽地说明我对他如何推崇，就得写好几本书。舒伯特的歌曲也许比他的器乐曲更富有独创性。但是我认为他的器乐曲也富有真正的音乐性和独特风格，也应当给予很高的评价。

舒伯特作为一个钢琴作曲家，有一个优点是其他作曲家难以企及的，在某种意义上甚至还超过贝多芬——尽管贝多芬在耳聋后，内心的听觉异常敏锐。这个优点在于，舒伯特的配器更加钢琴化。换句话说，就是他所作的音乐都符合钢琴的本性。而其他作曲家，比如贝多芬，他为了赋予音乐色彩就得设想法国号、双簧管的音色……

舒伯特能够把最微妙的情感和思想，甚至社会事件和生活情况用声音表达出来。人的理想和志趣有多么纷纭万状，舒伯特的音乐也就有多么错综复杂。凡是经他目光投射过、他的双手触碰过的东西都变成了音乐。他是贝多芬以后最杰出的音乐家，也是一切庸俗现象的死敌。他所创作的乃是具有最高含义的音乐。听别人的乐曲时，你总是等待它结束，常常因为它还没结束而感到烦闷。但听舒伯特的作品则不会，丰富美妙的乐思让你应接不暇，真是无上的享受。

不管时光将带来多少美好的东西，第二个舒伯特决不会很快就产生的。

D：听说您也曾经盛赞肖邦说："先生们，脱帽致敬吧，在你们面前的是一位天才！"

S: 是的。在我们的博物馆里，怎么能缺少肖邦呢？我们常常指着他，正如在深夜里指着一颗罕有的星星一样。这颗星星引向哪里、它光辉灿烂的道路有多么远，谁知道呢？但它每次出现时，总是闪耀着同样的蓝色光焰，总是熠熠地光芒四射，甚至3岁小孩也能把它辨认出来。

肖邦向最优秀的音乐家——贝多芬、舒伯特、菲尔德都学习过。可以这样说：第一位老师锻炼了他的刚毅精神，第二位老师使他的心灵柔和，第三位老师则使他的手指灵活。肖邦就是以这样的姿态出现的——深刻了解自己的艺术，勇气十足，对自己的力量具有坚定的信念。他对那些躲在堡垒里面沉睡的怯懦的法国复辟王朝和渺小的凡夫俗子施以猛烈的抨击。

肖邦具有一个得天独厚的使他与众不同、从而引起人们兴趣的特点：他来自一个民族性很强的富有独特情调的国家。说得具体些，他是个波兰人，这个民族当时穿着丧服。唯其如此，这个思维丰富的艺术家才对我们有更大的吸引力。冷漠的德国起初对这位音乐家很不赞许，没有给予他应有的欢迎。于是他凭着自己的天才，来到世界大都市巴黎，去那里自由地创作、自由地发泄愤怒。肖邦的乐曲乃是隐藏在鲜花里的大炮。

肖邦的优点和缺点都可以从他的出身和他的祖国的悲惨命运里找到原因。耽于幻想、优雅、敏感、热情充沛、高尚——提到这些，谁能不想起肖邦呢？可是反过来，如果谈到怪诞、病态，甚至憎恨和落拓不羁，人们也同样会记起肖邦。

肖邦帮助人们确立了一条越来越需要承认的真理，那就是，艺术家必须上升到卓越的精神高度，不把掌握技术性普通知识当作目的，而只是当作一种必须具有的手段。在音乐家行列中不能有滥竽充数的人，而只能有那些具备足够的才能，具有丰富的想象力、情感和思想的人。这样就一定会导致一个音乐全面发展的美好时代，在那个时代，大家对真正的美，对体现美的最多样的可能性，决不会再议论纷纷、言人人殊了。大家都能理解，音乐家必须有敏锐的内心感受、深刻的体验及迅速领会和再现的能力。只有具备了这些条件，音乐创作和演奏才会日益接近艺术的最高目的。

二

D：您的同时代音乐家李斯特在改编领域的才能十分突出，您如何看待改编与原作之间的关系？

S：这是一个早就被提出的问题——解释原曲的艺术家是否有权利把自己放在原作者之上，是否有权利按照自己的看法来改动原曲。答案很简单，对于那些庸弱无能、把原曲乱改一通的人，当然我们应当讥笑。但是那些才力充沛的艺术家，只要没有破坏原作风格，就可以允许他们改动。在钢琴演奏的学校里，这样的改编使我们揭开了新的一页。而李斯特的改编就属于后者。

D：李斯特在钢琴演奏方面的才能毋庸置疑，但是作曲方面似乎受到当时很多人的质疑，您如何看待李斯特的作曲才能？

S: 关于李斯特的作曲才能，大家议论纷纷，莫衷一是，因此我觉得把他在各个阶段最重要的作品研究一番是完全必要的。但无论如何，不论听他哪首乐曲，呈现在我们面前的都是一个在各方面都出类拔萃的心灵。它有多种多样的感受，同时又以多种多样的方式感染别人。

D: 您是否亲临过李斯特独奏会的现场？能否为我们描述一下当时的情景？

S: 好的。我曾听过李斯特在德累斯顿的音乐会，他出场时听众热烈欢呼表示欢迎。于是他开始演奏，魔鬼支配着他的精力，他仿佛想考验听众的欣赏水平。一开头他好像和他们嬉戏，接着就使他们沉浸在深刻的冥想里，然后又用自己的艺术魔网把每一个人都紧紧缠绕住，这时他已经可以随心所欲地支配听众了。要他们上哪儿去，就引他们上哪儿去。除了帕格尼尼以外，谁也没有像他这样非凡的本领，能使听众服从自己的意志，随意地使他们的情绪高昂或低落。听李斯特演奏，必须看见他的姿态动作，他绝对不能藏在幕后演奏，否则就有很大一部分诗意失掉了。

很难谈的是李斯特的艺术实质。在我们面前呈现的已经不是这一种或那一种风格的演奏了，我们不如说这是一个强有力的性格的表现。命运赋予他来统治和战胜世界的不是杀人的武器，而是和平的艺术。

D: 当年有一位钢琴家塔尔贝格（Sigismond Thalberg）被

视为李斯特的对手，我想您一定也听过他的演奏，您认为他和李斯特是旗鼓相当的吗？

S：是的，那时候人们特别喜欢把李斯特和塔尔贝格相提并论。但是我们只要观察一下他们两人的头部就可以得出相反的结论了。我记得有一些艺术家形容塔尔贝格"生就一副美丽的伯爵夫人容貌，只是有一副男性的鼻子"。而他们对李斯特的头部却形容为可做任何一个美术家画希腊神像的模特儿。在他们两人的艺术中也显然可以看出类似的差别。其实还不如说，肖邦和李斯特比较相近。作为一位钢琴家，他至少在演技温柔和优雅迷人方面不亚于李斯特。和李斯特血缘关系最深的男士是帕格尼尼，在妇女当中是马里勃兰①。据李斯特自己承认，他的成就有许多地方应归功于他们两位。

D：那么塔尔贝格在作曲方面的成果如何呢？

S：他写的练习曲都是一些沙龙练习曲，是专为出身于高贵门第的女钢琴家而作的练习曲。这些女钢琴家凭着她们的美目顾盼，纵然弹错了一些音调，也很容易被人忽略过去。

D：我一直听说，您对罗西尼非常不喜欢。

S：的确是这样。如果罗西尼的音乐能对德国艺术起一点点作用，哪怕只是极其微小的作用，那么我贬抑他的全部作品就是

---

① 马里勃兰：杰出的女低音歌唱家。

偏颇的做法。然而事实上他一点作用也不起。罗西尼是一个绝妙的装饰家，但是如果去掉他的人工照明和具有魔力的剧院布景再看看，他还能剩下什么呢？每逢我听人谈起慰藉人心的救星罗西尼和他的流派，我就难捺心头怒火。

D：您的夫人克拉拉和李斯特在演奏方面都做过一项努力，就是一改当时演奏必须看谱的传统，开始背谱演奏。也正是由于他们的努力，形成了我们今天独奏必须背谱的行业规范。您对这种凭记忆公开演奏的方式持何种态度呢？

S：我认为对于凭记忆公开演奏，你说它是冒险也好，说它是骗人的勾当也罢，但归根结底它终究是巨大的音乐天赋的证明。干吗要用提台词的呢？为什么当你的头脑想凌空飞翔时，偏要在脚上绑起沉重的铁链呢？你要知道，看谱演奏，不管弹得多么流利，也绝没有凭记忆演奏的一半那么流利。当然，我是拥护传统的，因为我是个德国人。但是，如果一个芭蕾舞蹈家、演员或是朗诵家突然从口袋里掏出自己角色的记录，以便跳得、演得或是朗诵得更有把握些，那我一定会感到诧异的。事实上我有点像一个庸俗的听众——当他看到一个演奏家的乐谱从谱架上掉落，却还是能平静地演奏下去的时候，就会脱口喊出："看啊，多高超的艺术！他居然能凭记忆演奏！"

D：您如何评价您挚爱的夫人克拉拉的演奏？
S：克拉拉在童年时期就已经不能用年龄的尺度来衡量，而只能用成就的尺度来衡量。人们还只刚刚听过她的演奏，就怀着欢欣的心情期待她的下一次音乐会了。看到这种情景我不禁自问，究竟是什么使大家对她产生这样浓烈的兴趣呢？我想：这主要是因为她令人肃然起敬的精神征服了听众的心。这正是听众津津乐道而恰恰是自己所缺乏的那种精神。

<h2 style="text-align:center">三</h2>

D：有些人认为，每一个调性都有其确定和对应的情绪表现。作为一位作曲家，您是否同意这种说法？

S：对这个问题有赞成的意见，也有反对的意见。我认为这和任何问题的争辩一样，真理永远是在中间。我们既没有充分理由断定，要在音乐里正确地表现这种或那种情感，必须采用一个确定的调性——比如有人从理论上规定，要表现愤怒的情绪就必须采用升 c 小调；而另一方面，我们也没有充分的理由认为，任何情感都可以用任何调性来表现。作曲家表达自己的感情何以选择这个调性而不选择另一个调性，这个心理过程是不能解释的。正如天才创作本身——既创造出思想，同时还创造了容纳思想的形式——同样难以解释。

D：在您的时代，作曲家和演奏家常常是二位一体的。根据您的经验，是否这些人都是他们对自己作品的最好诠释者呢？

S：千万不要认为作曲家总是能最完美、最动人地演奏自己的作品，特别是那些刚写成不久、他还不能加以客观掌握的最新的作品。一个人必须能从侧面来看自己的创作，才比较容易促使别人的心灵里产生自己理想中的形象。

D：您除了是伟大的作曲家，还是著名的音乐评论家。您对音乐评论这一领域有些什么看法？

S：有才华的人才配搞艺术。如果我们所评论的都是这些才华横溢的人的作品，那么毫无疑问，在我们的音乐评论里当然就必须带着友善的赞许的口吻。但是实际上庸俗的作品很多，我们必须进行战斗。音乐评论的问题在于，只有很少的音乐家能写得一手好文章，而大多数能写文章的人又不是真正的音乐家。这两种人都不能胜任对音乐问题进行愉快地辩论。因此在音乐问题上的论战，在结束时大都是双方退却，或是双方拥抱，分不出谁是谁非。

此外还要注意，批评家和评论专家是两种不同的人物：前者近于艺术家，而后者近于手艺匠人。

D：您刚才提到了"天才"，想请问您"天才"还有什么其他特征吗？如何与"人才"相区别？

S：人才进行工作，而天才则进行创造。天才创造王国，而人才则根据上苍的意志统治其中的个别领域；天才在他多样化的紧张活动中不可能对每个部门都照顾到，而人才则专心致志对某一部门精心研究，使其尽善尽美。就好像胡梅尔效仿莫扎特，给他的老师的思想披上更加灿烂的外衣一样。胡梅尔在一种乐器的领域内充分发挥莫扎特的风格，满足了演奏能手的需要。还有就是肖邦把贝多芬的精神带到了协奏曲的殿堂里。肖邦不像伟大的天才贝多芬那样善于指挥管弦乐队的大军，他所率领的只是一支小小的步兵队，但是这支步兵队的每个成员都对他唯命是从。

D：您知道您所处的十九世纪被人称为浪漫派时期吗？

S：音乐本身就是浪漫主义的，很难想象音乐里会再分出一个浪漫派来。

D：您如何看待专业艺术家和业余爱好者？

S：艺术家们矻矻终日，穷年累月苦心焦虑，刻苦钻研东西；业余爱好者却想在一瞬间就唾手可得。

D：作为钢琴演奏者，每天进行音阶练习是否必要？

S：的确，勤做音阶练习及其他各种锻炼手指的练习是必需的。但是许多人以为只要做了这些练习，就万事大吉了。他们到了老年，还是每天拨出好几个钟头来专门做这种机械的练习。这简直有点像每天练习读字母表，力求读得越来越快。请把时间用到更有益的事情上吧！

D：您对演奏家选择曲目有何建议？

S：别弹奏任何时髦肤浅的乐曲。因为时间很宝贵，光是把世界上所有的优秀作品熟悉一下，就够你忙的——即使把你的生命延长一百倍，也还是不够的。要勤奋地演奏伟大的音乐大师的曲目，特别是约翰·塞巴斯蒂安·巴赫的赋格曲。必须把《平均律钢琴曲集》作为你每天不可缺少的粮食，这样你才能成为一个靠得住的、有根底的音乐家。

D：您对我们今天的艺术家们有什么告诫的吗？

S：请记住艺术的三个死敌：平庸、千篇一律和粗制滥造。

> 舒曼临走时对我说："现在音乐是寂静的，我将结束，天越来越黑了。"

勃拉姆斯

雄鹰孤独地翱翔天际，而乌鸦总是成群结队

作曲家小传

勃拉姆斯（Brahms，1833—1897）以其在浪漫主义时期对古典主义精神的坚持和执着而闻名于音乐史，由此也可见其执拗的性格。

勃拉姆斯由于家境所迫，13岁就开始以音乐谋生：教钢琴和在声色场所弹琴。

成年后的勃拉姆斯曾到魏玛拜访过李斯特大师。尽管勃拉姆斯对大师的钢琴演奏技艺佩服得五体投地，但是通过与李斯特的接触，实在无法苟同李斯特的创作理念。最终，通过好友小提琴家约阿希姆的介绍，勃拉姆斯来到杜塞尔多夫，投到了舒曼门下，从此与舒曼及其妻克拉拉开始了终生的友谊。

舒曼对勃拉姆斯的才华无比赏识，在其主办的《新音乐杂志》上撰写的最后一篇文章就是为勃拉姆斯的背书之作。勃拉姆斯一方面对舒曼感激不尽，另一方面又对大自己14岁的钢琴女神克拉拉暗生情愫。然而在舒曼罹患精神病去世之后，勃拉姆斯却并没有和克拉拉走在一起。

很多后人一厢情愿地把一生未婚的勃拉姆斯说成是"将一生

的爱情留给克拉拉"的痴情汉，然而实际情况却并非如此。勃拉姆斯在认识克拉拉之前和之后，都和别人谈过恋爱，甚至差点儿走入婚姻殿堂。

1877 年，英国剑桥大学授予勃拉姆斯荣誉博士学位，但是勃拉姆斯由于不喜欢英国，加之没有时间出席学位授予典礼，最后拒绝了这份荣誉。

勃拉姆斯成为著名作曲家之后，在当时尚无名气的捷克作曲家德沃夏克身上，重演了当年舒曼对自己的知遇之恩。勃拉姆斯帮助德沃夏克的作品得到公开发行，从而引起全世界的重视。

Schumann   Clara   Brahms

这次是勃拉姆斯的狂想曲 Op.79 唤出了它的作者,他是燃烧在 19 世纪的古典主义精神最后的薪火,有着硕大的头颅,宽厚、充满智慧的前额,一双湛蓝的眼睛散发着炙热的专注精神。大师十分友善地和我开始了闲聊,询问我近期的工作安排,当他听说我在一天之内往返两座城市进行巡演时,发出了对我的劝告,并由此正式开启了这次访谈。

—

B: 如果我是你,我会每两天演出一次,这样巡回的过程会更加称心如意,而且有时间认识一下这个城市和人民。然而,你的行程却安排得太紧凑,总想尽可能多地安排活动,以至于只能匆匆忙忙在演出前一小时抵达,结束后一小时就得离开,我实在想不出有比这更让人觉得可怕、让人厌烦的职业了。

D: 十分感谢您的忠告,我会在今后的日程安排中注意这一点。

D: 曾有人说您是贝多芬的传人,还把您的《第一交响曲》称为贝多芬《第十交响曲》,您同意这种说法吗?

B: 噢,在维也纳有一些蠢蛋把我当作贝多芬第二,你不知道贝多芬这个家伙怎么阻碍了我的前进!

D: 我知道您生于德国汉堡,但似乎您和很多音乐家一样,与维也纳有着不解之缘，不仅曾居住在维也纳，还曾邀请您的父亲进行过愉快的维也纳之旅。您是不是很喜欢维也纳？

B：是的，我很喜欢维也纳，那里让我非常享受和快乐。我为自己之前对维也纳的不了解感到遗憾。欢乐的城镇生活、舒适的环境、富于同情心的快活的居民，这些都多么令艺术家感到兴奋啊！此外，维也纳独有的、关于那些曾在这里生活和工作的伟大音乐家的神圣记忆，每天都会进入到脑海中。我在贝多芬曾经喝酒的地方喝酒，至于舒伯特更是让人感觉他仿佛还活着，你会常常碰到人们说舒伯特是他们的好朋友，你会一次次发现他的一些你从没有听说过的新作品，而且原封不动，你都可以从上面抹下写作的铅笔痕迹。

D：您很喜爱舒伯特吗？

B：我对舒伯特的爱是非常严肃的那种，大概因为它不是那种转瞬即逝的迷恋。他带着无畏与确定飞上天空，让我们看到最伟大的"登基"，我们可曾在别的地方见过像他那样的天才？他给我的感觉就像是和着朱庇特的雷声演奏的神的孩子，时不时以一种不寻常的方式解决问题。而且他的音乐处在一个别人无论如何做都无法达到的层面和高度上。

D：您对李斯特和瓦格纳的反感几乎成了您的注册商标，是这样吗？

B：是的，但是我和"李斯特－瓦格纳圈子"的科尼利厄斯

（Cornelius）和陶西格（Tausig）的关系特别好。他们动动小指所让你得到的东西，比其他音乐家动用整个脑袋和全部手指让你得到的还多。

二

D：您与舒曼和克拉拉夫妇的友谊世人皆知，您初次去杜塞尔多夫拜访舒曼夫妇的时候，受到了怎样的接待？

B：我非常愿意详细地告诉您，舒曼夫妇对我的接待、超出想象的友好所给我带来的快乐，简直难以用语言表达。他们对我的褒奖让我感到如此强烈的喜悦，以至于迫不及待地想要全身心地进行创作。

D：舒曼当年为了您的作品能早日发表，在他的《新音乐杂志》上写了充满对您的溢美之词的《新方向》，这已是音乐史上一段传奇美谈。

B：是的。我翻开 1853 年 10 月 28 日出刊的《新音乐杂志》时，受到了极大震动。舒曼先生对我纡尊降贵的夸赞，大大增加了音乐界对我作品的期望。这也驱使我以最审慎的态度来选择我个人作品的出版。因此我没有选择出版任何一首三重奏，而选择了 C 大调和升 F 小调奏鸣曲作为我作品的第一号和第二号，第三号选了歌曲，第四号则选择了 E 小调谐谑曲。你会明白我费尽心血尽可能地不使舒曼先生蒙羞。

D: 能请您回忆一个您和舒曼夫妇相处时快乐的场景吗？

B: 我永远忘不了在舒曼家里度过的我的 22 岁生日。那天早上我收到了我母亲和妹妹寄来的美丽的鲜花，那鲜花可爱得让我想亲吻它们。下午三点钟的时候约阿希姆到了，带来了一大箱熏鱼，还有一些锡制玩具兵等。我很少像那天那样开心和喜悦。我们演奏那些伟大的音乐：巴赫的、贝多芬的，还有舒曼的——演奏多少都不够。令人尊敬的男主人舒曼先生，送给我带有令人感动的题词的 Braut von Messina 手稿当作生日礼物……

D: 您对舒曼一家的感情一定十分深厚吧？

B: 我根本无法估量自己对舒曼一家人的情感有多深，我是如此地融入他们的生活。不和他们在一起的时候，每一件事似乎都显得荒凉又空洞，我每天都想回他们家，只能坐火车快快前行以忘却返回的冲动，但还是没有用。我宁愿在杜塞尔多夫等候舒曼太太，也不要在黑暗中四处游荡。

D: 舒曼先生的去世一定令您感到十分悲哀，您能为我们描述一下当时的情景吗？

B: 我可能再也体验不到像当时见到舒曼和克拉拉时的那种感动了。起先舒曼闭着眼睛躺着，克拉拉跪在他跟前，带着超出人们所能想到的巨大的镇静。后来他认出了她。他一度曾清楚地表达出想要拥抱她的愿望，并伸出双臂抱住了她。当然他已经说不出话来了，或许在想象中能说出单个的词。但就是这些也会让克拉拉高兴。舒曼多次拒绝递给他的红酒，但是他却带着极大的渴望和热情从克拉拉的手指吮吸这些红酒，那一定是他认出了她的手指。要不是周二中午约阿希姆从海德堡赶过来，导致我们在波恩耽搁了些时间，我们就能在舒曼去世前赶到了。结果，我们晚到了半小时。我们本应该为他的解脱而感到宽慰，然而我们无法相信这一切……他看上去离开得那么平静。我无法向你讲述我当时的感受，尽管我非常愿意。你可以自己设想这个死亡是多么悲伤、美丽和感人。约阿希姆、克拉拉和我整理舒曼留下来的手稿……任何人在与他相处的日子里，对他的爱和欣赏都会与日俱增。

D：作为您一生视为完美存在的理想之爱的克拉拉，她的去世一定令您感到非常难过，我还听说您因故没有赶上她的葬礼。

B：我无法把舒曼夫人去世称之为难过。之前我时常认为舒曼夫人将会比我和她的孩子们都更长寿。当她离我们而去的时候，由关于她的记忆所带来的快乐将不再照亮我们的脸，这个美好的女人，我们有幸在漫长的一生中享有她伟大的品质。

D：我知道您曾经和一位与您年纪相仿、情投意合的女性阿加特订婚，然而为何您最终还是终身未婚呢？

B：当我想结婚时，我的音乐不是在音乐厅被嘘，就是遭受到寒冰般的冷漠反应。我自己倒是完全能承受这些，因为我知道失败乃成功之母，总有一天会风水轮流转。所以经历了这些失败以后，回到寂寞的房中，我并没有感到不快乐。然而，如果此时必须面对妻子担忧询问的眼神和"又失败了"的话语，我可真的受不了。如果她还必须安慰我，当一个悲怜丈夫屡不成功的妻子……天！至少对我来说，无法想象那是怎样的地狱。

三

D: 您如何看待有关作曲家与评论家关系的话题？

B: 一个可怜的作曲家忧愁孤独地坐在房间里，那些本应与他无关的事弄得他头昏脑涨；而一位音乐评论家则坐在两个美女中间……剩下的我就不想描述了。

D: 您对作曲家的高产、多产怎么看？

B: 不要催促作曲家的进度，那将是既无用又有害的。毕竟，作曲不是像纺纱或者织布那样的工作。一些受人尊敬的音乐劳动者——巴赫、莫扎特、舒伯特——极为糟糕地误导了世界。如果我们不能做到写得像他们一样美，我们至少不要去追求他们写作的速度。仅仅把这归因于懒惰也是不公平的。对于作曲家来说，写作困难是多种因素共同作用的结果，对我来说尤其如此。

这次时间有限，否则我很愿意跟你好好说说作曲的困难之处，以及出版商是多么不负责任。

D: 有关您的 D 小调钢琴协奏曲在莱比锡的首演情况，您可以谈谈吗？

B：一切都进行得很顺利。我排练了两次。你大概已经知道了那个首演是一次彻底的惨败。在排练的时候，这首协奏曲遇到了全体的沉默，而在正式演出时，除了三个观众鼓掌，全是一片嘘声。但是所有这些都没有影响到我，我完全沉浸在音乐会剩下的作品中而完全没有去想我的协奏曲。

D：我在您的两首 C 小调作品——《钢琴四重奏》Op.60 和《第一交响曲》的第一乐章中听出一种深深的绝望，请问是这样的吗？

B：请想象一个正要去开枪自杀的人，因为他再也没有任何事可以去做。

D：您的作品给人的感觉似乎是，尽管情感充沛，但始终在高度的控制之下，没有太多激情的宣泄，请问您是如何做到的？

B：我认为激情对人类来说并不是自然的，而是像赘瘤一样的身外之物。怀着真诚的理想的人，应该在快乐和悲伤时都能保持平静的心情。热情在心中燃烧过度的人应该视自己为病人，为了健康寻觅良药，激情必须赶快消逝，否则就该被驱逐出去。

D：您觉得一个艺术家怎样才能比较容易获得大众的接受和欢迎呢？

B：一个人不要冒险去表现其高尚和纯洁程度超出大众的感

情。从我的例子你就可以发现，如果一个人所向往的和大众所向往的一样，并把这种向往表现在音乐中，他就能得到一些喝彩。雄鹰孤独地翱翔天际，而乌鸦总是成群结队。

> 这位完美继承了巴赫和贝多芬音乐中的逻辑和结构感的音乐大师，在告辞的时候对我说，应该去维也纳的黑森林看一看。

瓦格纳

作品的空虚和无意义让我感到痛苦

作曲家小传

德国作曲家瓦格纳（Wagner，1813—1883）以极端的性格及音乐风格闻名于音乐史。

或许瓦格纳的音乐还是不错的，但是跟瓦格纳交朋友是可怕的：他不仅借钱不还，还会引诱朋友的妻子。

早年的瓦格纳因参与反政府活动而被通缉，如丧家之犬。幸得贵人李斯特相助，不仅使瓦格纳免于牢狱之灾，还帮助他的作品得到上演的机会。

瓦格纳以歌剧为其主要创作领域。他的歌剧创作原则是将歌剧变成集诗歌、戏剧和音乐于一体的"乐剧"。

哲学家尼采曾将瓦格纳视为偶像加以追随，后来又对瓦格纳厌恶至极，并于一年之内写出《瓦格纳事件》和《尼采反瓦格纳》两本著作。

瓦格纳生命中的另一位贵人是巴伐利亚国王路德维希二世，通过这位贵人，瓦格纳成为凯歌高奏的人生赢家。

李斯特之女柯西玛的第一任丈夫音乐家彪罗，也是瓦格纳的热情粉丝，到处演出和宣传瓦格纳的作品。然而，瓦格纳却将柯西玛变成了自己的妻子，从而成了李斯特的女婿。

　　1883年，瓦格纳在避寒的旅途上，因心肌梗死逝世于威尼斯。

　　在拜罗伊特举行的音乐节以上演瓦格纳歌剧作品为内容。在瓦格纳死后，音乐节由柯西玛及瓦格纳的后人主持。

Wagner

这一次访谈的主角瓦格纳几乎没有钢琴作品。这位颇为自负的作曲家为我口若悬河地展现了他人生中的一些流年碎影，也为我生动地描绘了很多他同时代作曲家鲜为人知的一面。

一

D：瓦格纳先生您好！众所周知，您是一位德语歌剧大师。关于意大利语或是德语歌剧的争论，似乎早已有之，是吧？

W：是的。在我还是一个孩子的时候，就听到关于德意志和意大利音乐的争论了。那时候要想得到宫廷的恩宠，就要遵循意大利音乐的方向。我的姐姐克拉拉就是歌剧演员，她的才能是意大利和德意志歌剧的竞争对象。我清楚地记得，我是德意志歌剧的支持者。

D：说到德语歌剧，韦伯的《魔弹射手》可谓是您之前的成功案例，您喜欢这部歌剧吗？

W：我毕生都对韦伯怀有难以磨灭的好感。韦伯的形象特别温和可爱，精神澄明，激起让人着迷的兴趣。他长着一副清瘦的面庞，一对眼睛活泼又常令人难以捉摸，让我深深入迷。这位大师中午时会在劳累排练后的回家路上经过我们的房子，我就经常从窗户上看到他严重地跛行，我想象这位音乐家有着超乎寻常的超人品格。有一次我母亲向他介绍了我这个不到十岁的孩子，他问我将来是不是要当音乐家。我母亲告诉他，我对《魔弹射手》

非常着迷，但他并没有发现我有音乐方面的才能。我母亲在这点上是观察得十分清楚的，那就是没有比《魔弹射手》的音乐更能强烈地使我感动的音乐。

D：能给我们简单介绍一下您小时候受的音乐教育吗？

W：我经常说，我上的音乐课对我没有一点用，所以我就随意进行自修。

D：您是如何自修的呢？

W：我自修的方式就是抄写我喜爱的大师的总谱，这令我后来能写一手漂亮的好字。我手写的贝多芬《第九交响曲》到现在变成了一份很好的纪念品。贝多芬《第九交响曲》吸引了我的奇特音乐思想和神秘灵感。首先让我倾倒的，肯定不只是当时在莱比锡广为流传的说法，说这首作品是贝多芬在半疯状态中写成的。这部交响曲集神奇和高深莫测于一身，是"Nonplusultra"（拉丁语：无与伦比）。这是激起我狂热研究这个音乐精灵的理由所在。这首交响曲一定包含着一切秘密中的秘密。于是我先通过费力的抄写把这首总谱变成自己的。我记得，我在夜间从事这个工作时，黎明突然令我惊恐起来，我极度的激动不安，让我感到阴森可怖，我大声叫喊就像躲避魔鬼的现身一样，跳到床上躲起来。那会儿还没有这部交响曲的钢琴改编版，它也很少受到听众的赞扬，出版商认为不应该出版它的总谱。于是我改编了一部完整的钢琴独奏版，并试着自己演奏。我把这部作品寄给朔特出版社。

出版社答复说虽然还没有做出出版《第九交响曲》钢琴版的决定，但愿意保留我的这部作品，并赠给我一份贝多芬 D 大调《庄严弥撒》的总谱作为回报。我怀着极大的喜悦接受下来。

D：我记得有记载说，柏辽兹在音乐上的见解和您曾有些相似之处，您对他有何评价？

W：我曾在一个冬天听了他指挥的那些大型器乐作品，这些作品给我留下了异常激动的印象。1839 年到 1840 年的冬季，他指挥了 3 场演出，我出席了其中 1 场，头一次听了他的《罗密欧与朱丽叶》，这对我来说是个新的世界。就我感受到的印象而言，我试图以一种毫无偏见的态度在这个世界中去摆正自己。首先乐队出色的技艺出乎我的意料，其力量使我眩晕。奇妙的独创性和高度的准确性，两者大胆向我袭来，以一种无情的狂暴把我自己的音乐——诗意的情感驱回我的内心。我只能用耳朵来感觉我此前毫无概念的事物，我必须试着自己来解释它们。我在《罗密欧和朱丽叶》中经常感觉到空虚和无意义，但是，在这部由于冗长的拼凑而实际上是一部失败的作品中，也有着各种各样迷人的瞬间。我觉得自己被它们所主宰，使一种矛盾性的所有可能都被消除掉。但是比起这些，这部作品的空虚和无意义让我感受到更多的痛苦。

总之，我对柏辽兹的大型作品既感到被吸引同时也感到难以抗拒的厌恶，有的时候简直就是乏味。

二

D：您和李斯特的友谊已经成了乐坛神话，您还记得第一次见到李斯特的情形吗？

W：那是我在巴黎停留时充满苦难的第二个冬天，那会儿我正通过为施莱辛格出版社的辛苦工作来养家度日。有一天我的朋友劳伯告诉我，李斯特即将来巴黎，他曾经在德国和李斯特谈起过我。他让我别错过去拜访李斯特的这个机会，因为李斯特是"大方"的，肯定知道怎么帮助我。因此当我知道李斯特到达巴黎时，我就到他住的饭店请求接见。

那是一个早上，我被通报，并在客厅里遇到几位不认识的先生，过了一会儿李斯特身着便装也来到这些先生中间，他友好而健谈。我没有办法参与他们的法语交谈，他们在说李斯特最近的匈牙利巡演。我听了一会儿，感到无聊，最后李斯特友好地问起了我，问他能为我做些什么。他似乎记不起劳伯的介绍了。我所能做的答复就是表达我想与他结识的愿望，他对此好像没有反对，并对我表示，他会给我一张他即将举行的一场大型早场演出的入场券。而我想和李斯特进行一次艺术交流的企图，仅仅就是问了一个问题，即李斯特是否知道，除了舒伯特，吕沃也写过《魔王》。他对此问题做了否定的回答。之后我递上我的住址，这次访谈就告终了。

D：您收到那场演出的门票了吗？

W：不久我就从李斯特的秘书那里收到了他在埃拉尔德大厅的独奏音乐会的门票。

D：这太令人兴奋了，请您为我们描述一下那场音乐会吧！

W：我来到拥挤的沙龙，往台上看去，上面有一架琴，台下是巴黎女性世界的头面人物。她们怀着炽烈的热情，称颂这位让世界为之惊愕的演奏大师。我听了好多首李斯特极其精彩的作品，比如《恶魔罗勃幻想曲》，我得到的印象除了眩晕没有别的。在白天明亮的阳光中，李斯特华光四射。此后我没有再去拜访他。

D：那之后您和李斯特是怎么开始交往的呢？

W：那是有一次当我和女歌唱家施罗德－德弗林特在一起聊天的时候，突然从隔壁房间传来了歌剧《唐娜·安娜》里复仇咏叹调中一个著名的男低音经过句——是在钢琴上用八度快速弹出来的，这声音打断了我们的谈话。"这是李斯特弹的！"德弗林特叫了起来。李斯特走了进来，他是来接女歌唱家去排练的。德弗林特把我作为《黎恩济》的作曲者介绍给他，这让我太难为情了。李斯特承认他记不起我在巴黎对他的拜访了，并表示对我的冷遇让他感到痛苦，说任何一个人都有理由对他所受到的如此恶劣的待遇进行抱怨。李斯特这种朴素的语言给我留下了异乎寻常的好感。这令我感到惊奇，并且使我对他可亲可敬的、无可比拟的人格有了深切的理解。李斯特亲切地对我做出保证，他还要找机会听《黎恩济》，并要和我好好谈谈他的看法。李斯特在每句话和每个表现上流露出的都是单纯和朴实，这给我留下难以磨灭的印象。我想每个人都会从这件事中得出对李斯特这样的印象。借助这种印象，我才终于解释出李斯特能令每个接近他的人所感受到的魅力。

D: 关于李斯特您还可以跟我们分享一些回忆吗？

W: 记得有一次我和李斯特在舒曼的家里共度了一个晚上，我们演奏音乐，到最后争论了起来。李斯特和舒曼在谈到门德尔松和梅耶贝尔的时候意见相左、互不相让，竟然令舒曼发起火来，而我和李斯特则陷入了一种特殊而又十分有趣的尴尬境地。我俩在归途中谈笑风生，我很少看到李斯特像那天夜里那样顽皮开朗。在那个寒风料峭的夜里，李斯特身上只穿了件薄薄的外衣，却把我护送到家。

还有一次，在李斯特的生日宴会上，出现了一场关于诗人海涅的争论。对于海涅，李斯特披露了各种各样的尴尬事件，而席中的一位魏森冬克太太对此进行了针锋相对的反驳："您是否认为，即使如此，海涅的名字还是会写进不朽神殿呢？"李斯特赶紧回答："是的，只不过是用烂泥。"

D: 有记载说，在您因参与革命被通缉的时候，李斯特施以了极大援手。

W: 是的。当时我在魏玛，李斯特告诉我，他从他的保护人那里得到消息，我会在近几天受到来自德累斯顿的通缉。后来李斯特回到魏玛时，带来了我妻子的信，因为她不敢直接给我写信。她告诉我，警察已经搜查了我在德累斯顿的住处，并且警告我不要回去，因为逮捕我的命令已经被下达。为我担忧的李斯特立刻召集了几个有经验的朋友，商讨如何帮我躲避被逮捕的危险。在他们的安排下，我取道瑞士去了巴黎。

D: 您对李斯特的得意门生、英年早逝的钢琴家陶西格还有印象吗？

W: 当然。某一天，卡尔·陶西格出现在我面前，带着李斯特的推荐信。他那时 16 岁，身材很矮小，而其智力和整个言谈举止却又异常地早熟。他作为钢琴家在维也纳已经受到欢迎，并且被称为"未来的李斯特"。他当时已经有了抽味道极浓的雪茄的习惯。他要在我附近住一段时间的决定令我高兴。他除了有有趣的、幼稚可笑的而同时又十分明智且老练的性格，还有着令人惊讶的、精湛娴熟的钢琴演奏技术，以及敏捷快速的音乐理解能力。他很善于用他那非同凡响的熟练技巧来制造捉弄人的恶作剧。

三

D: 我记得，您的《漂泊的荷兰人》在柏林歌剧院上演时，门德尔松正和梅耶贝尔同时在柏林担任音乐总监，您和他有来往吗？

W：门德尔松在包厢里，面色苍白地观看了《漂泊的荷兰人》的演出。结束后他走向我，带着泛泛的热情轻声对我说："呦，您满意了！"我在柏林期间多次去看望过他，也在他那度过了一个晚上，听了各种各样的室内乐。他除了问及演员阵容，没有再谈过一句有关《漂泊的荷兰人》的话。而在我以极大热情对他提及他的《仲夏夜之梦》——这部作品当时经常上演，而我却第一次听到——时，他做出的反应同样是漠然处之，只对扮演波顿的演员稍微谈了点意见，他认为那个人的表演过分了。

D：您和门德尔松有过合作吗？

W：有过。有一年门德尔松应邀来指挥他的《圣·保罗》，我借这个机会熟悉了这部作品，这让我感到非常高兴。那场演出后是另一位指挥家指挥演出贝多芬的《第八交响曲》。在之前排练的时候我就注意到，这位指挥犯了和那些平庸指挥家同样的错误，把第三乐章"小步舞曲速度"演奏成了一种毫无思想的圆舞曲速度。如此一来，不仅整部作品完全失去了其庄重的性质，而且由于大提琴在如此的快速下无法把握，三声中部出现了一种完全可笑的性质。我曾告诉过那位指挥，他同意我的观点并且答应我会在演出中用我提醒他的小步舞曲速度。我也把我的意见讲给了门德尔松，他指挥完《圣·保罗》以后在休息，在包厢里和我坐在一起听了这部交响曲的演出。他认为应该像我说的那样处理。到了第三乐章，那位指挥不具备能让乐队成功地改变速度的能力，这个乐章又以他通常的圆舞曲速度演奏了出来。正在我要表示我对此的不满时，门德尔松朝我亲切地点头表示：这正是他要的速度，他对此很满意。我对这位著名音乐家的感觉如此迟钝极为惊讶，令我无言以对，并从此形成了我对他的个人看法。而这种看法后来也得到了舒曼的证实：他向我表示，他对我在贝多芬的《第九交响曲》第一乐章的速度处理十分赞同，他之前每年在莱比锡听门德尔松指挥的《第九交响曲》，用的都是不正常的匆忙速度演奏的。

D: 很多书籍的观点认为，您在您的文章《音乐中的犹太精神》里表现出了您的反犹倾向，甚至被视为法西斯精神的先兆。

W: 在我的文章中，我只是仔细地去观察现代犹太人插手音乐界，以及他们对音乐的影响这个话题，我喜欢去描述这个异景的特点。当时这篇文章引起的轰动和惊恐，没有任何类似现象可以与之相提并论。这篇文章引发了一场风暴，导致就连之前受李斯特影响对我表示支持的人都抽身退步、三缄其口，甚至最后对我形成了敌视的态度。这些是他们出于自身利益所做的选择。

D: 哲学家尼采曾是您忠实的粉丝，将您视为"天才"概念的真实化身。然而您二人这段情投意合的忘年交却在后来分崩离析，不欢而散。您现在是如何看待这段往事的呢？

W: 当我在1876年看到尼采的《理查·瓦格纳在拜罗伊特》时，我觉得从未读过如此美妙的东西。我甚至告诉夫人柯西玛，我已把尼采置于仅次于她的位置上了。那时我觉得，尼采是人生带给我唯一的礼物。自从后来他离开我以后，我感到非常孤独。

D：最后冒昧地问您，汉斯·冯·彪罗是您的朋友，对您的才华毫无保留地赞赏，为您作品的演出和推广不遗余力，但是为什么最后您把他的夫人——也是李斯特的女儿——柯西玛，变成了您的妻子呢？

W：彪罗不应该娶柯西玛——太奢侈了。

作为一位会弹钢琴的人，还是十分幸运的。因为如果想了解瓦格纳的音乐，除了听他的歌剧，在钢琴上弹弹李斯特根据瓦格纳的歌剧所写的那些改编曲是个很不错的办法。

门德尔松

真挚的才是有价值的

作曲家小传

门德尔松（Mendelssohn，1809—1847）生于汉堡一个显赫的家族，除了富有，祖上好几代都是大学者、大银行家等社会精英。因此门德尔松的父亲开玩笑说："我曾经是一位伟大父亲的儿子，后来成为一位伟大儿子的父亲。"

大诗人歌德曾先后见过童年的莫扎特和门德尔松，并将二者进行比较，说同样在这个年龄，门德尔松的音乐才华甚至比莫扎特更为成熟。

门德尔松和同样为音乐天才的姐姐共同跟随著名的莫舍列斯学钢琴，莫舍列斯曾说："我给门德尔松上课的时候，从头至尾都在提醒自己：坐在我旁边的不是一个学生，而是一位大师。"

门德尔松在大众中流传最广的作品大概是那首《婚礼进行曲》，选自他的《仲夏夜之梦》。1858 年，英国女王维多利亚二世的女儿就是在这首《婚礼进行曲》中走进婚姻的殿堂。

门德尔松坚持德奥音乐传统风格的创作，他对巴赫音乐的复兴在历史上功不可没。

门德尔松在世时，一方面被瓦格纳锲而不舍地诋毁，甚至用门德尔松的犹太血统来进行攻击；另一方面，勃拉姆斯等音乐家又对门德尔松推崇备至。柴可夫斯基也认为门德尔松堪称完美主义的楷模，从不盲目追求所谓的"先进"理论。

"二战"期间，因犹太血统，门德尔松的作品在德国被希特勒全面禁演。

1847 年，门德尔松最爱的姐姐因中风猝然离世。6 个月后，门德尔松因伤心过度与世长辞。

Mendelssohn

音乐史上著名的富二代，肖邦、李斯特的同代人，曾为舒曼和克拉拉的婚姻出谋划策……雅各布·路德维希·费利克斯·门德尔松·巴托尔迪大人，这次坐在了我的面前。试问哪个学钢琴的人没弹过几首他的《无词歌》呢？又有几位喜欢古典音乐的人没听过他的《春之歌》《e小调小提琴协奏曲》呢？在我对他的这些创作表示感谢之后，开始了我们的访谈。

—

D: 首先想请您谈谈您认为艺术创作中最重要的东西是什么？

M: 尽管前人已经通过像时代、风格或其他条条框框等纯粹外部特点证明了为什么有些东西是美的，而有些不是，但是我仍然认为，只有从内心最内在的灵魂和最深处的信念生发出来的东西才是有价值的，这是对于建筑、美术、音乐和其他任何事情都一样的永恒的标准。如果一个东西不能启迪创造性，它就永远不可能是"真挚的"，模仿是所有想法中最肤浅的产物。自然地，我一定是在享用前辈大师们遗产的基础上继续我的工作，因为不是每个人都必须要从头再来。但是这种延续必须依据个人能力具有创造性，而不能是对已经存在的东西毫无生气的重复。

D: 在我们今天的音乐美学界，经常提到您关于音乐和语言之间关系的经典论断，即在您看来，语言表达的意思是模糊不清的，而音乐才是准确明白的，是这样吗？

M：是的。当我听音乐的时候，我不是为了寻求一种含蓄的思想——音乐对我来说，绝不是像他们说的那样，仅仅是一种激起某种虔诚精神的媒介，而是一种表达得非常明确、具体、清楚的语言。

D：您为了什么而创作？您觉得自己想写的和别人希望你写的东西一样吗？如果不是，您是如何来平衡的？

M：每一天我都怀着真诚的渴望来写出我所感受到的东西，而并不太在意外界的意见。当我按照我的内心写完一首作品的时候，我就完成了我的任务，至于此后它是否能给我带来声望、荣誉或者夸奖等，都是我从不关心的事情。

D：您如何评判好的音乐、好的音乐家和艺术家？

M：为了某种目的而写的音乐永远不可能打动人的心灵，因为它不是来自心灵。

一个真正的音乐家，吸引他注意力的一定是音乐，而不是金钱、褒奖、女人或名誉。你发现在不经意中你自己的音乐出现了并在某处生长着的时候，那种喜悦比金钱那些东西所带给你的要多好几倍。

一个艺术家最首要和不可或缺的品质就是要尊敬伟大的人物，向他们的精神鞠躬；要充分认识这些伟大人物的价值，而不是为了让自己那微弱的烛光发出一点光亮，试图去抹杀他们的光辉。如果一个人无法感觉到真正的伟大，那么我很想知道他打算如何让别人感觉到伟大。

二

D: 钢琴作品是 19 世纪的重要创作领域，也出现了很多新的钢琴体裁，比如您的《无词歌》。那么钢琴在您的整个创作中是一个什么样的位置呢？

M: 写钢琴曲其实并不是最让我享受的一种作曲形式，我甚至无法真正地写好钢琴曲。但是有时候我需要写新的钢琴曲用于表演，或者有时一些真正适合钢琴的乐思进入我的脑海，那我为什么不把它写出来呢？此外，钢琴音乐的一个非常重要的分支，同时也是我特别喜欢的——三重奏、四重奏和其他带伴奏的、真正的室内乐——在我们那个时候被大大地遗忘，我感到一种伟大的冲动要为这些体裁写一些新东西。

D: 那您能否透露一下，在写《无词歌》的时候心中是否有这些歌曲明确的歌词？

M: 如果你问我在写它们的时候在想些什么，我会说：我写的这些无词歌就是我所想的。如果碰巧在我脑子里有这首或那首无词歌所对应的歌词，我也不会把这些词告诉任何人。因为不同的人对同一个词，从来都不会有一样的理解。只有曲子本身能够讲述同样的事情、在不同的人心中激发同样的感情，而同样的词语则表达不了同一种感情。

D：您所在的时代钢琴演奏技巧突飞猛进，那么您认为钢琴技巧最重要的是什么？

M：那时出现的新的钢琴学派的"绝技"可以灵巧敏捷地完成许多变化。但是所有这些能力，以及对这些能力的卖弄，即使对于公众都渐渐不再耀眼。钢琴演奏必须有灵魂，能够带着别人跟你走才行。好的演奏能够让你忘掉那些令人恼火的、愚蠢的和虚伪的音符。

D：19 世纪也是音乐面向大众公开表演开始兴起的时候，您如何看待公开表演和大众的音乐欣赏？

M：我非常明白，为了让观众理解我，去每一个外国城市进行表演是必需的。我发现那些最不考虑观众感受的作品却最能取悦他们。

三

D：您和"乐圣"贝多芬的生命在时间上有过十多年的重合，您的《庄严变奏曲》也是为纪念贝多芬而写。您能否告诉我一些他的故事？

M：老埃尔特曼（Ertmann）将军夫人弹贝多芬的作品弹得很好。尽管她已经研究这些作品很久了，但是她的演奏有时候表情会过于夸张，一个乐段弹得太慢而下一个乐段又匆匆过去，不过很多地方她弹得极其漂亮，我认为我从她那里学到了很多东西。

在演奏间隙她给我讲了一些贝多芬的趣事。有一天晚上她给贝多芬弹琴时，发现贝多芬竟然有好几次把剪烛芯的剪子当牙签用！她还告诉我，当刚知道她失去了最小的孩子时，贝多芬便不再去她的家里了，但是最后贝多芬终于邀请她去做客，当她到贝多芬家时，她发现贝多芬坐在钢琴前，只是对她说："让我们用音乐来交谈吧。"贝多芬一口气弹了一个多小时，之后，正像埃尔特曼夫人对我说的：他通过他的音乐对我说了很多，最终让我获得了巨大的安慰。

D：您能评价一下莫扎特吗？

M：我愿意放弃我所有的优点来换取莫扎特的过错。当然，我更不会斗胆去判定莫扎特的价值有多大。难以想象会有人对这样伟大的名字不表现出敬畏。

D：去过萨尔兹堡莫扎特故居的人都会知道：莫扎特有两个儿子。然而我们对莫扎特的两个儿子了解得很少，特别是没有从事音乐专业的长子，您能给我们介绍一下吗？

M：我认识莫扎特的长子卡尔·托马斯·莫扎特先生（Karl Thomas Mozart）。他是公务员，在米兰有一间办公室，但是他从内心到灵魂其实都是一个音乐家。大家都说他最像他的父亲，特别是在性格方面。在跟他聊天的时候，他直率而朴素的措辞，常常会令人想起他父亲的那些信。即使是刚认识他的人，也会喜欢他。他一直精心守护着他父亲的声誉和名声。有一天晚上在埃尔特曼家，当我演奏了好多贝多芬的作品之后，将军夫人悄悄地跟我说要我弹几首莫扎特的作品，否则莫扎特的儿子将会感觉受到伤害。于是我弹了《唐璜》的序曲，他的态度开始变得友好，并请求我再弹一下他父亲的《魔笛》序曲，并且在听的过程中表现出了作为子女的那种由衷的快乐：你没法不喜欢他。

D：比您年长6岁的柏辽兹是当时法国浪漫主义作曲家的重要代表，作为一位德国作曲家，您喜欢他的作品吗？

M：柏辽兹写的根本不是音乐，他的作品都是一片混乱的、乏味的东西。由于他的管弦乐法是那么的可怕、杂乱，就像一团肮脏的东西，因此每人在拿完他的乐谱之后应该洗手。此外，他的作品给予音乐的只有谋杀、不幸和哀号，简直可耻。他让我感到十分郁闷，因为他对别人的判断看上去是那么聪明、冷静和正确，显示出他是一个非常明智的人，然而他竟然意识不到他自己的作品是那么荒谬的垃圾。

D：文献记载，您对您同时代的钢琴巨子李斯特评价似乎不高，我很想知道为什么？

M：我只是单纯地觉得李斯特的和声很愚蠢，如果这种东西受到瞩目甚至是追捧，那真是令人愤怒的。不过尽管他在作曲方面的才能很贫乏，但他的演奏和出众的个性给我留下了深刻的印象。

D: 哦？那请您描述一下李斯特的演奏好吗？对于我们没有听过的人来说实在是最无奈的遗憾。

M: 李斯特的演奏技艺相当高超，他通过每个指尖传递出的精妙乐感，真的使我欣喜。他的演奏迅疾和灵活，他的视奏和记忆力惊人，还有他对音乐充分的洞察，这些独一无二的优点都是我以往从未见过的。这些都令他表面上看起来很棒，是一个真正的艺术家，一个你即使不同意他的观点也会情不自禁地喜欢上的人。然而他对于我来说只有一件事情，就是我想看到他在作曲方面真正的才能，我指的是真正的原创音乐。那些他为我演奏的、打动了我的音乐，即使是以他自己的观点来看都是不完备的，而在我看来，那些音乐都是错的。

D: 不知道您对培养出李斯特演奏技巧的维也纳名师车尔尼作何评论？

M: 车尔尼在这个世界上只关心和他自己有关的：他的荣誉、声望、钱和名气。那么结果呢？在我那时维也纳人就已经不把他当一回事了，甚至都不再把他当一个钢琴家了。尽管他不断地通过他的教程、音乐论文、笔和墨水来把他无法压抑的想法发表出来，但是就连出版商都耸着他们的肩膀在想，"大众已经不像过去那样对这些东西有共鸣了"。

D: 说到这，我又想起当年有一位曾和李斯特一争高下的演奏家塔尔贝格，他的作品我们现在弹得很少，您那时一定听过吧？

M：我明确地不喜欢塔尔贝格写的作品。他那些写得不错的钢琴曲在我看来毫无用处，因为里面没有一点灵魂，它们与我的天性相悖。

D：很多 19 世纪的音乐家都受到了小提琴家帕格尼尼的影响，您觉得帕格尼尼怎么样？

M：我在 1829 年的时候看了他在柏林的音乐会，那时我就相信他一定会迎来巨大的成功，因为他那完美无瑕的演奏简直不可思议。他是如此新颖，如此独一无二。

四

D：在您的时代之后，音乐创作发生了很大的变化，一度疯狂地追求不和谐的音响，与传统背道而驰。但是您知道吗，这些音乐也有不少拥趸，还有记者为其呐喊助威……

M：无论是否有记者吹捧不谐和的音乐，我都不相信一个公正的人会对那种音乐感到快乐或有任何的兴趣，那些吹捧文章不会比那种音乐留下更多的痕迹。那么那些劣质音乐的轰鸣声有什么用呢？它的作用就是让我感到自己有义务去努力工作，尽我最大能力把我心目中的音乐写出来。

D：您知道吗？在我们的时代，发布自己的作品已经变成了更加容易的事情，人们常常可以通过私人的渠道让自己的创作流传，而不一定要正式出版，有些类似您那时的"手抄本"。但因此也产生了作品质量良莠不齐的问题。我非常想问您，您认为一个人发表自己的作品是否是一件很正式的事情？是否应在"准备好了"的情况下对自己的作品进行发布或出版？

M：我把出版作品当成一件很严肃的事情，因为我坚持认为，如果一个人没有下定决心要在余生当一个作曲家，他就不要出版他的作品。为了这个目标，不断地创作出作品是绝对必不可少的。只考虑出版一两部作品，或者"在私人圈子里流传的手抄本"都是我不喜欢和不能容忍的。

D：许多您的同时代的作曲家都会对自己或者别人的音乐作品撰文评论，比较突出的有舒曼、李斯特等，而您却好像没写过音乐评论类的文章，为什么呢？

M：我给自己立过一个不可违背的原则：绝不在报纸上写任何和音乐有关的话题，也不直接或间接地鼓励别人写关于我自己的作品的文章。

访谈之后，门德尔松原本在我心目中清新、单一的形象变得更加立体和多维。通过听他对他身边同行的或褒或贬、对自己和他人创作的评价，我清楚地感到：严肃、原创和真挚是他最为看重的艺术准则。

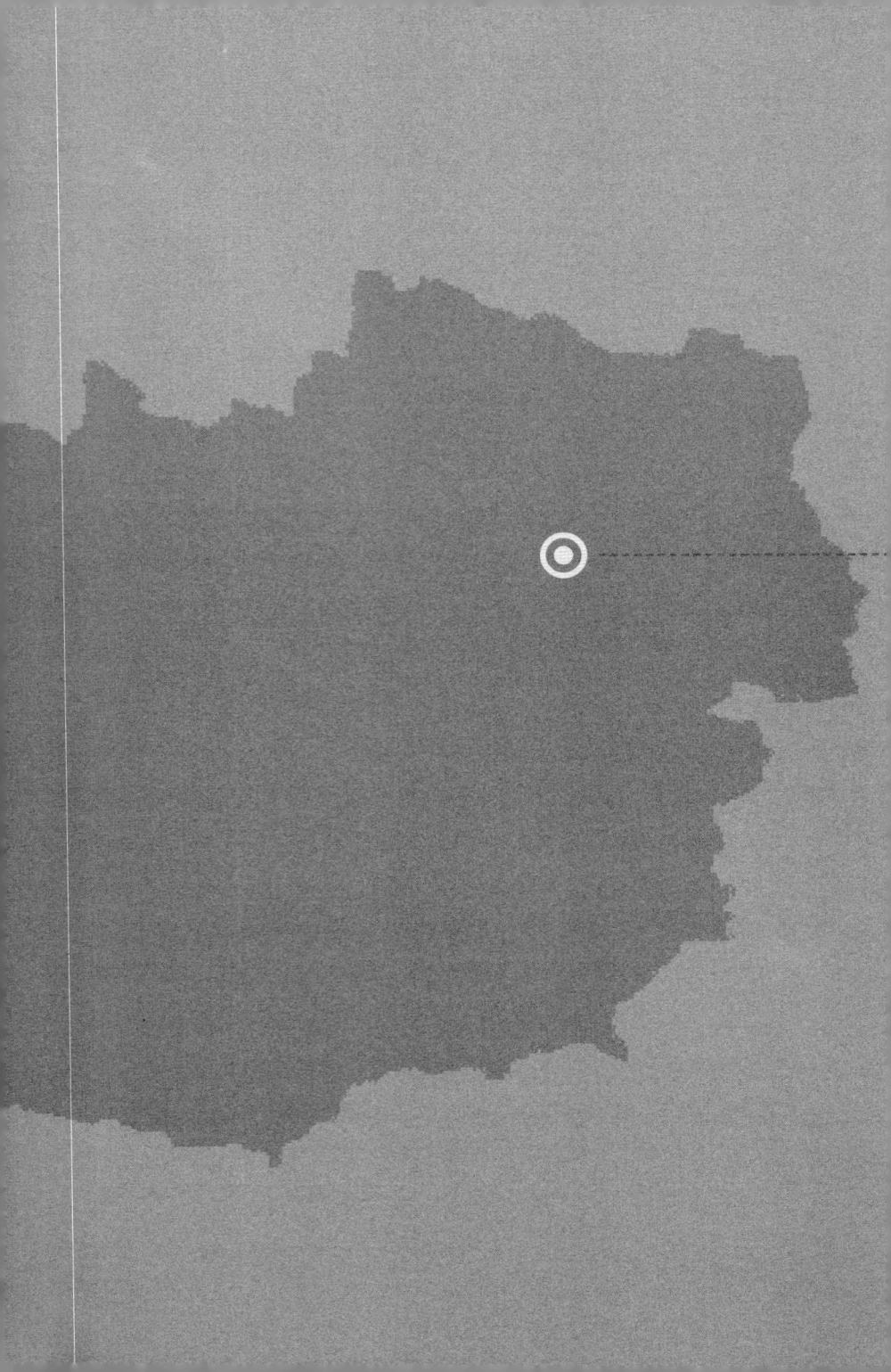

奥地利

约翰·施特劳斯
时间的齿轮卷走了一切

作曲家小传

"圆舞曲之王"约翰·施特劳斯通常指的是施特劳斯家族 [父亲老约翰·施特劳斯，以及他的三个儿子小约翰·施特劳斯（Johann Strauss Jr.，1825—1899）、约瑟夫·施特劳斯和爱德华·施特劳斯] 中的小约翰·施特劳斯。

小约翰·施特劳斯继承了父亲的音乐事业，并远远超过了他的父亲；同时小约翰·施特劳斯还继承了父亲的另外一个人设，那就是风流成性。

施特劳斯无时无刻不在作曲，是个不折不扣的"人形作曲机"，体现了他"追求生活充实"的特点。

在 19 世纪的维也纳，曾经流传着这样一种说法："住在维也纳，却没见过圣·斯蒂芬大教堂、诗培音乐宫和约翰·施特劳斯的人，就不算真正认识这座城市。"

1890 年，维也纳市政府曾做过一项谁是全欧洲最知名人物的民调，约翰·施特劳斯排第三，前两位为英国维多利亚女王和德国首相俾斯麦。

施特劳斯除了脚本几乎不看任何书籍，也不怎么看戏、听音乐会和歌剧。

身为"圆舞曲之王"的施特劳斯却自称"根本不会跳舞"。

曾有人拿约翰内斯·勃拉姆斯和约翰·施特劳斯相比较，说："勃拉姆斯是维也纳的精神，施特劳斯是维也纳的香水。"

作曲家理查德·施特劳斯（跟约翰·施特劳斯家族没有任何亲戚关系）曾说："在我看来，约翰·施特劳斯是咱们这一行可以靠灵感吃饭的最后一位。"

施特劳斯的圆舞曲抒情优美、波尔卡热烈欢快，但施特劳斯本人的情感却十分凉薄，除了合作关系外，几乎没有朋友。

施特劳斯惧怕疾病、衰老和死亡，曾为自己出现的第一根白发而郁闷不已。

施特劳斯一生都生活在怕自己贫困终老的不安全感中，因此他精于理财，身价也一直水涨船高。在施特劳斯去世时，遗产的数目是十分巨大的。

J. Strauss Jr.

这一次我十分开心地访谈了伟大的"圆舞曲之王"、维也纳新年音乐会的永恒主角——约翰·施特劳斯。我注意到,他堪称是一个美男子,在浓眉之下有一双"表达丰富"的眼睛。他的衣着考究,身穿米色双排扣大衣、裁剪合体的方格西装和浅色漆皮鞋,丝绸领结上别着钻石饰品,手上戴着镶有贵重宝石的戒指。他说这是他的工作服,就像军人的制服一样。

—

D:大师您好!您的作品永远洋溢着使人着迷的活力,请问您的创作理念是什么呢?

S:我必须要写出能长久回荡在听众耳际的旋律,因为坐在顶层楼座的穷人是没有钱去买钢琴谱的。

D:据说您并不坐在钢琴旁谱曲,这是为什么呢?

S:因为我的灵感会被琴键引错方向。

D:作为一位作曲大师,您非常罕见地对文学艺术缺乏兴趣。据说您除了脚本几乎不看任何书籍,也不看戏、听音乐会和歌剧,这又是什么原因呢?

S:我不想听任何有可能被我以后不自觉吸收进我的创作中的东西。

D：与您的圆舞曲和波尔卡比起来，您的十几部轻歌剧似乎显得没有那么成功。比如乐评人对您 1892 年的轻歌剧《帕茨曼骑士》评论说："人们无疑会再去看施特劳斯的《蝙蝠》，以便从看《帕茨曼骑士》的失落心情中恢复过来。"普遍认为，您的轻歌剧的问题都出在脚本上。

S：我从 1886 年就开始对轻歌剧感到不耐烦了：因为它根本没有办法让你完全按照自己的艺术观去创造，我实在是厌倦了这个领域。我写《帕茨曼骑士》只是为了向世人证明我并不是只会写圆舞曲。为了写《帕茨曼骑士》，我花了三年时间，几乎耗光了我的积蓄。如果不是考虑到经济状况，我绝对不愿意再投入到我深恶痛绝的轻歌剧创作中。当一个人心不甘情不愿地干活的时候，那就不再是令人享受的职业了。

D：一些教授也因此说您高估了自己的能力，同时也选错了模仿的对象。我想应该是说您在模仿轻歌剧作曲家奥芬巴赫。

S：在这世界上有几千条蛆虫，它们如果不经常危言耸听，根本不会有人留意它们的存在。我讨厌这些音乐教授！

D：在 1898 年，卡尔剧院院长约纳曾经请您再写一部轻歌剧，但是您却拒绝了，这是为什么呢？

S：因为我已经很难再习惯平庸而令人心烦的哼唱了。

二

D：希姆洛克出版社曾是您作品的出版商，您和他们的合作怎么样？

S：跟希姆洛克出版社签约，无异于把灵魂出卖给魔鬼。

D：在您的记载当中，有一条让我印象深刻，那就是，您不喜欢阳光而喜欢阴雨天？

S：是的，风和日丽的天气就像是一个无聊乏味的金发女郎。

D：1854—1865 年，您几乎每年都受邀前往俄罗斯指挥音乐会。您对俄罗斯印象如何？

S：在俄罗斯生活多好啊！那儿有金钱。而哪里有金钱，哪里就有生活。

D：看来您在俄罗斯赚了很多钱。

S：我有足够的卢布和过多的女人的心。

D：正是在那段日子，还未成家的您和一位俄罗斯贵族小姐奥尔加·斯米尔尼茨卡娅有过一段刻骨铭心的恋情。你们互通了数以百计的情书，然而最终还是由于双方阶级地位和身份的差异而被女方父母叫停，实在是令人扼腕。您还记得这段爱情吗？

S: 当然。那时我越来越相信，她是上帝为我选定的人。我再也无法想象，没有她我如何能生活下去。在我死前除了要亲吻她的双唇，再也不可能有其他最后一吻了。

D: 除了奥地利，英国似乎也是一个对您和您父亲的作品都极为推崇和欢迎的国家。您喜欢英国吗？

S: 具有真情实感的英国人万岁！

D: 后来您在一位美国作曲家的邀请下去了美国演出，但是我记得您是不喜欢出远门的呀。

S: 是的。一开始我的回答是：去美国？为什么要去？我在这儿有钱，有荣誉，有快乐和维也纳！另外，如果美国的印第安人杀了我怎么办？

D: 那后来他是怎么说服您的呢？

S: 他说，施特劳斯先生，您将指挥一个 2000 人的乐队！

D: 您对美国有不同于欧洲的印象吗？

S: 美国人总是要签名，而德国人则总是要钱。

我认为美国的铁路有生命危险。在美国人们修个脸竟然要 50 美分！波士顿是一个清教徒式的无聊城市，妇女也长得很丑。但是我完全被纽约迷住了。

D：听说您不准客人在就餐时交谈，这是为什么呢？

S：因为就餐时交谈是对女厨师的冒犯！

D：您的同时代的一位钢琴家格伦费尔德写了很多您的圆舞曲的钢琴改编版，他也是您的朋友之一吧？

S：是的。我的圆舞曲被他弹得比我写的还优美。

三

D：您为了与您的第三任妻子——比您小 31 岁的阿黛尔成婚，不惜脱离了奥地利国籍与天主教，并且您立下法律承诺，在她有生之年，每年赠予她相当于今天九千多英镑的金币。您一定是很爱她才会如此吧？

S：是的。我认为这是任何一个称职的男人都该对他心仪的女人做的事情！

D：您的两位弟弟，似乎与您的关系都不太好。您最小的弟弟爱德华甚至觉得您把他当童工般压榨……

S：他永远都是用负面的态度看事情——他总以为我在刻意阻挡他。天啊，他发表了那么多攻击我的愚蠢言论。真不知道他究竟要长到多大，才会了解他大哥不会是他的敌人，更不会利用他。有时候我觉得，我们的关系之所以恶化，纯粹是他争强好胜的野心作祟，我对他的兄弟之情可是从来没有动摇过的！

D：但是在您的遗嘱中确实没有赠予爱德华任何财物。

S：那是因为他生活优渥。

D：听说您在世时是非常忌讳疾病和死亡的，以至于您甚至没有出席您母亲、前妻和弟弟的葬礼。那么现在您是如何看待死亡的呢？

S：我们应当屈从于自然法则，对于这个力量我们是无能为力的，时间的齿轮卷走了一切。因此，我们至少要通过我们大胆而健康的幽默，用我们身上仅剩的还健康的东西，跟毁灭的力量进行斗争，直到最后我们停止呼吸。

> 看着远去的约翰·施特劳斯的帅气背影，感叹其实时间并没有在他身上留下痕迹。

莫扎特
我唯一的爱好就是音乐

作曲家小传

莫扎特（Mozart，1756—1791）是音乐史上公认的神童——即使他的父亲把他的年龄说小了一两岁也无碍。童年的莫扎特和姐姐在父亲的带领下进行全欧洲巡演，小莫扎特受到了欧洲宫廷贵族的热烈宠爱。

据说莫扎特作曲就像是上帝通过他将乐曲记录下来一样，过程极其流畅，几乎不用修改。尽管外人都认为那是天赋的显现，但是莫扎特本人却说应归功于他的勤奋，他说，"我研究了前人的所有作品"。

莫扎特的音乐才能一直随着年龄在增长，始终处于天才之列。然而不幸的是，他的人格和身高却似乎停留在了"神童"阶段。成年后的莫扎特对理财毫无概念，经常开低级趣味的玩笑，喜欢赌钱……常常在一场豪赌之后，原本住在市中心的莫扎特就要搬去郊区了。

如果莫扎特的身份始终是一个小孩而不长大，也许他的人生可以幸福很多。

莫扎特结了婚，妻子是一个同样不会生活的人。他们有两个孩子，其中之一后来也成了作曲家，据说他的音乐天赋不亚于其父，但是一直被遮蔽在父亲名气的阴影里。

关于莫扎特的传说不少。已经有学者指出：电影《莫扎特传》中关于萨列里对莫扎特的敌视、委托《安魂曲》的神秘客等桥段均与史实不符。

Mozart

这一次，我见到了大名鼎鼎的沃尔夫冈·阿玛迪乌斯·莫扎特！刚一见面，莫扎特的外形就给了我极大的震撼：身高只有 150 厘米左右。看来莫扎特真的是从心灵到身体都一直保持着"神童"的状态。莫扎特的谈话就像他的音乐一样直接、清澈，话题不拘一格，让我获益极多。当然，谈话中对于一些作曲家——特别是克莱门蒂——的看法仅代表莫扎特本人观点。我也给莫扎特欣赏了当代几位最"火"的钢琴家演奏的莫扎特的作品，而为了避免不必要的麻烦，在文中隐去了莫扎特对他们的评价。

一

D：提起您，大家脑海中反映出的第一个词就是"天才"。可以说您是最受大家公认的一位彻头彻尾的天才。作为天才本身，您是如何理解"天才"的含义的呢？

M：我的感受是，天才这种东西是在书本上学不到的。耳朵、头脑和心灵就是天才的学校。当我有音乐可写的时候，我会感到愉快，因为这毕竟是我唯一的爱好。

D：您那个时代的钢琴和今天的钢琴是有很大区别的，您能给我们介绍一下吗？

M：那时的钢琴的确和你们的钢琴大不一样。我印象比较深的是施佩特和施泰因两个品牌。我在 1777 年之前一直喜爱施佩特的钢琴，但当我在 1777 年接触了施泰因制作的琴之后，就决定从此以后就使用他的琴了。施泰因的琴制音的效果要好得多，而且不管用何种方式触键，音总是均匀的，绝不会发出刺耳的声音，也绝不会忽轻忽响或者完全没有强弱。这是因为他的琴是用擒纵机件制成的。如果没有擒纵机件，击键后就免不了发出刺耳和颤动的声音。施泰因跟我说过，每当他做完一架琴，就会坐下来在上面弹奏各种走句，连贯的和跳跃的，然后精心琢磨，直到无懈可击为止。施泰因制琴精益求精，他劳动的目的只是出于对音乐的兴趣，不是为了赚钱，否则他早不干这一行了。他为了保证音板不会破裂，在每次造好一架琴时，就把琴放在露天，接受风吹雨打和日晒，以致破裂。然后嵌进楔子，用胶粘起来，让琴身变得坚固。他看到琴身破裂是很高兴的，因为这样就能保证不会有更大的毛病了。

D：我记得有记载说您除了作曲和演奏也曾教过学生，您是如何平衡教学和作曲、演奏之间的关系的呢？

M：是这样的。我完全不教学生就不能生活，但我对这种工作毫无兴趣。请不要误会，我喜欢教学生，我把上课看作是对学生的关怀，特别当我看到我的学生有才能，并专心致志渴望着学习的时候；但是要我在一定的时间赶到学生家里，或者在自己家里等一个学生……我是做不到的，不管他交多少学费。我觉得这是不可能的，所以只能让那些除了弹琴之外无事可干的人去教，而我给学生上课是给他们面子。我宁愿只收三名给我高学费的学生，也不愿收六名给我低学费的学生。

我是一位作曲家，是命中注定的宫廷乐长，我不可能也不应该埋没仁慈的上帝赐给我的丰富的作曲才能；如果我教很多学生，就会埋没我的作曲天才，因为教学是一项烦人的职业；如果允许我坦白地说，我宁愿轻视弹琴，重视作曲。因为对我来说，弹琴只是一种副业，虽然——感谢上帝——是一种很好的职业。

D: 在我们的印象中，您的钢琴作品是以协奏曲和奏鸣曲著称的，但是好像您也写过为数不多的赋格？

M: 当然写过，而且我的《C大调幻想曲与赋格》还是因为我的妻子康斯策——那时还是我的未婚妻——而写的。记得那是1782年，我给康斯策弹了很多巴赫和亨德尔的赋格，康斯策深深地爱上了它们，甚至都不听别的了，只听赋格。于是我常常即兴为她弹些别出心裁的赋格，她问我有没有把它们记下来过，我说没有，她就痛斥我为什么不把这种一切音乐形式中最有艺术性、最优美的音乐记录下来，并无休止地要求我，直至我为她写下了那首赋格。

D: 真是太有意思了。如此看来，您和她真是极具音乐品位、情投意合的一对艺术伉俪啊！以往我们对您的夫人了解得很不全面，能否再给我们讲讲您的夫人？

M: 非常愿意。我们一直都十分相爱。我的夫人康斯策不算丑，但也说不上漂亮。她的美全在于她的黑眼睛和身材。我们结婚前发生的一件事特别令我难以忘怀。你知道，我的敌人一直在外面制造各种针对我的诽谤，这些诽谤当然也传到了康斯坦策的母亲和保护人那里。于是她的保护人禁止我和康斯坦策交往，除非我写一份书面保证，保证我会在三年内和康斯坦策结婚，如果我改变主意不和康斯坦策结婚，就要支付给她300古尔盾。我没有选择，只能写这样一份协议。但是你知道之后我那天使般的康斯坦策干了什么吗？她向她母亲要来了这份协议，对我说："亲爱的莫扎特！我不需要你的书面保证。我相信你！"说着，她就撕掉了那份协议书。我亲爱的康斯坦策的这个行为，让我更加爱她了！

D：这个故事真是太让人感动了！谢谢您的分享。既然前面说到赋格，您对演奏赋格有什么建议吗？要知道，在今天赋格是让很多钢琴学习者头疼的领域。

M：我认为赋格不能演奏得太快。因为一首赋格如果不是演奏得比较缓慢，主题进入时就不能明显地区别出来，就会因此完全失去效果……

二

D：要知道，现在您是萨尔茨堡的骄傲和名片，您那时候喜欢萨尔茨堡吗？

M：我凭我的荣誉向您发誓，我不能忍受萨尔茨堡及其居民，他们的语言和他们的风尚都是我所极其不能容忍的。萨尔茨堡的那些宫廷音乐家粗鲁、邋遢、放荡，没有一个有教养的老实人可以和他们共处。我甚至可以说十分憎恨萨尔茨堡，我和我亲爱的父亲曾在那里遭到不公平的待遇。我非常乐于忘掉萨尔茨堡，把它从我的记忆中永远抹掉！在萨尔茨堡根本发挥不了我的才能。首先，专业音乐家在那里不受重视；其次，那时那里没有剧院和歌剧院，什么都听不到，也没有人愿意去那里演唱；最后，萨尔茨堡乐队里无用之物泛滥成灾，有用之人屈指可数，而必不可少的东西则空空如也。

D：原来如此，太令人惊讶了。因为现在萨尔茨堡的情况已经大为不同，那里还有举世闻名的萨尔茨堡音乐节，我想，这很大程度上应该归功于您。

D：您和克莱门蒂是同时代的人，作为《小奏鸣曲》的作者，克莱门蒂在今天仍然为我们钢琴学习者所熟知。据说您和克莱门蒂曾经有过一次比赛。

M：是的。那年克莱门蒂到了维也纳。皇帝约瑟夫二世在皇宫主持了我和他的比赛。我记得克莱门蒂先即兴弹了一些东西，之后演奏了一首奏鸣曲。接着皇帝对我说："来吧，继续演奏。"于是我也即兴创作，并进行了一组变奏。大公爵夫人拿来了几首帕伊谢洛的奏鸣曲，我演奏了其中几个快板，克莱门蒂演奏了行板和回旋曲。我们又从中选了一个主题，在两架钢琴上将其展开。我当时全力以赴，对主题做出最好的解释。我觉得皇帝是喜欢我的，对克莱门蒂不过是出于外国人的礼节而已。

那么我说说我对克莱门蒂的看法吧。他仅仅是一个卓越的羽管键琴演奏家而已。他的右手很灵巧，他的三度最拿手。除了这些，他在音乐情趣和艺术品位方面可以说一文不值，他不过是一架机器。

关于克莱门蒂的那些奏鸣曲我也有几句话要说。每一个听过或者弹过它们的人，一定会觉得它们作为音乐作品是毫无价值的。除了六度和八度的走句，没有值得注意的段落。我劝告你们不要过多地练习这些段落，否则会损害弹奏中平稳、均衡的指触。用飞快的速度弹奏六度和八度没有任何好处，只会产生一种穷凶极恶的效果。克莱门蒂是个江湖骗子：他在一首奏鸣曲上写上"急板"或者"甚急板，2/2拍"，他自己却弹成4/4拍的快板。我说的都是事实，因为我亲耳听过他这么弹奏。我说过，他真正弹得好的是三度的走句，除此之外他一无是处，绝对一无是处，因为他丝毫没有见解和意趣，动人的情感就更少了。

D: 谢谢您的直言不讳，请您谈谈其他音乐家好吗？

M: 我非常喜爱亨德尔，甚至可以说是崇拜他，他的很多作品我都烂熟于心。亨德尔比我们任何人都更知道怎样才会产生效果，只要他想要，声音就会像打雷一样。在他的时代过去之后，我们越能发现他的音乐的特别之处。

我也很喜欢海顿，没有人可以像他那样无所不能——滑稽的或可怕的、令人大笑的或感人至深的音乐，他都能够做到。

我喜爱的作曲家还有C.P.E.巴赫，就是你们熟悉的J.S.巴赫的儿子。我曾说过C.P.E.巴赫是前辈，我们都是后辈。我们当中那些能够有点成就的都是从他那里学到的。

三

D：我知道您不仅是即兴演奏的大师，视奏能力也令同代人目瞪口呆。我想请您谈谈视奏的奥秘。

M：我认为视奏的艺术在于：按乐曲应有的速度演奏，不能慢，也绝对不能快；谱上写什么就弹什么，倚音等一字不漏；表情和趣味得当，让别人以为是演奏自己的创作。

D：能否请您给音乐演奏学习者们一些建议和忠告吗？

M：在音乐上最重要的、最困难的也是最原则性的东西就是拍子。对于那些在童年时代从未受过老师督责的孩子，以为成年后仅凭着天才和喜好就可以心想事成，这是错误的想法。

D：在您的歌剧创作中，不仅有意大利语歌剧，还有德语歌剧，这是非常独特的。

M：我拥护德国人，我喜欢德国歌剧。那个时候我甚至不相信意大利歌剧会一直流行下去。每个国家都有自己的歌剧，德国为什么不能有自己的歌剧呢？难道德语不像法语和英语那样适合歌唱吗？难道不比俄语更适合歌唱吗？

D：您的音乐包含了世间各种情绪，却又始终不失其优雅和精致，请问您是如何做到的？

M：我坚信热情不管是否狂烈，都不能表现得令人厌恶。描写最可怕的情景的音乐也不能冒犯耳朵，必须让听众愉悦，换句话说，就是不能失其为音乐。

D：有一个问题我很好奇，希望不会冒犯到您。今天人们普遍认为您的葬礼非常凄惨：麻袋裹尸、合葬在万人墓地……

M：哈哈，其实并不凄惨。应该说那时候的葬礼都是那样的。当时的国王约瑟夫二世讨厌铺张浪费的葬礼，所以在他统治时期都实行"麻袋葬礼"，而且不用灵车护送。至于墓地，我并没有被合葬，而是葬在了一块单独的墓地中，只是没有墓碑。那时没有墓碑也很正常，因为当时维也纳所有的墓地都是以10年为期出租，一到期限墓地就会被铲掉，重新成为别人的墓地，所以你们现在找不到我的墓地。

D：是否能够和我们分享一下您的人生感悟？

M：只要细心思考一下就可以知道，死是人生真正的目标。医生、世人、意外都既不能给人以生命，也不能夺走人的生命。谁都不能，只有上帝可以。我们看到的各种死亡方式都不过是上帝使用的工具。当时辰一到，一切办法都没有用处。

访谈结束，大师走了。我随手播放了一段莫扎特钢琴协奏曲的慢板乐章，久久地沉浸在刚才的谈话中……

舒伯特

我就是为了创作才来此世界的

作曲家小传

舒伯特（Schubert，1797—1828）的一生给人的感觉似乎就是"惨"。

他的作品《冬之旅》和《流浪者》就像是他人生的两个标签，所以"冬天风雪中的流浪者"是舒伯特在我心中挥之不去的形象。

舒伯特出生于维也纳，他的父亲是一位校长。舒伯特在度过了人生的最初十年之后，被送入维也纳帝国皇家教堂唱诗班，这是一所寄宿音乐学校，他流浪的人生模式就此开启。在这所学校的指导老师中，有那位现在因莫扎特而出名的萨列里。离开寄宿学校后，舒伯特还跟萨列里学了几年作曲。值得一提的是，当年李斯特也是和萨列里学的作曲。

舒伯特的父亲坚持"我们不需要天才，我们只需要忠于职守的臣仆"，因此他让舒伯特在自己的学校教书。而舒伯特完全受不了当老师的无趣生活，3年之后就辞职单干了，继续漂泊不定的流浪生活。

当然，舒伯特的生活中也是有阳光和温情的。他的哥哥费迪南德和诸多好朋友给予了他大量的帮助。他们年轻时几乎每晚聚会、演唱舒伯特的音乐，被称为"舒伯特圈子"。

舒伯特通过他创作的 600 余首德语艺术歌曲名垂音乐史，获得了"歌曲之王"的美誉。

舒伯特一生热情地崇拜贝多芬，贝多芬逝世之时，舒伯特是葬礼上的火炬手之一。他自己怎么也不会想到，第二年他就追随贝多芬于地下，死因是梅毒。

Schubert

当《魔王》的马蹄声在我的钢琴键盘上奔驰了不知多少遍之后，维也纳的浪漫之魂、诗与音乐的化身——弗朗茨·舒伯特现身了。

在我想象中，一位写出了那么多首动人歌曲的作曲家一定是相貌堂堂、英俊挺拔的。而站在眼前的舒伯特可以说让我大跌眼镜：他矮小浑圆、粗犷朴实、头发微秃，整个脸部略带有黑种人的感觉。肤色相当深，看起来有些黯淡无光。头和脖子像是硬挤在肩膀上，并且略向前倾。大师非常平易近人、温和，唯一符合我想象的是其自然流露出的优雅和不俗的气质。

我深知舒伯特对于感官欢愉有着强烈的渴望，因此访谈没有像惯例一样在家中进行，而是带大师到了附近一间酒吧——反正在中国，普通大众是不会有人能认出舒伯特的——大师果然变得愉悦起来，访谈在轻松的气氛中开始了。

—

D: 我们能否从您的童年谈起？我知道您在 11 岁到 16 岁曾进入维也纳神学院的唱诗班唱歌，这是您十分重要的一段音乐训练经历，能请您谈谈对那段时光的记忆吗？

S: 在那里的很长一段时间，我都一直在思考我的状况，最后的结论是：总的来说不好不坏，可能是有些进步。就像是我们都有过的那种经验：在吃了一顿糟糕的午饭后，在等待吃同样糟糕的晚饭的那漫长的八个半小时里，如果能吃一个肉卷或者一两个苹果，那该多享受呀！当时这种欲望越来越强烈，以至于我觉得我必须另做打算了。而且我爸爸给我的几个葛罗申总是几天就花完了……

D：您从您父亲的学校辞职后开始了自由职业者的生活，那时维也纳的社会环境是什么样的？

S：那时的一切都处于庸俗状态，而大多数人都习以为常地看着，甚至在那种情况下感到舒服，他们完全不在乎顺着烂泥滚到深渊里去。

D：有个问题我一直想问您：我知道您有许多可爱、忠诚的朋友，他们带给您欢乐轻松的气氛。但是您的歌曲中为什么又常常流露出深深的孤独和忧郁呢？

S：其实没有人能理解另一个人的痛苦和欢乐。我们以为大家都在一起，但实际上彼此都相距甚远。唉，发现这个真理可真痛苦！

D：您的传记说您曾深爱您的一位学生——卡罗琳·埃斯特哈齐女伯爵，但是我在您的作品中没有见到一首曲子是题献给她的，这是为什么呢？

S：其实我的每一首曲子都是献给她的，这还不够吗？

D：当年“舒伯特圈子”的朋友们后来纷纷结婚成家，您也从始至终为他们的婚宴舞会弹钢琴伴奏。而您自己却一生未婚，我很想请教您对婚姻是如何看待的。

S：我就是为了创作才来此世界的。我认为结婚的念头对于单身汉来说是值得警醒的：他用结婚换来的要么是悲伤，要么是肉欲上的满足。

二

D：您对贝多芬的敬仰和崇拜已经是音乐史上的佳话，当年的评论也常常拿您和贝多芬相互比较，能谈谈您心中这位音乐泰斗吗？

S：谁还敢在贝多芬之后尝试什么呢？贝多芬无所不能，但我们却不能理解他做的一切。多瑙河水要再流淌很久，人们才会完全理解这位伟人所写的一切。贝多芬不仅是所有作曲家中最崇高、最富创造力的一位作曲家，而且还是最有勇气的一位作曲家。他不论写戏剧性、史诗性、抒情性还是散文性的作品，都同样精彩。总而言之，他无所不能。

D：除了贝多芬，还有您如此敬仰的作曲家吗？

S：有，亨德尔。他的旋律多么壮丽而大胆！没有人能够写出他那样的作品，做梦也不行。

D：众所周知您是一位艺术歌曲大师，而艺术歌曲又是一种词曲并重的歌曲形式，歌词通常都是优秀的诗篇。我想请问您在挑选诗歌来谱写艺术歌曲时是如何考虑的？

S：当一个人有一首好的诗歌时，音乐就会很容易地来到你身边，旋律也就流泻成一首歌，这是一种真正的快乐。而如果遇到一首坏诗，你就只会受折磨，写出来的歌曲也就一团糟。我曾经拒绝过许多人硬塞给我的诗。

D：您自己也是一位钢琴家，也曾经登台演奏。我想问您认为良好的钢琴演奏是怎样的？

S：当有人对我说，我手中弹出的音符就像歌唱家的歌喉时，我非常高兴。没有比这夸奖更让我感到满意的了。我无法忍受那些有钢琴大师之衔的人，像屠夫般奋力将手指在琴键上毫不留情地砍杀，这样的乐音是无法取悦人们的耳朵或心灵的。

三

D：无论读哪本关于您的传记，"苦难"似乎都与您的人生密不可分，您是如何看待生命中的苦难的呢？

S：我相信苦难能够淬炼心灵的敏锐和坚忍，而欢愉往往使人变得驽钝而软弱，使心灵轻浮妄动。

D：尽管您已经为我们留下了大量的音乐作品，但是我还是觉得您离开这个世界的时间太早了……

S：总有一天，我的音乐将像慰藉我一样地慰藉你们。在这些音乐中，你们将听到召唤我回家的天使们拍动翅膀的沙沙声。

D：能否对我们这些后人分享一下您的人生感悟？

S：人就像一个球，让机遇和激情来玩游戏。我曾听人说过："生活就是一个舞台，每个人都在扮演自己的角色。褒贬由后人评说。"我们被赋予一个角色，就得把它演下去，谁又能说我们演得好或不好呢？我想导演一定很失败，因为他给了许多人他们所不能胜任的角色。这里不存在不演的问题，这个世界不会因为他朗诵得不好就抛弃他。他要是得到了适合他的角色，就会演得很好。而是否能得到喝彩，就要看观众的心情了。褒贬都是这个世界的导演的事。自然的天赋和教育决定了一个人的思想和心灵。心灵要怎么做，思想就会与之一致。

四

这时发生了一件始料未及的事：附近乐团的几个乐手走进了酒吧，他们可能是庆祝刚刚结束的演出。更为不幸的是，他们竟然认出了舒伯特……他们快速向大师走来，当他们得知眼前的正是大师本尊而非模仿秀时，纷纷激动地和大师握手，并说了许多赞美的话。之后他们说想请大师为他们写一首新曲子，并指定要在其中写一段独奏段落。之前一直对乐手们的热情表示感谢的舒伯特，听到这个要求后脸色骤变，明确拒绝了这项提议。

"为什么不呢，舒伯特先生？"乐手们还在坚持，"我们和您一样都是艺术家，难道您不屑为我们写作品？"

"艺术家！"舒伯特咆哮了起来，把手中的酒一饮而尽，从桌子旁站了起来，开始长篇大论："艺术家？你们不过是音乐骗子罢了！你们要么专门咬着铜制吹嘴，要么在圆号上吹破腮帮子。你们管这叫艺术？这叫生意，赚钱的手段、伎俩而已！你们配当艺术家吗？你们不过是吹号手和提琴手而已，你们也只配如此！我才是艺术家，我才是！我，弗朗茨·舒伯特才是闻名遐迩、受人爱戴的艺术家！我才是那位写出伟大、优美作品的人，而你们根本不懂得欣赏！千万别忘记了，如果说谁能谈'艺术'这件事，那也是非我莫属，而绝不是你们这些只知道找机会独奏的蝼蛄小虫！我是绝不会给你们写曲子的，而且我很清楚为什么！因为你们这些蝼蚁只配在我脚下，在我踏向星际的足迹下匍匐而行。我向群星致意，而你们在尘埃中跛行，就让你们和尘埃同葬齐朽吧！"

趁着那些乐手目瞪口呆之际，我赶紧拉着大师离开了现场，留下身后一屋子的惊愕和愤怒。我一路上说着安慰的话才让大师渐渐消了气。

回到家中，平静下来的舒伯特笑嘻嘻地对我说："我认为他们就是世界上最无耻的歹徒恶棍，他们理当受点教训。他们只是为了取得我的作品而对我说言不由衷、谄媚的话。我太了解这些人了！"

这次访谈结束后，我想起了著名歌唱家费舍尔－迪斯考的一段话，并且深有同感。这段话是这样说的："无论我们原先对舒伯特有多赞赏，我们后来才真正了解使他在众多作曲家中脱颖而出的原因是舒伯特的真诚与自然无伪。"

车尔尼
音乐最能培养人的心智

作曲家小传

钢琴史上最伟大的钢琴教师车尔尼（Czerny，1791—1857），无论是从其生卒年份上还是其师从关系上，都称得上是横跨古典主义与浪漫主义两个时代的人物。他师从古典主义大师贝多芬，是贝多芬多首协奏曲和奏鸣曲的首演者，一生为贝多芬作品的诠释不遗余力，而他的学生中则有浪漫主义钢琴王子李斯特，李斯特的劲敌：生于瑞士的奥地利钢琴家塔尔贝格、波兰钢琴教父提奥多·莱谢蒂茨基（Theodor Leschetizky）等多位音乐巨匠。

车尔尼给人的一贯印象是一位严谨、刻板、一丝不苟的钢琴教师，每天在维也纳授课十余个小时。此外，车尔尼在作曲上也极为勤勉，常常同时摊开两本乐谱本进行写作，等待一本的墨水晾干时就去另一本上写。特别是车尔尼写的那些逾千首的练习曲，更是让每一位钢琴学习者望而生畏。然而，如果透过这些表象对车尔尼做些深入的了解，就会发现他其实是非常浪漫和感性的。他一生除创作了大量练习曲外，竟然还创作同样海量的奏鸣曲、交响曲等其他体裁的作品，其中包括最具浪漫主义时代特点的钢琴改编曲和夜曲。

　　车尔尼生活中的另外一个爱好，会更加提升其亲切可爱的魅力值，那就是他是一个"猫咪控"。在车尔尼的家中，永远都有至少八九只猫在上蹿下跳，并且还有几只是怀孕的，因此车尔尼永远都在为出生的小猫寻找合适的主人……

Czerny

这次访谈的主角是一位极为特殊的作曲家。在世界名曲的单子上，找不到他的一首作品，然而他的名字又在所有弹钢琴的人中家喻户晓，那是因为他的练习曲几乎陪伴了每一位钢琴学习者大量的学琴岁月。而且他还以师承贝多芬、授业李斯特而成为欧洲古典音乐非常重要的一环。他，就是车尔尼，一个终身未婚投身钢琴教学事业的"猫咪控"。和这样的大钢琴教育家对谈，除了李斯特和贝多芬的相关内容，自然会在钢琴教学的诸多问题上进行讨教。

一

D：不夸张地说，您几乎是每一位现代钢琴演奏家的祖师爷，这是因为当今几乎所有著名钢琴家，都是您的三大弟子——李斯特、塔尔贝格和莱谢蒂茨基——的门徒。那就先请您聊聊您最知名的学生李斯特吧，他小时候第一次弹琴给您听是什么样的？

C：他当时的弹奏相当不稳定、不干净，夹缠不清，对指法没有概念，不过是把手指随便扔在键盘上。尽管如此，我还是对他的天赋大为震惊。

D：事实证明您对李斯特的天赋的判断是极为正确的。

C：我从来没有收过这么热切、这么有才气，又这么勤奋用功的学生。他拜师后仅仅一年，我就能让他公开演出了，而他也在维也纳激起了一股罕见的热潮。

D：您除了有名徒，还有名师，那就是您的老师贝多芬。据说您曾多次亲身欣赏贝多芬的演奏，实在是太让人羡慕了。您能为我们讲讲贝多芬演奏的特点吗？

C：贝多芬的风范在于其独特的蓄积勃发的力量，与平顺如歌的迷人乐章交替，这是他的过人之处。

贝多芬的表现手法达到了最大张力，特别是带点幽默的味道。演奏方式虽不是痛快淋漓，但是整体效果因而更贴切，这也是充分运用连奏和讲究地使用踏板所达到的效果。

贝多芬靠着踏板的使用，独具特色的演奏风格，尤其是和弦的连奏，写下了崭新而大胆的乐段，于是创造出新的流畅旋律和许多超乎想象的效果。他的演奏虽然不像有些钢琴家那样具有清澈而明亮的优雅，但从另一方面看，却是极为抖擞恢宏的，慢板特别充满感情及浪漫气息。

D：据说贝多芬的即兴演奏能力也极为惊人，是吗？

C：贝多芬的即兴演奏极为灿烂、震撼人心。不管他遇到什么样的听众，他都知道如何制造效果，听众很少有不潸然泪下的，有的甚至会放声痛哭。在这种即兴演奏结束之后，贝多芬会爆笑出来并嘲弄那些被他带入悲伤情绪的听众，说道："你们是傻瓜！"有时他觉得被这种观众入迷的景象所侮辱，便会大叫："在这些被宠坏的孩子中，谁活得下去？"因为这个原因，他告诉我他曾婉拒普鲁士国王在一次类似前述的即兴演出之后向他发出的邀请。

D: 在您的时代盛极一时的即兴演奏，在今天的古典音乐界已经很少见到了。您可以讲讲这门几近失传的艺术吗？

C: 你知道，音乐艺术在某种程度上可以说是一种语言，通过音乐我们可以表达内心体会到的感受和情绪。我们可以在任何乐器特别是钢琴上，仅凭源自瞬间和偶然的灵感，演奏很多之前没有写下来过，也没有事先准备或者学习过的曲子，这就是即兴演奏。这样的即兴表演当然无法、也不应该用严格的书面作曲的形式。不仅如此，非常自由与浑然天成的特性还赋予了即兴演奏一种独特的魅力。

D: 大概具有什么样的钢琴演奏水准才能掌握即兴演奏的技能呢？

C: 我相信，任何人只要具有了中等以上的演奏技能，就至少能在一定程度上掌握即兴演奏的艺术。

二

D: 有幸面对您这位钢琴教育史上最伟大的教师，想请教您一个很多钢琴学习者的家长都常问的一个问题，那就是，为什么要学钢琴？学钢琴究竟有什么好处？

C: 可以说，没有哪种艺术能比音乐更高尚、更能明确地启迪人的心智。通过钢琴演奏，我们能拥有一种端庄且适当的娱乐，不仅有益于我们自己，也有益于我们身边的其他人。此外，如果能在钢琴演奏之路上取得大的进展，我们在这世界上就拥有了一份独特之处，这无论是对业余爱好者还是专业艺术家而言，都是一件令人愉快的事情。

D：对于一个希望把钢琴弹得比较出色但又不想让弹钢琴占据全部生活的学生来说，每天应该大约练琴多久呢？

C：如果有坚定的决心在钢琴艺术上出类拔萃，就必须全身心地投入练习，每天只要3小时就够了。其中半小时用于基本练习，更多的时间用来复习旧曲目，剩下的时间拿来学习新作品。这一定可以逐渐达到非常优秀的程度，也不需要放弃其他娱乐和爱好。

D：在钢琴教学中，识谱——也就是掌握琴键和音符的对应关系，是很多初学者感到吃力的一步。因而在当今，针对初学者的识谱问题产生了五花八门的教学方法，其中有些教学法主张初学者不必从识谱学起，而是绕过音符直接在琴键上凭模仿和记忆弹奏，对此您是怎么看的呢？

C：琴键和音符的知识的确是音乐学习中唯一令人感到真正枯燥和乏味的地方。这些知识纯粹关乎记忆，对于每个音符来说，学生都必须做到能够瞬间且毫不犹豫地找到并弹奏正确的琴键，这就叫"读谱"。一旦掌握了这个技能，也就克服了在音乐学习的初级阶段所可能带来的最困难的障碍了。在后面的学习中，每天将体验到越来越多的喜悦和乐趣。这就像要在荆棘丛中找到一条出路，路的尽头将是美好的景色，那里永远绽放着春天的美丽。

为了应对这件必要但又让人不快的苦差事，最好的办法就是竭力把这些基础知识尽可能又快又牢固地铭记在脑海里。那些从一开始就怀着兴趣和热爱的学生，通过牢固持久且合理地运用他们的记忆，在几周内就完美掌握了关于琴键和音符的知识；但那些由于害怕或不愿意而学习这些表面上枯燥乏味的知识的学生，往往耗费数月的时间都收效甚微。这两者相比较，你觉得哪一种学习方式更好呢？

D: 您认为，在钢琴学习的开始阶段，是否有必要弹奏手指练习？是否应该对手的摆放、手指的触键及弹奏的清晰流畅等提出要求？

C: 老师在这些方面对学生要求严格，是十分正确的。每一种乐器，我们既能用它奏出美好的乐音，也能制造出让人讨厌的声音，这完全取决于我们如何操控它。同样优质的小提琴，在一位高明的演奏者手里，能发出极为悦耳动听的声音，但如果是在一个技艺拙劣的人手里，将发出犹如很多小猫嘶叫般的令人不悦的声音。钢琴也是这样，如果不能被演奏者正确地弹奏，或者仅仅是纯粹地猛烈敲击琴键，那么即使是最好的钢琴听起来也将是刺耳和令人不快的。如果弹奏施加的力度过小，或是不知道如何以正确的方法去使用力量，那么发出的声音将是沉闷和赢弱的，演奏也会变得莫名其妙，既没有灵魂也没有表现力。

D: 很多学生不喜欢手指练习，尤其意识不到音阶的重要性。

C: 无论对于初学者还是高级阶段的学生，音阶都是重中之重。事实上，即使是最专业的演奏者，也必须始终依赖并练习它们。练习音阶的一个主要目的，就是为了让手指能完全彻底地适应各种规则，这样就能在今后根据所给的规则，严格练习所有的学习内容。大多数音乐作品都是作曲家以这样或那样的形式呈现出来的，而无论是今天所写还是100年前所写的每一首曲子，音阶都是构成乐段和旋律的主要手段。你可以看到，在音乐中音阶和琶音的使用数不胜数。因此可以简单地设想一下，假如一个演奏者彻底熟悉了所有调的音阶，那么当他在演奏那些基础性段落及由此衍生出来的其他变体段落的时候，将获得多么大的优势。一个人越能掌控整个键盘，就越能容易地洞察音乐作品。此外，正确的指法是钢琴演奏中一个至关重要的环节，会消耗掉每个学生大量的精力。而音阶中就包含了指法的所有基本规则，它们仅仅凭借自身就足以在几乎任何情况下给学生指明正确的道路。

D: 在音阶的练习中，常常会强调弹奏的"均匀"，您是如何定义"均匀"的呢？

C: 我认为"均匀"有三个方面：一是力度的均匀；二是速度的均匀；三是音符持续时间的均匀。

D: 您是否能接受钢琴弹奏中节奏节拍的摇晃和不准确？

C: 在音乐中，音符的节拍划分是一件非常肯定而且绝对确定的事情。我们最好不要在这上面犯错误，而应该精确地按照每个音符和休止符的时值去弹奏，而且，要用你的眼睛而不是耳朵去做判断。这是因为，一旦当你记牢了某类音符的时值以后，你的眼睛总是会做出正确的判断，而单靠耳朵则常常可能会被错判或误导，特别是初学者。

D: 对于节奏节拍的练习有什么好的方法吗？

C: 把快速的或者密集的音符放在较慢的速度下进行演奏并且力求节拍精准。这是因为，某些音符组合如果按照规定的速度和节奏来弹的话速度是非常快的，而如果还没有必备的手指技巧，即使很好地掌握了音符划分的知识，也无法完成正常速度下的弹奏，从而要么导致整个速度的拖沓，要么这些快速音符被演奏得一团糟。

D: 那么在我们练琴的时候，应该怎样数拍子呢？用脚打拍子？

C: 我不太推荐用脚打拍子，因为那样很容易养成一种坏习惯。如果能习惯在弹奏的时候大声数出拍子，将对学习大有裨益。但是要做到这点并不容易，因为数拍子的时候，自如的演奏会很容易受到影响。此外，我们还很容易把拍子数得不平均。所以，当一个人练习的时候，最好默默地在心里数，并且极为注意地用自己的耳朵去判断。当双手出现长时间的休止时，在心里默念或者大声数出节拍是十分重要的。因为在音乐作品中，每小节都必须占用完全等量的时值作为节拍的支撑，不管该小节是由音符还是休止符组成。

三

D: 您怎么看演奏过程中的肢体动作？

C: 任何真正和在本质上有助于我们更好地演奏的动作都是可以允许的。但是，我要再次强调，在演奏的时候，我们必须避免所有那些不必要的和多余的动作。

D: 有些人喜欢不切实际、拔苗助长地去挑战高难度的作品，这种做法对于钢琴学习是不应该被鼓励的吧？

C: 是的。很多学生，他们的手指刚刚获得了一点能力，就被新奇事物的魅力诱入歧途，陷入挑战最难作品的错误之中。这种急于求成的心理导致的结果必然就是，由于忽略了必要的准备性学习，因而演奏始终处于一种不完善的状态，浪费了大量时间，最终却不能以得体的方式去演奏一首作品。许多不太成熟的演奏者总是天真地认为，只要学了一些名作曲家的某些难度大的作品，他们的能力就能立竿见影地前进一步，而之后的每件事都会走上正轨。殊不知这种做法，既是不尊重作曲家，也是不尊重他们自己，这仅仅是让自己陷入无意义的兴奋和危险当中。其结果充其量也就是他们获得出于礼貌或者同情的掌声，而且还会为此遭受人们在背后的指责和嘲笑。这些演奏者，因为选择了不适当的曲子，既丢掉了音乐上的声誉，也失去了自信。

D：那我们应该如何选择作品呢？

C：首先，我们应该遵循从易到难的原则；其次，我们应尽可能地熟悉所有伟大作曲家的作品，而千万不要把自己局限于任何一位受欢迎的作曲家；最后，我们也应该深入地学习早期作曲家的经典和真正有价值的作品。

D：一个学生如何能够尽早地具有独立学习的能力呢？

C：要做到这点，有一个非常重要的品质就是，演奏者必须学会如何正确地倾听自己，并且准确地对自己的演奏做出评价。不具备这种素质的演奏者很容易在自己练习的时候丢掉老师上课时所教的内容。

这次访谈让我知道，支撑起近千首练习曲的背后是一个多么清晰的教学理念与高品位的艺术追求。然而大师当年在钢琴教学中看到的问题，在今天似乎依然存在。如此这般，能说我们的钢琴艺术和教学符合"进化论"吗？难得其解，还是练音阶吧！

马勒

是曲子创造了我

作曲家小传

马勒（Mahler，1860—1911）生于犹太家庭，自幼家庭氛围冷漠，家庭成员彼此不和。

马勒 15 岁进入维也纳音乐学院学习。

从 19 岁开始，马勒历任匈牙利皇家歌剧院指挥，布拉格、莱比锡、布达佩斯、汉堡和维也纳等多家乐团及歌剧院指挥。正是在马勒任职期间，维也纳歌剧院跻身世界一流行列。

柴可夫斯基曾评价马勒说："他不是平庸之辈，而是一个天才。"

勋伯格曾评价马勒说："当我说马勒是一位伟大的人物时，没有人可以否认。"

指挥家布鲁诺·瓦尔特是马勒的弟子和忠实追随者。

作为指挥家，马勒能够很好地理解和诠释其他伟大作曲家们的作品；作为作曲家，马勒又能以极其鲜明的个人风格进行创作。

在 1908 年创作的交响乐《大地之歌》中，马勒采用了中国诗人李白的《悲歌行》《客中行》《采莲曲》《春日醉起言志》，张继的《枫桥夜泊》，孟浩然的《宿业师山房待丁大不至》，王维的

《送别》等唐诗作为歌词，乃西方音乐首创之举。

1902 年，马勒与比他小 19 岁的阿尔玛结婚。

从 1875 年马勒弟弟的夭折到 1907 年马勒女儿的夭折，死亡一直都是马勒心中挥之不去的阴影，而这个阴影也大量地表现在他的音乐创作中，如《恩斯特·冯·施瓦本公爵》《悲叹之歌》《亡儿之歌》等作品及他的交响乐。

1911 年 5 月，马勒逝世于维也纳。

Mahler

这次的访谈是个意外，或者说是惊喜。本来我在钢琴键盘上呼唤的是另外一位作曲家，结果没想到出现在我面前的竟然是20世纪被认为最"病态"的作曲家之一——马勒。他在冗长的交响曲中并置多种对立的情感，优雅高贵的曲调与俗气的市井旋律常常毫无征兆地交替出现，对这些我早有耳闻，也早就希望能和他对话，只是一直苦于马勒似乎没有钢琴作品能让我弹一千遍……因此当马勒出现在我面前，对我说我原本呼唤的作曲家一时无暇、由他来代班接受访谈的时候，对马勒的诸多好奇令我很快地从措手不及中镇静下来，开始了这次"歪打正着"的访谈。

一

D: 在您的时代，您的犹太人身份似乎给您带来了很大的困扰，是这样吗？

M: 是的。我认为自己是三重意义上的无国之人：在奥地利人里我是波希米亚人，在德意志我是奥地利人，在整个世界我是犹太人。在哪里我都被视为闯入者，在任何地方都不受欢迎。

D: 您的交响曲有很多标题和说明，是否可以理解为是您对作品全部含义的揭示？

M: 你要知道，作品的标题说明只是为一些浅薄和迟钝的人而写的，谈的只是一些表面和浅薄的东西，总的说来就像一部音乐艺术作品的每一个标题说明一样。一部统一的和严谨的作品，人们对它就像对世界一样，很少能加以解释。当上帝被要求对他

112

创造的"世界"做些标题性说明时，他同样很少能做出解释——顶多是一份"启示"。可恰恰是这些启示，导致了对作品的误解、平庸化和粗俗化，到最后是歪曲和无知。

D: 您在世时，您的指挥事业甚至比您的作曲事业更为辉煌。作为指挥，确定作品的速度是很重要的，您一般对此怎么考虑？

M: 如果一切还都能听到，那速度就是正确的；如果音彼此混在一起、音型不能被把握住，那速度就是太快了；如果演奏一个急板，有清晰的最终界线就是正确的速度，超出这个边界就失去了效果。

D: 您刚刚接手维也纳歌剧院的指挥时，那里的情况是什么样的呢？

M: 当时懒散和不精准的习惯就如同尘埃，已经在维也纳歌剧院堆了一根手指头那么厚了。因此我不得不像一台快车的火车头那样工作。我的工作不但占据了我全部的生活，还控制了我的身体与灵魂。我忙碌的程度与一个剧院总监没有区别，所有的感官和情绪都一直处于接收信息的状态。那时我对自己感觉越来越疏离，每当想到自己时，都好像是在回忆一位去世的故人。

D: 您在指挥方面曾受到著名指挥家、作曲家彪罗的影响，那么彪罗作为李斯特的学生，是否曾对您的作曲也发表过意见呢？

M: 我曾到彪罗家请他听我的《第二交响曲》。当我在钢琴上弹奏时，我突然想到应该抬头看看，结果发现彪罗用双手捂着耳朵。于是我停止弹奏，但是站在窗边的他却又指示我继续弹下去。我接着弹了一阵子后又抬头看，彪罗坐在桌子前，仍然捂着耳朵……弹完后，我安静地等待他的反应，可是他只是安安静静、一动不动地坐在桌边。突然间，他猛地做出一个拒绝的手势，对我说："如果这也叫音乐，那我还真不敢说自己懂音乐。"

D: 著名音乐美学家汉斯立克曾是您大学时音乐史课的老师，他对您的交响曲如何评价？

M: 汉斯立克在有一次听完我的第一号交响曲之后说："我们俩之中一定有一个疯子，而且那不是我。"

D: 既然说到这里，我想起您在世时很多人都像彪罗和汉斯立克一样，不能理解您的交响曲，甚至强烈恶评与攻击，您当时是如何看待这些的呢？

M: 人世间曾对我发生了并不是十分愉快的事情。我像一个被追捕的野兽，跟在后面的是一群猎狗。但是感谢上帝，我不是那些死在路上的人，我那时到处都不得不经受的打击，起到的仅是一种按摩的作用。每当我的衣服溅上污泥时，我便洗净熨平。我会用全部力量去进行反抗！我必须留在上面，我不会因为任何事情而被激怒或被拉下来。总是留在上面是困难的。

D: 很多人都想知道您是如何作曲的。

（听到这个问题马勒变得很激动）M: 我的天，你怎么可能问这种问题！你知道怎么做一支喇叭吗？你找一根管子，然后把金属包在外面，作曲大概就是那样。

（在冷静下来之后马勒说）M：有的时候是一首诗或一段旋律提供了灵感。我特别喜欢从一段旋律的中间往外发展，总之到了最后，一切都会形成应有的样子。

二

D：据说巴赫的乐谱是您放在自己作曲小屋的钢琴上的唯一乐谱，您非常喜爱巴赫吗？

M：巴赫能治愈我心灵上的创伤。他的音乐让我想起那些墓碑，下面的人都沉睡着，双手交叠在他们的遗体上。即使已经失去了活着的形式，他们却好像还不愿意放开生命。我为此真的非常感动。

D：我知道您曾和勃拉姆斯有过交往，在一个时期您还经常和已经年迈的勃拉姆斯一起散步，您申请维也纳歌剧院的指挥席位时勃拉姆斯也曾经联名推荐您，您对勃拉姆斯和他的音乐怎么看？

M：在我几乎研究了整个勃拉姆斯之后，我必须说，这是一个心胸有些瘦弱的微不足道的人。如果从瓦格纳的肺里呼出一股暴风刮到旁边站着的这样一个人身上会是什么情景呢？孱弱的勃拉姆斯怎么受得了！但是我不想对他的情感有什么伤害，顶多是感到别扭。他在极少情况下才知道如何处理他那些优美的主题，这只有贝多芬和瓦格纳才能做得到。

在勃拉姆斯晚年时，我曾看到他在自家小屋厨房的炉子边，一个人孤独地烤着晚餐的香肠。这个场景让我始终难以忘怀，它让我意识到，世界上再多的掌声都不能为作曲家的晚年带来舒适与幸福。而我不想和勃拉姆斯一样，尽管备受推崇，最后却孤独地结束此生。

D：理查德·施特劳斯是您同时代的作曲家，并和您过从甚密。您的妻子阿尔玛把施特劳斯描述为一个"不知羞耻的物质主义者"，那么您如何评价这位同行呢？

M：我认为阿尔玛的描述真的太精准了。施特劳斯的一切作为都让人幻灭，让你不知道自己在追求什么。他的冷漠不是才能上的，而是本质上的，是在人性中就存在的。我们根本无法敬重他本人。我是不属于自己时代的人，施特劳斯才属于那个时代，所以能在活着时就享有不朽声誉。但是终有一天，人们会知道如何去芜存菁。所以，他会成为过往，而我的时代将来临。

D：您曾多次在重要场合力挺勋伯格的音乐，在您临终前还在为其担忧，说"如果我走了，就再也没有人支持他了"，是吗？

M：是的。在当时我们都不理解勋伯格的音乐，但他是年轻的，所以我想也许他是对的。也许是我老了，不再有器官来听他的音乐了。那时我曾预言：这个世界将充满他的音乐。我这个预言是不是在你们的时代实现了？

D：很抱歉，似乎……并没有……

三

D：您在与阿尔玛结婚前，和她有一个要她放弃当一个作曲家的约定，以及要求阿尔玛必须拒绝所有繁华或公众的演出，必须无条件听命于您，未来所有的生活细节都必须配合您的要求，而后来阿尔玛也遵守了这个约定。我很想知道您是出于什么原因进行这个约定的。

M：如果一个丈夫和他的妻子都是作曲家，你觉得那会是怎样的景象？那是一种多么奇怪的敌对关系啊。你知道那会有多荒谬吗？你知道那会让我们两个人都失去自尊吗？假如在某个时候，妻子必须处理家务，或者为我拿来一个急需的物品，或者正要写一些生活中的琐事来让我开心——要是在那些时候，妻子突然有了作曲的"灵感"，那该怎么办？

请不要误会我！我并不是用世俗的眼光来看待婚姻关系的，也不是说妻子只是我的玩物，或是专门做家事的管家而已。但是有一件事是确定的：如果我和妻子必须要快乐地相守，她必须"随时照顾我的需要"。她不是当我的同事，而是我的太太！

D：据说您有一位忠诚的女粉丝莱西娜，她追随了您多年，并虔诚地记录了您多年间每一刻的生活。她曾经明确地向您表示过爱意吗？

M：在一次度假时她曾经亲吻我的嘴唇，但是我把她推开了。她问我为什么不娶她，我告诉她说，"我不能爱你，我只能爱美丽的女人"。

D：从6岁起，您的音乐创作中就多次涉及死亡的主题，那么您是怎么理解死亡的呢？

M：生命曾在我们年轻的道路上展现无限奇迹，但随着秋天降临，又无情地将赋予我们的一切全都收走。反正一切总要走向终点，因此死亡这件事一点也不让我害怕，反而倒是继续活下去令人感到很烦躁。

D：在您演出过的国家与城市中，您对哪里的印象最好？

M：我知道世界上有一个完全理解我的城市——无论是那里的指挥、乐团还是大众，那就是荷兰的阿姆斯特丹。我曾在1903年10月去那里演出了一个星期，指挥皇家大会堂管弦乐团。有一场音乐会，荷兰人非常认真地要求我将我的第四号交响曲演奏两次，中场休息前后各一次，就为了能够好好欣赏这首曲子。

D：最后，想请您说一说您的创作感悟。

M：每首交响曲都像一个世界，必须包含一切。艺术家像是黑暗中的一个猎人，他不知道他碰上了什么。我觉得，不是我作曲，而是曲子创造了我。

在整个访谈过程中，为了避免伤害到这位敏感的作曲家的感情，我始终竭力控制住自己问一些更为私人的问题，诸如为什么在明知道阿尔玛的多次不忠后，还能变本加厉地乞求阿尔玛对自己的爱。我想，这些问题的答案也许都可以在他的作品中找到吧。毕竟，音乐创造了马勒。

勋伯格

真正的作曲家不会写自己不喜欢的东西

作曲家小传

首先请大家注意的是，这位作曲家阿诺尔德·勋伯格（Arnold Schönberg，1874—1951）与纽约乐评大咖哈罗尔德·勋伯格不是同一个人。

勋伯格生于奥地利维也纳，死于美国洛杉矶。他曾由于家境所迫，去银行当了一段时间职员，后在作曲家策姆林斯基的引领下，走上了音乐专业之路。

勋伯格以其大胆的创新精神开创了"表现主义"音乐的先河，并和他的两位学生——韦伯恩和贝尔格——一起被称为"新维也纳乐派"。

尽管勋伯格是运用十二音技法进行写作最出名的作曲家，但是他并不是发明十二音技法的人。

勋伯格的作品首演时，也曾和斯特拉文斯基的《春之祭》一样引起场内观众的骚乱和斗殴。

马勒一直是勋伯格作品的支持者，尽管他表示并不能理解勋伯格的音乐。

勋伯格曾在大学里教授和声课，与他大胆反叛的创作风格相映成趣的是，他在课堂上教授的和声知识极为正规和传统。

第一次世界大战时，已年过四旬的勋伯格应征入伍，在维也纳卫戍部队服役。

后来因希特勒对犹太人的迫害，勋伯格逃亡美国。

在美国时，勋伯格曾和斯特拉文斯基是邻居，但是两人从不来往。

正如斯特拉文斯基晚年转向勋伯格的无调性序列音乐写作，晚年的勋伯格也会心血来潮写一些调性作品，并说："一种对于回归到调性音乐风格的向往，常常会让我精力充沛，而且我时不时地就会向那种强烈欲望妥协。"

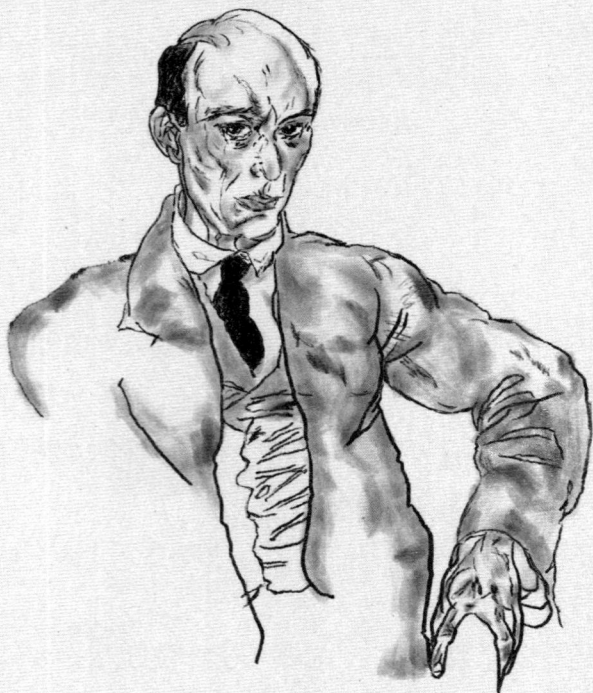

Schönberg

这次访谈的主角是当年和斯特拉文斯基一起被誉为20世纪双"S"的勋伯格。他和斯特拉文斯基曾是互不买账的对手，但他的音乐也和斯特拉文斯基的一样，个性十足；他的作品首演时也曾像斯特拉文斯基的《春之祭》一样引发观众席中的大打出手，因而成为音乐史教材的一个案例。一首十二音作品把这个大光头请进了我的琴房……

一

　　D：首先我想和您聊聊您的弦乐六重奏《净化之夜》。这首作品现在已经是您的代表作了，但它曾经也是非常有争议的，是吗？

　　S：只要听众不喜欢某首作品，他们就不会考虑除了刺耳的部分，是不是还有些平顺的甚至悦耳的旋律。因此，我的《净化之夜》的首演就在骚乱乃至斗殴中结束。结果是，不但听众用拳头来表达意见，连评论家也用拳头代替了他们的笔杆子。一位评论家写道："这首六重奏对我而言，就像是在展览会上展出的一只六足小牛。"为何是六足呢？因为演奏者是六位。但他忘了，六位演奏者该有十二只脚。

　　D：那您如何看待当时的这些评论呢？

　　S：当作曲家知道自己写的是什么内容，但被不公正对待时，他就会怀疑批评的正确性。人们应该问自己："为什么他们只提他们不喜欢的，而把喜欢的忘了？难道他们不承认这六足小牛的眼睛很美或者它的毛皮颜色很亮丽吗？为什么只谈六足呢？牛长六只足是一件怪事，但一首六重奏出现六只足，乃至十二只足都是不奇怪的。"

D：当时的评论会不会让您对自己的创作产生疑惑？

S：一位艺术家受到如此的责难时，他不仅会疑惑，甚至会产生反抗。他懂得了即便是无可置疑的完美段落也保护不了他，他深知自己的作品被别人讥讽为丑陋并非他的错，因为他不会写出自己不喜欢的东西。他记起一些了解他的朋友和对音乐有真知灼见的专家对他作品的赞扬，他就会明白：这不是他的错。

D：很多人对您作品中的旋律感到晦涩和怪异，您在创作旋律的时候是如何考虑的？

S："旋律"一词并不涉及审美价值。世界上有好的旋律与坏的旋律；一种是独创的，而另一种是平凡的；一种是具有感染力的，另一种则是让人不感兴趣的。好的宣叙调能表现更多的感情，有时候它比许多旋律都更有创造性。

我的作品在排练时曾发生这样一件事，很奇特，也很令人深思：为解释某段乐句的演奏法，我说："请你不要这么演奏这句旋律。"那人是我很好的朋友，他参加了每次排练，所以我希望他能很清楚地了解这部作品。但他以真诚和惊讶的口吻问我："我听到你说一句旋律，但是这里哪有旋律？"如果一个朋友听了这么多遍都听不出来旋律，那么那些只听过一遍的听众怎么能理解我的作品呢？

D：您是否同意您的音乐会令许多人的耳朵感到不适？

S：我必须承认，在1905年的时候，我的音乐在现代人的耳朵听来的确是十分混乱的。当我把我的《第一弦乐四重奏》给马勒看——那时他是维也纳国家歌剧院院长——的时候，他说："我指挥过瓦格纳最困难的总谱，我曾用三十行甚至更多行总谱写过复杂的音乐，然而你这不超过四行谱的音乐，我却不能阅读。"真的是这样，我的音乐如果能读的话，读起来要比听起来更为困难。

D：我第一次看到您的《和声学教程》时感到非常惊讶，因为里面所写的都是传统和声规则，而对十二音体系谈得并不多。

S：我的《和声学教程》令我获得了许多过去的敌人的敬佩。此前，他们把我看作是狂人、未开化的人、非法闯入音乐文化领域的人。因为这本书他们不得不承认，我完全不是没有传统文化的人，也不是文化水平很低的人；正相反，我在波希米亚文化中成长；我完全没有轻视古典主义音乐大师，我对他们怀有深厚敬意，对他们名作的了解和熟悉程度至少跟我的敌人们相当；我对作曲技巧绝非一知半解，我能用新的、有启发性的方法进行解释。正如你所说，我的《和声学教程》中关于"无调性"等问题谈得很少，几乎只讲前人的作曲及和声技巧，并且我对其规则应用的要求更加保守和严格。正因为我对前人的忠诚，我可以向世人证明，现代和声不是一个不负责任的傻瓜发明的，而是从大师们的作曲与和声技法中发展而来的。

D: 您如何定义作曲家?

S: 我深信,一个真正的作曲家唯一的作曲理由是作曲让他快乐。那种作曲为了讨好别人、心里装着听众的人不是真正的作曲家。真正的作曲家是那种不管有没有人听,甚至他自己都不想听的时候都不能不写的人。他们不是那种为了纾解体内压力、不得不打开阀门创造产品的人。这种人不过是多少有些技能、给人们提供娱乐的表演者而已。假如他们没有听众,他们就会放弃作曲。

一个真正的作曲家,只在他有东西要说,别人还没说而又必须要说的时候才创作。

一个真正的作曲家不只是创作一个或者几个主题,而是完整的作品。当苹果树还在萌芽阶段,其未来完整苹果的一切细节都已经具备了——它们只是要成长、成熟,变为苹果、果树,并能繁殖。同样,一个真正作曲家的完整音乐构思来自一闪念:曲式轮廓、速度特点、力度变化、主要情绪和次要情绪,它们的来源、关系、对比和偏离——所有这些都已经呈现,只是还在胚胎阶段。最后,胚芽的生命力使旋律、主题、节奏和诸多细节发展成型。

就算把100个鸡蛋放到鹰的翅膀下面,也不可能从这些蛋中孵出一只鹰来。

二

D: 哪位前辈大师对您影响比较大？

S: 我的老师主要是巴赫和莫扎特，其次是贝多芬、勃拉姆斯和瓦格纳。

我也从舒伯特、马勒、理查德·施特劳斯和雷格尔那里学了很多。我不拒绝向任何人学习。我的独创性就来自：只要见到任何好的东西我都会立刻学习，即使我还没有在其他作品中见过。看到好的东西我绝不放过。我学习它，是为了占有它。我研究它，扩充它，从而获得了新东西。

我敢冒昧地说，由于我写的真正的新音乐所依据的是传统，所以，它也注定会变成传统。

D: 看得出您对巴赫非常敬重，请您谈谈他吧。

S: 我永远敬重我的老师巴赫。毫无疑问，他对音与音之间隐藏着的奥秘有着深刻的洞察力。他当然有能力把他的见地清晰地、让人们能够理解地加以描述。我们只要看看他的诸多儿子——尤其是掌握了大量对位知识的 C.P.E. 巴赫——的无与伦比的学识就可以知道。大概 J.S. 巴赫把一切有关音的奥秘的解决方法都传授给了他。我相信，要是他没有把他父亲的风格视为陈腐，而是继承他父亲的创作，他可能会成为跟他父亲一样伟大的音乐家。

D: 请您聊聊勃拉姆斯对您的影响。

S: 我一直在勃拉姆斯的影响下学习。他去世的时候我刚过22岁，我曾住在他家附近。我以他为榜样，像他说的："当我不想作曲的时候，就写一些对位。"不幸的是，勃拉姆斯在他去世之前把他认为没有价值出版的作品全都毁了，真是太可惜了。研究这样一位真诚的作曲家的创作定会让我们受益匪浅。我们知道，他是如何努力为达到他所预期的结果而呕心沥血。他曾说："好的主题是上帝的赏赐。"有一件事是确定无疑的，那就是他的精神劳动绝不是随心所欲的类型。我们知道，为了写他的"卡农"，他喜欢在星期天早晨到维也纳森林散步，在那花费几小时寻找答案。后来，我在他的影响下，也试着练习写困难的卡农。

D: 在我访谈马勒的时候，他曾提到您。他当年也是十分有争议的作曲家，现在也请您谈谈他如何？

S: 关于马勒，我想简短的语言更能表达我的想法：我坚定不移地相信，古斯塔夫·马勒曾是最伟大的人和艺术家。有两种方法让人信服一位艺术家的伟大：第一，也是最有效的方法，是演出他的作品；第二，即我必须做到的，就是把我对他作品的信任传达给别人。

我清楚地记得我第一次听马勒的《第二交响曲》的时候，我被征服了。尤其是有些段落，使我的心狂跳不已。

我们应该第一眼就能在马勒的总谱上看出他的高超技术：从未有过的简练、清晰和结构的完美在总谱上都表现了出来。它提醒我，最伟大的作品是什么样的。任何能写出这样的总谱的人，都能自动创造出绝对的完美。

马勒是一位饱受人间苦难的人，但是在他生活的顶峰，他从人生的渣滓中净化了自己，得到了安宁与谦和。这使得他永远能够见到伟大作品最深刻的方面。

我在这里为马勒及其作品辩护，我喜欢争论，我对马勒的反对者说过尖酸刻薄、冷酷无情的话。我知道，如果他在听，他一定会笑着把我的话信手拂去。因为在他那里，报复已无用武之地了。

D: 您和您的两位高徒韦伯恩和贝尔格一起，形成了"新维也纳乐派"，请您谈谈您的这两位学生好吗？

S: 我虽然孤独地站在一群敌人中间，但有一个例外，那就是我有少数几个忠实的朋友和学生。这其中有我亲切的安东·韦伯恩，他是这些人的精神领袖，总是要急于坚持他的原则。他是真正的战士，在对朋友忠诚方面无人可及，同时他还是一位天才作曲家。阿尔班·贝尔格也是我最亲密的朋友。我们对他在1935年的去世感到痛惜。他也是我最忠实的朋友，对此我深感骄傲。他们为了我的作品的演出，在精神上对我的支持远远超过过去十多年间的朋友。

三

D: 您如何看待音乐创作中的感性与理性？

S：美的、有表情的、忧郁的、亲密的、可爱的音乐并不都是只由心创造的。只用大脑也创造不出结构良好、组织健全、合乎逻辑、技巧复杂的音乐。第一，任何有极高价值的艺术品必须能表现出作者的心和脑。第二，真正有创造力的天才不难在精神上控制他的情感，他的头脑也不会在考虑作品的正确性和逻辑性时只能产生枯燥乏味、平淡无奇的音乐。

D：您写过一些歌曲，您对音乐与歌词或者说音乐与文学之间的关系怎么看？

S：能欣赏纯音乐的人是很稀少的。很多人认为音乐应该表现某种形象而没能表现出来，或者没能从歌曲的歌词概念中获得理解时，就认为此音乐是无价值的。这种看法是极为错误的。

几年前，我发现我对熟悉的舒伯特艺术歌曲的歌词毫无概念，我很羞愧。但是在我读了那些诗句后，我也并没有因此而了解他的歌曲。因为诗歌全然不能改变我对他的音乐的了解。反之，如果对他的诗歌一无所知，或许我更能了解他的音乐内容。我写过很多歌曲，都没注意歌词的内容，而只是诗歌开头的语音给我提供了整曲的灵感。

D：可否请您给我们指出艺术家和艺匠之间的区别？

S：我坚信艺术产生于"我必须"，而不是"我能"。工匠才用"能"字。艺术家要"必须"，这无关乎他要什么。但是，因为他"必须"，所以，他也"能"。工匠表现的是别人的，而不是自己的。工匠所做的，是艺术家创造的。工匠可以模仿艺术家的方法，但却缺乏创造精神。

D: 那么天才和人才的区别是什么呢?

S: 天才会真的向自己学习，人才则主要向别人学习；天才向自然界（他自己的自然界）学习，而人才向艺术学习。

人才是有能力去学习的人，天才则是有能力去发展自己的人；人才取得外界已经存在的能力来提高自己，而天才从一开始就掌握了未来所有的才能。他只是解开它们、发展它们、展现它们；人才只能掌握已经得到的有限的材料，很快就达到了顶点，接着就衰退下来，而天才的发展则是无限地寻找新的目标，终生不止。并且在此进展中的每一瞬间都各不相同，每个阶段都同时是下一阶段的准备。它永远在变形，从同一核心中不断产生新的嫩芽。

勋伯格在临走前对我说："天才是未来。如果我们能够披荆斩棘向前行走，让天才带路，我们也会成为天才。但我们是盲目的，我们看到的现实并不是现实，而只是现在。崇高的现实是永存的，而现在转瞬即逝，未来才是永恒。"

法国

德彪西

艺术绝不是少数人物的表达方式

作曲家小传

德彪西（Debussy，1862—1918）生于法国巴黎西郊，父亲是瓷器商人，母亲是裁缝。

德彪西在 7 岁时开始学习钢琴，启蒙老师是一位主业为小提琴手的老师。

10 岁时，德彪西进入巴黎音乐学院，开始了 11 年的学习生涯。

1880—1882 年，德彪西为梅克夫人（没错，正是柴可夫斯基的红颜笔友和赞助人）任家庭音乐教师，并随其家庭到欧洲和俄国旅行，与梅克夫人的孩子弹四手联弹。

德彪西在 1884 年赢得罗马大奖，获奖作品为大合唱《浪子》（一部早已被人遗忘的作品）。

受象征主义诗人和印象主义画家的影响，德彪西成了印象主义乐派的创始人（尽管他本人非常反感别人称他为"印象主义者"）。

在德彪西的《牧神午后》等作品中，大师以超乎常人的敏锐听觉，为世人呈现出各种前所未闻、光影浮动的声音世界。

德彪西的钢琴作品追求一种全新的演奏手法和音响效果，即

"无槌之音"。

在德彪西的时代，钢琴家们最钟爱的钢琴品牌并不是施坦威（Steinway & Sons），而是贝希斯坦（C.Bechstein），德彪西曾说："所有钢琴作品都应为贝希斯坦而作。"

令人遗憾的是，贝希斯坦的木材储备和工厂都在第二次世界大战的炮火中毁于一旦。

德彪西十分痛恨战争，第一次世界大战令他觉得连钢琴的声音都"令人憎恶"。

1918 年，德彪西因直肠癌病逝于巴黎。

Debussy

我为三联中读的专栏"古典音乐说明书"而演奏的法国作曲家德彪西的《月光》，唤来了它的作者。阿希尔－克劳德·德彪西，抱着他那只叫莱恩的安哥拉猫，开始了与我的交谈。他中等身材、短腿、宽肩、留着胡子、黑色鬈发、前额宽大、鹰钩鼻，讲起话来声音低沉、鼻音很重。

—

　　D：首先我很想请问您，您的音乐创作理念是什么？
　　D：我认为，音乐必须谦恭地寻求愉悦，极端的复杂是反艺术的。美必须是诉诸感官的，必须是在不用我们做任何努力的情况下神不知鬼不觉地潜入我们体内的东西。

　　D：我知道您曾经获得过很多作曲家梦寐以求的罗马大奖，那么您是如何看待音乐比赛的呢？
　　D：在音乐引以为荣的事业中，你可知道有什么比设立比赛更可笑的事吗？比赛这件事，归根结底大概是由于人们在某些人士身上已经达到了迷信的程度，所以他们的判决得到了支持、站稳了脚跟；而获奖或没有获奖解决了知道一个人是否有才能的问题。即使这样做并不太可靠，但至少是合适的，而且为公众的舆论准备了一个便于计算的账簿。
　　音乐比赛是一种游戏，或者更确切地说，是一种体育运动。人们在那些以音乐学院命名的地方学习这种运动的规则。评委们以学院派的冷漠态度在参赛的年轻人当中指定谁将是艺术家，这种学院派的冷漠以其坦率程度而令我惊愕。他们懂得些什么呢？他们自己确信是艺术家吗？他们哪儿来的权力操纵如此神秘的命运呢？在这种情况下，还不如求助于简单的抓阄碰运气的办法。你要知道，运气之神有时候是有智慧的。

D：您是否觉得有一些被时间湮没了的作曲家，应该有人去挖掘？

D：我认为很多已故的音乐家都在悲哀地等待着别人在他们死后来恢复他们的荣誉，而且已经等得太久。应该有一些细心而慎重的人来揭开死亡的帷幕，然而，通常发掘工作都遗憾地交给了一些不是没有眼光就是心胸狭隘的人来进行。他们由于受了丑恶的、不可告人的自私心的支配，把那些可怜的殉葬花抛进了忘却的深渊。比如，约翰·塞巴斯蒂安·巴赫这座光荣的纪念碑就为我们遮住了亨德尔：人们不知道亨德尔的清唱剧多得超过海里的沙子。当然，就如同海里的沙子一样，他的清唱剧里的石子多于珍珠。但尽管如此，我们仍然可以凭着耐心和眼识，从他的清唱剧里找到有益的东西。

还有一位被人遗忘的大师——亚历山德罗·斯卡拉蒂（Alessandro Scarlatti，1660—1725）。他创作的作品数量之多、题材之杂，实在令人惊异。他生于1660年，而到了1715年左右就已经写了106部以上的歌剧！我简直不敢相信是真的。天啊！他哪儿挤得出吃饭睡觉的时间来呢？我更不知道这个人哪儿来的时间生儿子，并且把儿子培养成一位杰出的古钢琴家。他的儿子多美尼科·斯卡拉蒂在我们的时代还在得到人们的赞赏。

还有许多被忘却的大师，因为音乐不是昨天才诞生的，它需要有人去拨动它灰烬的"过去"，灰烬压住了那永不熄灭的火焰，而这火焰会永远给我们的现代带来一份它的光辉。

二

D: 我记得有本书上说您对巴赫十分推崇，是这样的吗？

D: 哦，在我心中巴赫是一位慈善的上帝，我建议音乐家们都应该在开始工作前向他祷告，这样可以避免写出平庸之作。

巴赫音乐的动人之处，不在于旋律性而在于旋律的曲线进行，甚至常常是好几条线条的平行进行，线条偶尔相交，有时全部相交，激发起听众的感情。这种手法是音乐获得打动听众、突出形象的可靠保证。但是巴赫的音乐里并没有超出自然的或人为的东西，相反比起某些歌剧试图发出的可悲而又微弱的呱呱啼叫声，它不知要"真实"多少呢，尤其是在巴赫的作品里，音乐保持着它的全部尊严，从不降低身份去投合那些被称为"爱音乐爱得发狂"的人的虚伪的感情的需要；而是以一种比较傲然的姿态，迫使这些人，即使不崇拜音乐，也要尊重音乐。

你稍微注意一下就会发现，从不曾听到有人把巴赫的曲子拿来吹口哨……而瓦格纳就经常有这种嘴上的光荣：当音乐牢房里华贵的囚犯们散场出来的时候，在大马路上就会听到有人嘴里轻佻地吹着《名歌手》的开头几句。

D: 看来您不太喜欢瓦格纳?

D: 是的。理查德·瓦格纳的艺术首先要求它的信徒们进行劳民伤财的朝拜和神秘的仪式。我觉得艺术的这方面是令人讨厌的。我知道,"艺术宗教"是瓦格纳心爱的主张之一,我也知道这有其道理,因为这是保持着观众想象力的最好办法。然而在"艺术宗教"变成一种"宗教奢侈"的时候,这一主张就变了质,因为"宗教奢侈"势必会把许多心有余而钱不足的人排除出去。

说起瓦格纳,就让我不由想起一位跟他形成鲜明对比的作曲家——塞扎尔·弗兰克(César Franck, 1822—1890)。弗兰克具有独一无二的特点——质朴天真。他具有一颗孩子似的心灵,他匍匐在音乐之前,轻声念着出自一个凡人内心深处的、最富于人情味的祈祷。他在任何时候都没有恶念,在他的作品里,没有一丝耍花招的痕迹,而这在瓦格纳的作品里就很明显。当听众有时因为听一段太长的玄妙乐章而厌倦时,瓦格纳就来一个情感上或乐曲上的骤变重新挑起听众的兴趣。弗兰克的作品中每个声音的音响都有准确的含义,用音十分准确,是怎样的含义就怎样来运用,永远不向声音要求其他的东西,这就是瓦格纳的美丽而奇妙诱人的艺术与同为音乐服务而几乎不要求在音乐上得到荣誉的弗兰克的艺术之间的全部差别。后者把在生活中所感受到的东西,以一种隐姓埋名的谦虚态度,在艺术中再现出来。而当瓦格纳从生活中汲取感受时,他便主宰生活、践踏生活,强迫生活喊出他的名字——"瓦格纳"，喊得比声誉之神的号角声还要响。

D：据说理查德·瓦格纳的拜罗伊特音乐节后来由他的儿子齐格弗里德·瓦格纳继承，而且我听说他的儿子也作曲，但是我们没有听过齐格弗里德的作品，不知道您了解吗？

D：我曾经听过齐格弗里德·瓦格纳的三幕歌剧《华德芳公爵》，那个作品就如同是向理查德·瓦格纳学习的小学生的作业一样的音乐习作。

齐格弗里德轻松愉快地背负着他父亲留下的沉重的光荣遗产。他和他父亲非常相似，但只是他父亲的翻版，而缺少他父亲的夸张的天才。在他年轻的时候，家里人好像是准备让他学建筑的吧！将来永远也不会有人能够告诉我们，建筑学是否因为他后来转向了音乐而受了很大的损失；人们更不能肯定说音乐界因此而得到了很大的好处。总的来说，他想继承他父亲的已经开了头的事业，无疑是一个孝子，只是事情做起来没有重操帽子店的旧业那样方便。无疑齐格弗里德知道在他父亲的作品里有些东西对他来说是逾越不了的，但是他竟然没有理会这一点，这一事实说明了一种感情，在这种感情里交织着最稚气的虚荣和以一种具有纪念意义的工作来光宗耀祖的欲望。另外，他很难不受拜罗伊特蛊惑人的气氛的影响，也很难不想喝干老魔术师杯里的剩酒。不幸的是，杯子里剩下来的只是魔酒的酒糟，而且已经有醋酸味儿了。

不管怎样，未来留给齐格弗里德的只是一个"理查德·瓦格纳的儿子"的称号，我看这是唯一可令人羡慕的称号了。

D：您同时期还有一位作曲家叫理查德·施特劳斯，比您小两岁，您一定知道他吧？

D：当然。理查德·施特劳斯是当时德国唯一有创新精神的音乐家，他的父亲是王室的乐师。施特劳斯在指挥乐队时所表现出来的杰出音乐才能很像李斯特，而他把音乐建筑在文学基础之上的用心又很像柏辽兹。坦白说，他的艺术并不总是特别富于幻想色彩，但是我敢肯定他是通过有色彩的形象进行思维的，而且好像是用乐队来描绘他思想的线条。这是一种不寻常的创作方法。理查德·施特劳斯先生还找到了一种发展主题的方式，这种已经不再是巴赫或者贝多芬的严格的建筑体的方式，而完全是一种节奏色调的铺陈。他以一种绝对冷静的态度，把调性最不相同的音放在一起，丝毫不在意可能产生的"刺耳的"效果，而仅仅在意他所要求的"生动的"效果。

D：您是否可以谈谈您的同乡——法国作曲家古诺？

D：古诺代表了法国人一段多愁善感的时期。不管大家是否愿意，古诺的那些作品是不会被忘记的。有些音乐理论家曾经责难说，古诺的《浮士德》歪曲了歌德的思想，但是他们却忘了，瓦格纳也歪曲了唐豪瑟这个人物。唐豪瑟在民间传说里完全不是瓦格纳塑造的那个悔罪的好小伙子。古诺获得了群众的伟大心灵，而瓦格纳的影响只触及专业工作者，因而是不全面的。古诺虽然有时缺少力量，但仍是不可少的。在使自己同时代人感动方面，古诺尽了自己最大的努力。

三

D：不知道在您的时代，有没有这样一个人群，他们通过听艺术音乐而获得了高人一等的感觉。

D：我知道你说的那类人。他们的本领可大了，每天都听音乐，什么种类的音乐都听，然后就因此自称为音乐家，只是他们从来不写曲子……你千万不要跟这些人谈音乐，因为他们会从他们的偶像的高度来对你表示蔑视。

我认为，艺术绝不是少数所谓出类拔萃的人物的表达方式，这些人常常比大众还要愚蠢。艺术是一种潜力巨大的美，在需要的时候，它便以一种不可抗拒的潜在力量爆发出光辉。

德彪西低沉的声音消失了，就如同月光消失于黎明前，也像是牧神消失于午后的梦。琴房窗外，天鹅绒一样的天空，金色的星星慢慢地穿起衣裳……音乐让夜晚有了爱的照耀，使人们不再寂寞。

萨蒂

我这个人不好也不坏

作曲家小传

萨蒂（Satie，1866—1925）是一位生长于世纪之交的作曲家，但是萨蒂的个性与音乐风格却和后文提到的福雷（也生长在世纪之交）相去甚远。

萨蒂自幼丧母，在继母的影响下走上音乐道路。

以今天的眼光来看，对萨蒂的创作进行评价与归类仍然是十分困难的。他的创作无疑是严肃的，但是他对酒吧音乐、爵士乐和流行音乐素材的钟爱和使用，又似乎与其身份不甚相称。

萨蒂的第一个关键词应该就是"诡异"了。

他永远从里到外穿戴白色衣帽；既反感学究气，又对商业气息非常抵触；曾因觉得出版商给的稿酬太高而拒绝动笔，直到出版商同意减少酬劳才开始写作。1893 年萨蒂邂逅了一位生活放荡的人体模特，竟于当晚就向她求婚，并说："她爱打嗝，很温柔的那种，经常给我带来灵感！"

萨蒂作品的标题也常常使人匪夷所思：《裸体舞曲》《梨形曲》《软趴趴前奏曲（给一条狗）》《干润的胚胎》《家具音乐》，改编自肖邦《葬礼进行曲》的《干枯的萌芽》，要求反复 840

遍的《烦恼》……

　　其实，在萨蒂"诡异"的外表下，还有一个关键词是"孤独"。

　　萨蒂一直自己住在一个窗户看不到外面、处处挂着蜘蛛网的房子里，从来不让别人去做客。在他残破的钢琴下面，堆满了垃圾和手稿。每天晚上，萨蒂都会步行几个小时到一个酒吧里去弹钢琴，之后再步行回家。

E. Satie

在《裸体舞曲》和《梨形曲》的摇曳中，被斯特拉文斯基称为最古怪而又最情趣横生的人，其创作影响了德彪西和拉威尔的作曲家——萨蒂，成了这次访谈的主角。萨蒂独辟蹊径的思想与行事风格，令我对这次访谈充满了好奇与期待。

——

D：在我的印象中，相较于您音乐家的身份，您似乎更像是一个行为艺术家。

S：每个人都会告诉你我不是个音乐家。他们是对的。

从我职业生涯的一开始我对自己的定位就是一个声音学家。我的工作是纯声学的。如果你看看我的《星之子》《梨形曲》或者《萨拉班德》，就会发现这些作品的创作根本无关乎音乐方面的构思，占据主导地位的是科学方面的思索。

对我来说，对声音进行测量比听到它们更能令我感到愉悦。

D：所有音乐您都会以测量的方式进行关照吗？

S：也不是。

D：哪些不是呢？

S：贝多芬和威尔第的全部作品。

D：能具体谈谈您的声学吗？

S: 你知道对声音的净化吗？这其实是一项很脏的工作，需要把声音翻来覆去地净化，对它们进行分类需要非常细致和很好的眼力。但是只有这样才能把我们带进声音技术的领域。我敢说声学是高于音乐的，它有更多的变化和式样，能给我们的投入更好的回报。我的财富全靠它呢。

D: 前面您提到您不会对贝多芬的作品进行声学测量，是因为您敬畏他的作品吗？

S: 贝多芬在任何情况下都不会降低对自己的要求。即便是最小的细节，他的技巧和形式都是如同神谕一般的。"不成熟"这个词永远都不会适用于他。

D: 我听说您和德彪西是朋友，请您谈谈他吧。

S: 在我们那个时代的伟大作曲家中，德彪西是少数几个其作品具有惊人迅速的影响力及深远意义的作曲家之一。

在我第一次见到他的时候，我就被他深深吸引，并希望时常在他身边。三十年来我很幸运地实现了这个愿望。我们彼此可以意会，无须复杂的解释，因为我们了解彼此。

我通过他整个的创作历程了解了他。《四重奏》《比利提斯之歌》《佩利亚斯与梅利桑德》，都是在我眼前逐渐成形的。我一直无法忘记这些音乐带给我的激动，我品味着它们的"朦胧"带来的快乐，这在那个时代是非常珍贵和新颖的。

D: 德彪西在当年得到了罗马大奖，是吧？

S: 我谦逊地认为，德彪西为了赢得那个奖而付出的努力，对他有着无可挽回的负面影响，影响到了他最好的部分，就像腐蚀性毒气一样。

在我认识他并开始我们的友谊之时，他正完全沉迷于穆索尔斯基，并在认真地探索一条并不容易的路。在这一点上我曾经领先于他。我从来不受奖项的拖累，因为我是一个亚当（天堂里的那个）那样的人。他从没赢得任何奖——毫无疑问他是个懒惰的人。

D: 您可以描述一下德彪西弹钢琴的样子吗？

S: 那些出色的钢琴作品以超凡脱俗的姿态从他指尖奏出，喃喃低语、闷闷不乐中带着温柔的悲伤。我还喜欢听他弹的肖邦——那是他非常喜欢的作曲家。没有人能把肖邦弹得比他更好：他能通过对作品的分析来理解肖邦，就像极少数艺术大师所能够做到的一样。

D: 您会和德彪西分享您的创作吗？

S: 会的。比如在我写《星之子》的时候，我对德彪西说，我们需要"法国的"音乐来让我们从瓦格纳派的冒险中摆脱出来，因为瓦格纳的音乐并不切合我们天然的呼吸。我对他解释说，我并不是反对瓦格纳派，但是我们需要有我们自己的音乐——尽可能地不掺杂"德国泡菜"。

D: 您怎么看待瓦格纳派?

S: 我很高兴自己能够认识到,我们应该有自由的当代"音乐思想",而这一思想一直是被瓦格纳派所压制的。因为在那时瓦格纳的天才悲惨地被平庸和无知所崇拜,他的追随者是一群绵羊一样的乌合之众。

我日复一日地看到他对弗兰克的嘲笑,仿佛他是不存在的;而夏布里埃被误解为一个业余作曲家。瓦格纳的独裁主宰着一切、令人作呕地支配着公众的品位。那是一个多么悲哀的时代!

二

D: 您如何看待艺术?

S: 生活在荣耀的艺术作品之中是一个人能感受到的最伟大的快乐之一。

D: 您对艺术家们有什么忠告吗?

S: 一个艺术家必须过有规律的生活。

D: 能否说说您每天的时间表吗?

S: 我每天 7:18 起床;10:23 到 11:47 进行创作;12:11 开始吃午餐并在 12:14 吃完离开桌子。

13:19 到 14:53 我在住所附近散步;15:12 到 16:07 我继续创作。

16:21 到 18:47 是各种活动的时间，包括击剑、反省、静默、访友、沉思和游泳等。

19:16 开始晚餐并在 19:20 结束。从 20:09 到 21:59 是大声的、交响式的朗读。

我每天都会在 22:37 睡觉。每周有一次，我会在凌晨 3:19 惊醒（星期二）。

D: 这真是太有意思了。您生活的其他方面也是如此严格吗？

S: 是的。我只吃白色的食物：蛋、糖、骨粉、死去的动物的脂肪、小牛肉、盐、椰肉，用白色的水做的鸡肉、米饭、萝卜、香肠、意大利面、奶酪、棉花状的沙拉和某些特定种类的鱼（去了皮的）。

我自己煮葡萄酒，凉了以后和果汁一起喝。我是个热情的吃货，但是吃东西的时候从不说话，因为怕被噎死。

我总是很小心地呼吸（一次一点点），很少跳舞。在走路的时候，我会坚持我的路线，并且紧紧盯着身后。

我看起来很严肃，如果我笑，一定不是故意的。我不断地在道歉，并且永远非常殷勤。

我睡觉只闭一只眼睛，所以很难入睡。我的床是圆形的，上面有一个洞，用来放我的头。每小时都会有一个仆人来给我量体温。

我常年订阅一本时尚杂志。我戴白色帽子、穿白袜子和一件白色马甲。

我的医生总是建议我应该吸烟。他还说："你应该吸烟，我的朋友。因为如果你不吸烟，别人就会在你的地方吸烟。"

D：在艺术中一直有一个热门的话题，那就是作品的艺术性和商业性的关系问题。对此您是怎么看的呢？

S：在很多地方，原本很甜美、很棒的安静被差劲的音乐所占据。大多数人都以为，当他们喝啤酒或试穿一条新裤子的时候，听着一些假装很美丽的东西，比如一些愚蠢的、含糊的 17 世纪歌剧唱段，是很聪明的做法。他们装作很欣赏从那些大管或其他丑陋的管子中发出的轰鸣声，其实什么也没听出来。

看看那些没有尊严、寡廉鲜耻的出版商。看看他们把那些原本干干净净的作品编排得多么荒诞。这些作品委托给他们、任他们摆布，而他们用乱七八糟的东西来装点这些作品。你可能会说："这是商业！这是交易！"好吧！这种廉价音乐和腐化的"向钱看"让我感到窒息。这是一个选择问题：你想要音乐还是温饱？

D：您认为艺术中的真理是什么？

S：我经常说——即使在我死后也还要继续重申——在艺术中没有真理（我的意思是没有唯一的真理）。

关于肖邦的真理是非凡的创造者，这和莫扎特常常写出炫目之作的横溢才华的真理不同；就像格鲁克与佩格莱西的真理不一样，李斯特和海顿的不一样——这真的是好事。

如果艺术中只存在一个真理，那么它是从哪里开始的？又是哪位大师完全地占有它？是帕勒斯特里纳？是巴赫？还是瓦格纳？

　　坚持认为艺术中只有一个真理对我来说是奇怪的，其疯狂程度就像我听到有人宣布存在火车头真理、房子真理、飞机真理、皇帝真理或者乞丐真理等一样。没有人的观念可以深刻到成为一个门类的真理的高度，不管多么纯正、真实的观念，都不能和真理混淆。

　　然而，那些在各个艺术领域专门从事评论的人，总是想要让公众认为存在着"观念—真理"，因为只有这样才能保卫他们知识的高端性和能力的权威性。

　　我确信，他们做评论的时候没有固定的目标，但他们评论的方式都是一样的——这些优秀的研究员几个世纪以来都这么干（当然，会按时间顺序相互取代）——这大概是一种习惯。

　　我杰出的朋友伊戈尔·斯特拉文斯基，就是我上述观点最精准、鲜活的例子。

三

　　D: 那请您聊聊您的这位朋友斯特拉文斯基吧。

　　S: 我很乐意为你介绍斯特拉文斯基作品中的神韵和特点，但是我必须由衷地向你表示，我不会囿于任何评论，而是用我自己满意的方式来给你描述他作品中所展示出来的了不起和神奇的天赋。

　　斯特拉文斯基作品的一个特点是洪大声音中的"透明感"。

这是我们总在纯粹的大师那里发现的品质，这些大师洪亮的声音不会留下残渣——而这种残渣总是存在于印象派作曲家"音乐题材"的作品中，甚至还存在于一些浪漫派作曲家里。而如果你听任何一首斯特拉文斯基的作品，你都必然会被一种引人注目的清晰性所吸引，而这种清晰性正是由我前面说的"透明感"的振动所带来的。《春之祭》就是这方面最有说服力的例子，全曲充满了这种清晰性。

尽管斯特拉文斯基知道世界上不存在完美，但是他仍在不断设法去抓住它、征服它。他尽其所能地严谨，为其所期待的结果谨慎、苛刻地工作。他是第一个给他作品的各种表演者做出仔细示范的人，去看他的排练可以学到很多东西，因为他知道他想要什么，他有着最高明的处理方法。

斯特拉文斯基用"不协和音"向我们展示了其音乐力量的巨大丰富性，揭示并激发了我们智力上最广泛的兴奋性。多么绝妙的魔术师！对于他来说，"不协和音"带来"压力"，"推动"着听众敏感度的觉醒。欣赏他的"不协和音"并不费力，它们平滑地流淌，温柔地起伏，总是服务于音乐表现。

D: 能否谈谈您说的"透明感"？

S: 帕勒斯特里纳让我们"听见"了这种洪大声响的"透明感"。他在这方面表现出了很高级的能力，他应该是把这一现象带进音乐的第一人。

精致的莫扎特把这种"透明感"提升到了全新的境界，以至于我们都想象不出他是怎么做到的。对清晰、宁静、完美声音如此精通，对声音的"洞察力"如此微妙，我们只能感到困惑。

D: 您如何评价自己?

S: 就我个人而言，我这个人不好也不坏，可以说我波动很大。所以我从来没有真正伤害过谁——也没对谁好过。

然而，我有不少敌人，忠实的敌人。为什么呢? 这大部分归因于他们不认识我，或者仅仅通过道听途说——最假的假话——这种二手的方式来认识我。

没有人是完美的! 我对这些敌人没有怨恨: 他们是他们头脑混乱、神志不清的首要受害者，可怜的人!

我真的同情他们。

在作曲家离去后，我还会为刚才访谈中的一些内容感到忍俊不禁。然而，这位在每星期二的凌晨3: 19都会惊醒的作曲家，留给我们的并不仅仅是玩笑和调侃。

圣-桑

完美并不需要存在

作曲家小传

法国作曲家圣-桑（Saint-saëns，1835—1921）和后文访谈中的里姆斯基-科萨科夫一样，是一位"复姓"作曲家。

圣-桑音乐天赋极高，两岁半就已识谱，并可以准确听出钢琴上的每个音。13 岁时，圣-桑考入巴黎音乐学院。

圣-桑具有招人喜欢的特点，他创作的音乐也不追求晦涩难懂，而是以雅致、悦耳来打动听众。

圣-桑是法国音乐史上非常重要的作曲家。他创办了法国"民族音乐协会"，全力发展法国自己的音乐，抵制来自意大利和德国的影响。他曾教导年轻音乐家说："如果你想成为了不起的人，一定要矢志不渝地忠于自己的祖国，忠于自己的时代。"

圣-桑非常热爱钢琴，钢琴曲的创作贯串其一生。而且圣-桑还作为钢琴家到处演奏，其演奏生涯持续了从 10 岁到逝世前 4 个月的 75 年时间。

圣-桑对于自己喜欢的当时的新人新作也不遗余力地宣传。有一次，他在台上演奏一首哈斯基尔的协奏曲，观众因不喜欢这部作品喝起倒彩来。圣-桑坚持在舞台上完成演奏，这期间还对观众吼道："不弹完不下台！"

圣－桑除了能弹一手好钢琴，也十分精通管风琴演奏。圣－桑说，在管风琴上即兴弹奏是他的"一件快事"，李斯特曾称赞圣－桑为"世界上最好的管风琴家"。

圣－桑非常喜爱旅游，到世界各地领略风土人情，并将之融入自己的创作之中。晚年圣－桑定居于阿尔及利亚的阿尔及尔，最终因肺炎病逝于此地。

Saint-saëns

世界名曲《天鹅》的作者圣－桑一直是我很喜爱的作曲家。他的创作涉猎广泛，既有广为人知的歌剧《参孙与达丽拉》、大量管风琴曲，也有相当数量的钢琴曲，而他的《第二钢琴协奏曲》更是常在舞台上听到的钢琴协奏曲之一。在初夏一个美好的夜晚，我通过勤奋的练习把这位法国作曲家呼唤到了我的琴房，进行了一次访谈。令我深感意外的是，这位《动物狂欢节》的作者的谈吐相当有深度，言辞之间常常闪烁着音乐美学的哲思与色彩。

——

D: 能否简单谈谈您童年学习音乐的经历？

S: 我两岁半开始学习弹钢琴，5 岁时就能正确地弹海顿和莫扎特的小奏鸣曲，对曲子的演绎良好而准确。10 岁的时候我在普莱耶尔音乐厅开了一场演奏会，由一个意大利乐队伴奏，蒂尔芒（Tilmant）指挥。我弹的是贝多芬的《c 小调钢琴协奏曲》和莫扎特的《降 B 大调钢琴协奏曲》。从 15 岁起我开始作曲，写一些圆舞曲和加洛普舞曲。

D: 我知道从 1663 年到 1968 年曾有一个法国政府出资、旨在提高法国艺术水平的比赛，因获奖者可以公费留学罗马而被称为罗马大奖。很多法国作曲家如古诺、柏辽兹、德彪西等都曾经得到过这个奖项，然而我却没有在获奖者中见到您的名字。您曾经参加过这个比赛吗？

S：我曾在1852年和1864年两次参加过这个比赛，然而他们认为我并不需要这份荣誉，因而没把奖颁给我。但是在1864年那次颁奖后的第二天，很喜欢我的奥柏让卡尔瓦略给了我一份歌剧脚本。

D：既然您说到了歌剧，那么我想问您一个相关问题：关于歌剧究竟应该从历史还是从神话中选择题材一直都存在争议，您倾向于哪种呢？

S：在我看来，如果从来没有人提过这个问题可能反而更好，因为答案不重要。真正值得讨论的是乐曲是否美妙、作品是否有趣。此外，历史和神话之间是否有本质区别？历史是由可能已经发生的事情组成的，而神话是由可能未发生的事情组成的。历史中总穿插着神话，而神话中也折射出历史。

D：您正处在钢琴新旧交替、日新月异的时代，我想您一定有很多与我们这个时代的钢琴家不同的感受和体会吧？

S：过去的钢琴触键和后来的不同。从莫扎特和贝多芬作品的谱面符号可以看出，他们是以弦乐演奏为参照的。那时的触键比后来的轻，手指需要抬起以使音符之间稍有断开；除非特别标明，否则音符不是连贯的。许多人认为这样的演奏方法会让音色变得干燥。我记得我还是孩子时听过一些老人演奏，他们弹出的音符在古怪地蹦跳着。此后，对这种演奏方法的反对开始出现，随之而来的是对连奏的狂热。当我还是斯塔马蒂的学生时，将音符"捆绑"在一起被认为十分困难，可实际上这只需要娴熟的技巧和柔顺的手指。"等她'捆绑'音符的时候，她就学会弹琴了。"一位年轻钢琴家的母亲这样说。但是，持续的连奏也会让经典钢琴曲目失去其原有的特点而变得单调乏味，所有我那个时代的德国版曲谱都严格要求进行连奏。从头到尾，音乐的连续性似乎不会中断，谱面上有许多连奏、始终连奏的提示。这些提示不是作曲家本人写的，而且在一些地方还很容易看出他想要呈现的是恰恰相反的效果。李斯特的钢琴学生桃李满天下，他的许多教学理念都是一流的，可偏偏这么一个错误的理念流传得这么广。

D: 您对用现代钢琴演奏羽管键琴作品如何看？

S: 钢琴出现之前，羽管键琴占据着统治地位。这是一件褒贬不一的乐器。羽管键琴力度不足，所以在一个力度就是一切的时代，它被挤下了王座。另外，羽管键琴音色特别，优美典雅。和管风琴类似，羽管键琴演奏者不能通过手指的压力调节声音的强弱，但是数量庞大的键盘和音栓赋予其丰富的音效，而且使得几个八度同时发声成为可能。用现代钢琴演奏羽管键琴作品，结果就是在力度和表现力有所增强的同时，作品也变得枯燥乏味，而这并不是作曲家的错。

二

D：在您的时代，歌剧大师罗西尼声望如日中天时却急流勇退过起了闲适奢华的生活，您与他相识吗？

S：当然。我20岁时经人介绍认识了罗西尼。他邀请我参加他家的小型晚宴，以他惯常的空洞客套接待了我。一个月以后，罗西尼改变了态度。"明天早上来找我吧。"他说，"我们可以谈谈。"我爽快地接受了这令人倍感荣幸的邀请，并发现了一个与之前完全不同的罗西尼。对那些即便算不上进步也至少思路宽阔、有理有据的观点，罗西尼有浓厚的兴趣和开放的心态。李斯特著名的《弥撒》第一次上演时，遭到近乎众口一词的批评，而罗西尼站出来为他辩护。

还有一件事令我难忘。一天，他对我说："你为多吕和勒鲁瓦创作了一首长笛和单簧管二重奏。你能不能请他们来我的晚宴上演奏呢？"毫无疑问，两位艺术家爽快地答应了。由于晚宴没有节目单，所以罗西尼让人们认为这首二重奏是他的作品，因此在晚宴上这首乐曲轻松取得了成功。演奏结束后，罗西尼领我到餐厅，并拉住我的手以防我起身离开。一队阿谀之徒来到他面前："啊！大师！简直是杰作！真令人难以置信！……"当蒙在鼓里的人们找不出更多的赞美之词时，罗西尼平静地回答道："我同意这是一部杰作。但这首二重奏不是我的作品，而是这位先生创作的。"

我想，如此聪明的善意之举比卷帙浩繁的评论更能说明罗西尼的伟大。他的确是一位伟人！他后来自行结束了自己的艺术生涯，那是因为他已经没有更多要说的了，而过着悠闲生活的他却比许多还在活跃的人声望还要高。

D：歌剧《卡门》的作者比才与您是同时代的人，您和他有过接触吗？

S：比才和我是挚友，我们彼此倾诉所有的烦恼。"你没有我这么倒霉，"他曾经跟我说，"除了写舞台作品，你还会做其他事情，但我不会，舞台是我唯一的资源。"比才欢快愉悦的作品《采珠人》上演的时候——还是在有影响力的人的帮助下才得以上演——招来了强烈的抗议和辱骂，就算魔鬼本人从地狱爬上来，也不会受到比这更差的待遇了。后来，正如大家所知道的那样，《卡门》得到的反响也差不多。

D：您的另一位法国同乡德彪西，他的音乐使"印象派"这个词跟法国密不可分地联系到了一起。您应该曾经听过他的《牧神午后》吧？

S：是的。那个作品听起来挺好听的，但它不是真正意义上的音乐。如果它也算音乐的话，调色板也可以算是一幅画了。

D：在李斯特百年诞辰时，布达佩斯举行了盛大的庆祝活动。我知道在这次活动中您作为钢琴家与里斯勒、布索尼、弗雷德海姆等钢琴家同台演奏，这几位钢琴家的表现怎么样？

S：他们几个都是当时正值巅峰、琴艺高超的钢琴家，对于这样的天才我既不评判也不比较，只要能欣赏他们的演出我就心满意足了。倘若一定要评出一个赢家的话，我想这荣耀一定属于里斯勒。他当时演奏的《b小调奏鸣曲》技巧娴熟，诠释完美。他对作品进行了全面的阐释，有力而不失精致。这首作品在这种演绎下，成了最精美的奏鸣曲。不过这样高水平的表演超越了一般艺术家的水平，并不常见。演奏此曲需要运动员的体力、鸟儿的轻盈、灵活多变的能力和十足的个人魅力。除了要准确了解不同音乐风格，更要熟稔李斯特的个人风格。对于大多数才华横溢的演奏家来说，这也是非常困难的。

D：我知道您见到过李斯特，请您谈谈您印象中的李斯特。

S：我第一次见李斯特并听他演奏是在我的朋友塞热（Seghers）家。游历多年后，李斯特又回到了巴黎，此时他已经近乎传奇了。据说，他在担任魏玛乐长后便致力于大部头作品和——说起来难以置信——"钢琴作品"的创作。后来有言论暗示说李斯特正在为音乐建立一个哲学体系，这让整个传奇达到高潮。

我当年18岁，将全部热情都投入到钻研李斯特的作品中去了。当时我已经视他为天才，并在见到他之前就认定他作为钢琴家有近乎超人般的实力。有一点值得特别指出——他的演奏甚至超越了我脑海中已经形成的印象。和他超凡脱俗的指尖下流出的出神入化的旋律相比，年轻的我的想象无非只是几句散文而已。倘若没有听过全盛时期李斯特的演奏，是无法想象他的表演水平的。

D：您也是一位出色的钢琴家，又生活在法国，"钢琴诗人"肖邦的后半生也大都在法国度过，能否请您就演奏肖邦的作品给我们一些宝贵的建议？

S：我有幸认识一位肖邦生前的挚友——歌唱家、钢琴家维阿尔多夫人。她几乎分毫不差地记住了肖邦的演奏，因而可以为肖邦本人如何诠释自己的作品给出非常宝贵的指导。从她那里我了解到，这位伟大钢琴家的演绎往往比一般人所认为的要简洁得多。这种演奏既没有丝毫低俗的品位，也不是只有冷冰冰地对准确的追求。维阿尔多夫人告诉了我弹性速度（tempo rubato）的真正奥秘。如果没有弹性速度，肖邦的音乐就会失色许多。人们平时演奏时对弹性速度的理解与其真正的含义往往完全背道而驰。

D：我曾在舒曼的文章《胡格诺派》中读到他对法国大歌剧作曲家梅耶贝尔的攻击，这是您那时发生的事情，您一定知道吧？

S：是的，我知道。梅耶贝尔一度是歌剧界毋庸置疑的泰斗，正是舒曼的抨击首次动摇了他的崇高地位。舒曼对舞台一无所知，他曾经在这个领域做出一次尝试，却不幸以失败告终。舒曼认为音乐艺术只能用一种方式表现，对梅耶贝尔的攻击十分猛烈，批评他品味低下，作品充满意大利倾向。然而舒曼忘了：莫扎特、贝多芬和韦伯等大师为舞台创作时，也极大地受到了意大利艺术的影响。后来，瓦格纳派的人想将梅耶贝尔挤出舞台，好为自己腾出空间，于是他们支持舒曼的严酷批评。尽管在冲突之初，瓦格纳和舒曼的关系是势不两立的，但是在共同的敌人面前，他们组成了联合战线。法国评论界也群起响应，完全忽略了柏辽兹的意见：柏辽兹承认梅耶贝尔堪称大师，并在《配器法》一书中为他戴上了不朽的桂冠。

三

D: 我非常想知道，像您这样的艺术家眼中的艺术是什么？

S: 艺术是神秘的，它只对特别的感官做出反应，而这种感官只为人类所特有。通常这种感觉被称为审美感，但这个说法并不确切。因为"审美"意味着对美的事物的感觉，但具有审美价值的事物却不一定都是美的，称之为"格调感"可能会更准确。要让艺术家忠于事实，真是再荒诞不过了，也只会是徒劳。艺术绝不可能是真实的，尽管它也不应该是假的。另外艺术跟道德也没有任何关系，两者各有其职能，并且都以各自的方式发挥着作用。道德的最终目的就是道德，艺术的最终目的就是艺术，并无其他。

D: 那么您怎么看待音乐呢？

S: 如果我说很少有人懂得音乐，你可能会惊讶。大多数人只当音乐是艺术呼出的气体，供耳朵享用，就像香味对嗅觉一样，只是很模糊的感觉的一个源头，必然像其他所有感觉一样不成熟。但是音乐艺术完全不是这样。这种艺术通过乐器展现出线条、立体感和颜色，所有这些组成了一个理想的世界。有些人跟我一样，自童年时期就生活在这个世界中；有些人通过教育认识到了这个世界的存在；还有许多人从来就不知道这个世界。此外，音乐是所有高雅艺术门类中最神秘的，尽管其他艺术也显而易见地颇具神秘性。

D: 请您对刚刚开始自己事业的年轻音乐家说几句话，好吗？

S: 年轻的音乐家总爱抱怨事业的艰辛，这的确情有可原。不过或许应该提醒他们，老一辈音乐家也并不总是睡在玫瑰床上，他们在韶华之时也曾被困在港口内，无法启航，不得不时常挺胸直面风雨。他们往往四处碰壁，遭遇人间最卑鄙的冷眼——剧院的回绝、公众的漠视。只有当作品符合剧院和公众的最大利益时，他们才会被批准开足马力、扬帆远航。在艺术领域，天赋的使命感就是一切，而这使命感除上帝之外，无人能施以援手。如果公众固执地对年轻音乐家不屑一顾，那么我们鼓励他们不断努力又有何意义呢？

D: 音乐是一门遗憾的艺术，不论作曲还是表演，都几乎很难有绝对完美的时候，请问您是否也为此感到沮丧呢？

S: 关于这个问题我在很多场合都说过，看来现在有必要重复一下：作曲家和他的作品之所以伟大，是因为有闪光点，而不是因为毫无缺点。完美无瑕并非总是好事，过于常规的面孔和过于纯粹的声音都没有表现力。倘若世界上不存在所谓完美，那必是因为完美并不需要存在。

　　每次访谈之后，我都深深地觉得，正是这些大师非同寻常的眼界与思想境界，才成就了他们伟大的创作。

柏辽兹

艺术是为普通人而诞生的

作曲家小传

柏辽兹（Berlioz，1803—1869）自幼对音乐充满痴迷，却被父母逼迫进了医学院。然而柏辽兹初心不改，不惜与家庭决裂，自力更生学习音乐。因此柏辽兹度过了一段艰苦的岁月，为了生计他当过合唱队员、乐谱校对、图书馆管理员，还写音乐评论和短篇小说。有一次柏辽兹得了扁桃体炎，却无钱就医，于是自己用小刀切开嗓子放出脓水，缓解了病情。

由于不会弹钢琴，柏辽兹应聘巴黎音乐学院和声教师被拒。

为了自己的个人作品音乐会，柏辽兹自筹资金、亲力亲为，最后债台高筑。

1830 年，《幻想交响曲》的首演为柏辽兹确立了音乐大师的地位。其中第一乐章序奏的主题，来自柏辽兹 12 岁时为当时 18 岁的初恋情人写的一首浪漫曲。

柏辽兹在作曲中采用的"固定乐思"手法，对李斯特、柴可夫斯基和瓦格纳都有影响。

柏辽兹因其作品的革新性而被很多人视为作曲家中的狂人和疯子。

除作曲之外，柏辽兹还是一位非常棒的指挥家。他的指挥手法被很多后世指挥家奉为圭臬。

最终，柏辽兹的父亲对儿子的成就骄傲地说："没有什么比这更重要的了！"

60 岁时，柏辽兹获得了法国荣誉军团勋章。

柏辽兹在晚年曾说："爱情与音乐是灵魂的双翼。"

罗曼·罗兰这样评价柏辽兹：他不仅是音乐家，他本身就是音乐。

柏辽兹在世时，一直担心他的音乐将随着他的离世而被人忘记。现在看来，他的担忧是多余的了。

Berlioz

这次是一位不请自来的被访谈者——法国音乐"鬼才"柏辽兹，由于他没有写过钢琴曲，所以没有能让我弹奏一千遍的作品，我从来没奢望过能访谈到他。

一

D: 首先请您谈谈您的童年学习经历，有没有什么特别的地方？

B: 在我刚满 10 岁的时候，我父亲将我送到一家小型神学院，开始学习拉丁文。但没过多久，他就把我接出来，决定亲自监督我的教育。因此后来他同时是我的语文、历史、文学、地理甚至是音乐老师！这需要他具有怎样永不言倦的耐心和聪明才智啊！这也表明了一位父亲给予了儿子多少温柔和慈爱啊！又有几个父亲有能力做到这一点呢？当然，从另一个角度说，我认为这种家庭教育没有同等公共教育的优势；因为如此一来，孩子就只能和他的父母、仆人及经过选择的小朋友建立起一种唯我独尊的关系，从而根本无法及时去适应错综复杂、艰辛坎坷的社会生活。世界和现实生活在他面前就像一本紧紧合着的书。我深深相信，正是这个原因导致我在 25 岁以前都一直是个无知且愚笨的孩子。

D: 当年在大学里的音乐史课上学到关于您的章节的时候，给我留下很深印象的是您没有学过钢琴，不用钢琴作曲，这在作曲家中是很少见的。您是否觉得这是您在专业素养方面的缺陷？

B：我在童年和少年时代学了竖笛、长笛和吉他，并在演奏方面都超过了我的老师。然而，我的父亲却不让我学习钢琴，否则我很可能也是一名"令人生畏"的钢琴家了，就像无数其他卓越的钢琴家那样。父亲根本就不想让我成为一名艺术家，他显然是害怕我会过于迷恋钢琴以至于不知归路。因此，我很少有机会学习钢琴，虽然这种学习在很多情况下会对我有所助益。但是，大量的重复练习确实也构成了某种平庸和乏味——钢琴正是为每天这种平庸和乏味的发生提供了机会。而我认为这种平庸与乏味是可耻的，并认为在失去了音乐的瑰丽变幻后，在只剩一支笔和一张纸的情况下，是无论如何也创作不出任何乐曲的。鉴于此，我真的要感谢父亲强加给我的没学钢琴的这种偶然性，正是它使我认识到安静自由地作曲的必要性，并使我免于受到由手指的习惯性动作而对创作产生的束缚和压制——这种压制对于创作思想是非常危险的。

D：您的见解非常独特，不过可能会引起很多人的反驳。

B：我知道会有难以计数的"俗不可耐"的爱好者会对我的见解表达他们的异议与遗憾。不过没关系，我不会在意这些。

D：听说您曾在少年时代有过一次单相思的"姐弟恋"是吗？

B：那是在我外祖父居住的梅兰。当时每年夏天快结束的时候，我都会和母亲及妹妹去那里度过三周时光，就是在那里我见到了埃丝黛尔，那年我12岁，她18岁。初次见到她，一股电流便袭遍全身，我忽然感到头晕目眩。一见钟情，这就是我所能说的全部。13 岁以后，我再也没有见到她。当我 30 岁的时候，又一次从意大利途径阿尔卑斯山，路过了当年她住的别墅，我的眼前一片模糊！是的，我依然爱她。后来我听说她已经结婚云云，但这并不能使我感到一丝慰藉。

D：我在您的传记中读到您的父亲是个医生，他也希望您当医生，并送您进了医学院，后来是因为您的坚持才选择了音乐作为职业。

B：是的。在经过了长时间的斗争之后，有一天我的父亲把我叫到他的房间，对我说："几个晚上我都彻夜难眠，我已做了决定……我同意你到巴黎学音乐……但只能给你一段时间。记住，你应该知道我对那些平庸的诗人的看法，'任何种类的平庸艺术家都不比普通人更为杰出；如果看到你竟然混迹于这样一群没用的人当中，那对我将是一种致命的痛苦，一种彻底的耻辱'。"我认为我父亲没有意识到，他对那些平庸的医生却表示过极大的宽容。这些人不仅和那些蹩脚艺术家具有同样的数量，而且他们不仅毫无用处，还更具有危险性。

D：那您的母亲对于您的"弃医从艺"是什么态度？

B：我的母亲比父亲更为偏执，在她看来，演员、歌唱家、音乐家、诗人和作曲家都是一些可憎的，为教会难容的造物，就像那些注定要被打入地狱的人一样。她在请求我放弃学习音乐失败后说："好吧！你走吧！去堕入巴黎的腐化之中吧！让你的父母在耻辱与痛苦中死去！在你离开之前，我会离开家。你不再是我的儿子！我诅咒你！"在我出发去巴黎的那天，父亲希望我和母亲道别，也希望她能收回那些近乎残忍的话语。我们和我的两个妹妹来到母亲住的别墅，母亲正在一棵树下读书。看到我们，她连忙站起来走开。我们跟着她，父亲呼喊她，妹妹和我潸然泪下，但一切都是徒劳的。我只得远走了，没有拥吻母亲，没有得到她的一丝嘱咐、一个母爱的眼神，却带着她的诅咒走了……

D：后来母亲与您和解了吗？

B：在我拿到了法兰西艺术研究院的棕榈奖章之后，我的父母感到异常骄傲，最为热情地款待了我。

二

D：您到巴黎的时候应该正值罗西尼盛极一时吧？

B：的确。然而罗西尼在巴黎追逐时髦的阶层中所引起的狂热，却激起了我强烈的愤怒。因为这种所谓的新兴流派很显然是作为格鲁克与斯庞蒂尼的对立面出现的，但他根本就没有构思出比这两位大师的作品更神奇、更美丽的任何东西。他那恬不知耻的旋律、对戏剧性表达与契合方面的蔑视、对高潮的节奏型的不断重复、那无休止的幼稚的"渐强"，以及突然敲出的鼓声——这些都让我异常愤怒。所以我不止一次地自问，我究竟怎样才能在意大利歌剧院中埋设一颗地雷，然后在某个演出的夜晚，将它同罗西尼的阿谀者们一起引爆。我必须坦白承认，直至后来，我的内心深处都一直抱有这种意图谋杀的罪恶情感。说到这儿，我要真心实意地为画家安格尔（Jean-Auguste-Dominique Ingres，1780—1867）鼓掌叫好，因为他在谈论罗西尼的某些作品时说过："这是一个虚伪之人的音乐！"

D: 如此说来，您认可的是格鲁克的歌剧吗？

B: 是的，当时我和朋友们心目中的奥林匹斯山上的统治者朱庇特主神是格鲁克，我们对他所表现出的崇拜即使是今天最疯狂的音乐爱好者也难以想象。如果说我的朋友们是这门音乐宗教最虔诚的信徒，那么我可以不带任何虚荣地说，我就是他们当中的权威人物。

D: 我记得有的书上说使您和李斯特成为好朋友的一个纽带就是你们都喜爱贝多芬。李斯特对贝多芬的崇拜众所周知，贝多芬的音乐在您心中是什么样的呢？

B: 可以说我目睹了伟大的贝多芬的冉冉升起。我当时所感受到的心灵上的震撼，似乎只有莎士比亚曾经带给我的震撼能与之比拟。他为我打开了音乐的另一个天地，就好像诗人为我揭去了另一个诗歌世界的神秘面纱。

D: 既然说到了李斯特，就请您谈谈您的这位好朋友吧。

B：李斯特是这样一个人，他可以将路易十四的话稍做修改，信心百倍地说："乐队，是我！合唱团，是我！指挥，还是我！我的钢琴在歌唱，在梦想，在爆发，在鸣响。它飞舞着向最娴熟的琴弓发出挑战，它像乐队一样，有着洪亮的悦耳声音。我只要一个宽敞的客厅，一架大钢琴，我就是众多听众的主人。我一出场，人们就掌声雷动，令人心醉神迷的幻想曲从我指尖诞生。我歌唱着舒伯特的《圣母颂》或贝多芬的《阿黛拉依德》，所有的心灵都贴近了我，所有人都屏住了呼吸。多么感人的寂静，多么专注而又深情的仰慕。"人们被神圣的激情冲击得丧失了理智，热泪盈眶地亲吻着他长袍的边缘。第二天，当这位年轻的受到神启的圣者抒发完他那源源不绝的热情之后，便离去了、消失了，在他身后洒下了一片热情四射、荣耀辉煌的灿烂曙光……这是一个梦想！如果有人名叫李斯特，那么这就是他那些黄金般的梦想中的一个。

D：您和李斯特是朋友，然而据说您和李斯特的朋友肖邦却是彼此互不喜欢。您为我们描述一下您眼中的肖邦吧。

B：肖邦总是站在局外人的位置：您在音乐会上或者剧院里看不到他。可以说，他似乎害怕音乐和音乐家。他每年从云端下来一次，允许别人在普利耶沙龙里听他演奏。只有在那时，艺术家们和大众才能欣赏到他杰出的天才。他的演奏充满变幻莫测的魅力，其特别之处在于最高级的微妙和独创性。

在肖邦生命最后的日子里我去拜访过他。那时他的虚弱和痛苦是如此巨大，以至于他既不能弹琴，也无法作曲，甚至最简短的交谈也惊人地使他疲倦。他尽可能地用各种手势让别人明白他的意思。因此，他希望在其中度过生命最后几个月的那种孤独，很多人都理解错了——有的人把它视为一种轻蔑的骄傲，有的人认为是忧郁，他们都没有了解这位迷人的艺术家的性格。

D：我想您一定想谈谈您和门德尔松的故事。

B：我和门德尔松是以一种奇特的方式在罗马认识的。我们第一次谈话，他就和我说起了我在巴黎艺术学院获奖的那首《沙达那帕鲁斯》大合唱。我向他表示我实在不喜欢大合唱中的第一个快板部分。他兴高采烈地叫道："我要赞扬您的鉴赏力。我还担心您对这一段快板很满意，坦率地说这段快板不怎么样！"

还有一天我们聊起了节拍器及其用途。

门德尔松激动地大叫："为什么要制造节拍器？这种东西简直毫无用处。见到一段乐曲，一个音乐家若是不能马上猜出它的速度，那么他就是个傻瓜。"

我本想回答有很多这样的傻瓜，但我忍住了。

第二天，他看到我刚写完的《李尔王序曲》。起初，他专注而缓慢地读着这段序曲，之后将手指放在了钢琴上想要弹奏出来。

他对我说："告诉我您的速度。"

我说："有必要吗？您昨天不是说，所有那些看到乐谱却无法马上猜出速度的音乐家都是傻瓜吗？"

他试图掩饰，但这种针锋相对的反驳或出人意料的回击使他大为不快。可能就是为此他想把我吞掉吧。

D：在您的时代有一个闪闪发光的名字，就是小提琴家帕格尼尼，您和他有交往吗？

B：帕格尼尼一直非常欣赏我，给了我很大帮助。有一次我的《哈罗尔德》音乐会刚落幕时，我筋疲力尽，大汗淋漓。在乐队席的正厅门口，帕格尼尼激动不已，兴高采烈地向我打着手势走过来。他的儿子阿希尔尾随其后。当时帕格尼尼在一场使他痛不欲生的喉病之后，已经完全失声了。他在一个不完全寂静的地方，只有他的儿子可以听见或猜出他说的话。他向这个孩子做了一个手势，孩子爬上一把椅子，把耳朵凑近他父亲的嘴，全神贯注地听着。之后阿希尔从椅子上下来转向我说："先生，我父亲让我向您保证，在他这一生中，从未有一场音乐会能给他如此深刻的印象。您的音乐深深震撼了他。要不是他克制住自己的话，他会拜倒在您的膝下向您表达他衷心的感激。"听到这些出乎意料的话，我做了一个手势表示我不敢相信并十分惭愧。而帕格尼尼一把抓住我的胳膊并用他那残存的一点声音嘶哑地发出"是！是！"的声音。他将我领上了舞台，许多乐手当时还在那里。他向我双膝跪下，亲吻着我的手。我想当时我的震惊程度已无须赘述。

三

D：以您的经验来看，优秀的音乐作品是否一定比平庸的音乐作品更容易取得成功?

B: 哦, 并不是这样。我曾经千百次地问过自己: 为什么几乎所有国家的大部分剧院经理都对那些真正的艺术家、文明高尚的灵魂, 甚至是一小部分听众坚持视为是从垃圾工厂里出品的作品抱有特殊的偏好? 这些作品的成品比它们的素材多不了多少价值, 创作时间通常来说也很短。这并不是因为平庸的作品比优秀的作品更容易成功, 也不是因为精致的作品比低劣的作品需要更多的开支——经常是质量低劣的作品花钱更多——简单来说, 这也许是因为精致的作品要求剧院所有的人, 从经理到提词员, 都要精心细致、认真耐心、注意力集中, 而且还要求某几个人具有深邃的思想、天才和灵感。而低劣的作品是专为懒惰、平庸、肤浅、无知、愚蠢的人所创作的, 所以自然也就受到大多数人的青睐。

D: 最后想问您一个艺术中的老话题, 您认为艺术是为大众欣赏的还是为少数圈内专家孤芳自赏的?

B: 我认为在这一点上很多伟大的评论家很有道理, 他们说艺术是为普通人而诞生的。如果说拉斐尔能画出神圣的圣母像, 那是因为他了解人民对美好、圣洁、纯净的理想的热爱; 如果说米开朗琪罗可以从大理石中雕出他那不朽的摩西像, 能够用他那充满力量的双手建起一座座奇妙无比的教堂, 无疑是为了回应那震撼人们心灵的伟大激情。应该诅咒所有不受大众欢迎的作品! 因为如果公众蔑视它们, 那一定是它们毫无价值; 如果公众轻视它们, 那一定是它们本来就让人鄙视; 如果公众用口哨声来谴责它们、谴责作者，那一定是他本来就缺少对公众的尊敬，他竟胆敢凌辱公众伟大的聪明才智，触犯了他们内心深处的自尊。那就让他滚吧，见鬼去吧！

坦白说这次访谈很大程度上改变了我对柏辽兹的印象，尽管有些言辞略显尖酸，但是他的很多故事令我感动。我甚至对他没有写过钢琴曲感到遗憾，否则我很希望能在钢琴键盘上加深对他的了解……

梅西安

音乐总是等待着新的天才

作曲家小传

法国作曲家梅西安（Messiaen，1908—1992）的父亲是曾翻译莎士比亚全集的英语教授，其母亲是一位诗人。梅西安在父母的鼓励及德彪西音乐的影响下，自幼就坚定了成为音乐家的志向。

梅西安 7 岁开始作曲，11 岁进入巴黎音乐学院，在校期间各科学习成绩都极为优异。除了会弹钢琴，梅西安也是一个十分出色的管风琴手。

1940 年"二战"期间，梅西安成了战俘，被关押在西西里的集中营。在那里，梅西安创作了《时间终结四重奏》。

宗教和鸟类是梅西安音乐创作中的两大主题。

梅西安宗教题材的作品有《阿门的幻影》《圣婴的二十次觐见》等。梅西安到世界各地去采集鸟类的叫声，并用音乐来表现它们，如《百鸟集》《鸟的苏醒》《异国鸟》。梅西安说鸟类给了他重新成为一个音乐家的权利。

据说梅西安的第二任夫人、钢琴家罗里奥长得也像鸟。

梅西安自称为"作曲家和节奏巧匠"，他作品中的很多节奏来自古希腊和印度。

1943—1944 年梅西安创作的《主出席的三次小礼拜》引起了评论界极大争论。有人认为，这首作品是对"一般听众的挑战和藐视"。

在一本法国出版的音乐辞典中，"梅西安"这一词条中称梅西安是"最伟大的作曲家"，而词条的编写者是梅西安自己。

梅西安的儿子，作为梅西安大量作品版权的继承人，表示对其父的音乐丝毫不感兴趣。

Messiaen

这位在 2018 年 12 月刚刚过完 110 岁冥诞的作曲家是本次访谈的主角。我小的时候一直以为他的名字和我国古都长安有什么关系，因为他叫梅西安、全名是奥利弗·梅西安（Olivier Messiaen），一位法国作曲家。他的名字当然和我国的西安市并无关联。

—

D: 我知道，您除了作曲，还会教学、举办音乐会等，那么这些社会活动是否对您的作曲活动有妨碍呢？

M: 如果在一年里我可以有三个月只进行音乐创作、完全不干其他事情，那么我认为这一年过得就有点像个作曲家了，即便我用来进行创作的时间只有两个月零三星期，那我这一年也算完蛋了。因为三个月——这是合乎作曲家这一崇高行业身份最起码所必需的创作时间。倘若能够这样，我每星期天去教堂演奏管风琴、和妻子一块表演双钢琴、给巴黎音乐学院作曲系的学生上上课、参加评委工作及巡回演出，就不会对我有妨碍了。

D: 请问您创作音乐需要用钢琴还是不用钢琴？

M: 自打斯特拉文斯基大声承认所有作品都是用钢琴写出来的以后，我也就敢说，很多作品都是用乐器进行写作的。不过，我也有不少作品是在散步的时候、浴室里和火车上产生出亲的。但是斯特拉文斯基的供认使我也敢于毫不避讳自己跟钢琴的相互关系了。

D: 听说您的歌曲和歌剧的词都是您自己写的?

M: 我从不为别人的词谱曲,因为那会限制我的思路。只有自己写词才可能把词和音乐一起考虑,从而达到融为一体的境界。

D: 很多人觉得,与18、19世纪乃至之前的时代相比,今天创作出的优秀古典音乐作品变得较为少见,您对这个问题怎么看呢?

M: 任何艺术的创作过程都要经历三个阶段,即灵感的产生、作品的创作及完成阶段。然而在可怕的20世纪,一个速度和研究并存的世纪,时代的强音就落在了第二阶段上。因为大多数当代音乐家都否认灵感,认为它过于浪漫和过时。因此在音乐这个感性的世界里,到底还能有多少真正的作品呢?

D: 您是否同意,在音乐中最重要的元素就是声音?

M: 太过于关注声音现象,这是音乐家们最容易犯的一个错误。固然马拉美在给德嘉的信中写道:"诗歌是由文字构成的,而音乐则是由声音构成的。"但我要说:"不!"因为音乐绝不仅是由声音构成的。

D: 那在您看来音乐是由什么构成的呢?

M: 音乐是由密度和力度、起音速度和音色、强弱拍、节奏节拍和重音,还有最重要的时间、时间间隔及音的持续时间组成的。我们一定别忘了，对音乐来说，第一位重要的因素是节奏，并且节奏也是节拍与音长最初和最重要的变化。

D: 的确，在您的创作中节奏占有很重要的地位。在我读书的时候就知道您的《节奏练习曲》。

M: 我对节奏的研究始于对时间的学习，所以我曾经给巴黎音乐学院的学生讲过"音长哲学"。

D: 噢？这是一种怎样的哲学？

M: 这个哲学包含着我们身边各种时间叠置的概念：比如星星无限的时间长度和人类一般的时间长度、山脉比较长的时间长度、昆虫比较短的时间长度、原子非常短的时间长度等。这些时间在分别代表一种物体寿命的层面上是相似的，另外，这些时间在我们的感知上又代表着巨大的不同。另外我还跟学生讲过人类自身的不同时间感觉：生理时间、心理时间等。

D: 啊！关于生理时间和心理时间在音乐美学上也有学者在探讨，称之为客观时间和主观时间。

M: 我只希望，人们不要忘了音乐是时间的一部分，这就像我们生活中自然界永远伟大、有魅力，并且保持新鲜。自然界是一座关于声音、色彩、曲式与节奏的永不消失的宝藏，是所有事物永恒变化和不断发展的存在方式，是一切的源泉。

二

D: 您的创作中，鸟是一个永恒的主题。

M: 是的。我对鸟类学有极大的热情，就如巴托克走遍了匈牙利去寻找民歌，我也曾经踏遍法国的各省份去记录鸟儿的叫声。这确实是一个巨大和永无止境的任务，但是它使我恢复了音乐家的天赋。发现一首新曲子、一种音乐的新风格、一片新的风景是多让人兴奋啊！法国麦地里的云雀、美国森林里的云雀、公园和花园的乌鸦、森林边的斑鸠和夜莺、草地里的金色黄鹂、芦苇群中的金莺、沙漠里的麦翁……这些非凡的"歌唱家"，真让我难以忘怀！

D: 我一直很好奇，您是如何把鸟的叫声变成您的音乐的呢？

M: 为了把鸟的歌声融合到作品中，必须进行大量"作业"。首先就是记谱，这是一种音乐上的听写，即带着五线谱和铅笔到大自然去，同时把鸟的歌声录下来，之后从录音中再次听写。通常来说根据录音所记的谱比较正确，但在大自然中进行的记谱更为艺术化。为得到某种鸟儿正确的声音形态，我会进行多次相同种类鸟歌的不同记谱，必须完全混合记谱结果，然后得到鸟叫的音色。这可通过配器来进行，同时和声编配也可达到这一效果，因为可以通过使用一定音程的和弦来尽可能地接近鸟鸣。在把它们记成乐谱之后，再在五线谱上用对位法进行编配。其结果虽然不是原原本本再现听到的那种逼真的声音，但可以呈现相似的情景。此外，还可以把不同国家、不同区域的鸟声进行混合，这能产生与实际状态完全不同的、虚构的结果，对音乐来说是极为有趣的。

D: 除了鸟，您的作品中的另一个主要主题就是宗教了吧？

M: 的确。音乐可以通过很多方式来奉献给神。这其中首先是礼拜仪式的音乐，这类音乐很依赖人的崇敬与尊敬。然后是宗教音乐，这类音乐可以跨越时间和地域，并包含不同的美学观念。宗教音乐不仅能延伸到所有空间和时间，还能触及物质和精神世界，最终能在任何地方找到上帝的踪迹。最后一类被奉献给神的音乐是一种隐蔽及无法言表的突破，借助音高色彩的变化得以实现，并通过对听觉的震撼得到概括。而我对这种色彩音乐的喜爱胜过了礼拜音乐和宗教音乐。礼拜音乐是在上帝的住所——教堂——来赞颂他；宗教音乐则每个小时都回荡在任何地方：大地、山川、海洋、鸟群、花丛、树林及我们看不见的星际空间里；但是色彩音乐带给我们的就如同中世纪大教堂的彩色玻璃所带给我们的感觉一样，令我们头晕目眩。它冲击到了我们崇高的感觉：听觉和视觉，把我们的感觉转化为行动，让我们超越了理智、知觉和观念，而这就是所谓的信仰。

三

D: 您可以跟我们具体说说您的"色彩音乐"吗？

M：很多人的孩童时代都曾经常给音符赋予颜色。单一乐音是产生不了颜色的，而和声特别是各种音高组合却能够产生颜色。每种音高组合都会产生一种特定颜色，而该颜色会在任一个八度重现。在中音区的表现是标准态的；随着音域的升高它会趋于白色，即亮色；随着音域的降低会变成黑色，即暗色。另外，如果我们以半音来不断把和弦移位，则每次移位时颜色都会产生变化。

我年轻时有机会见到了声音绘画师布朗－盖蒂（Blanc-Gatti）。他患有严重的神经紊乱，这使他在看到颜色和听到声音时的感觉是一样的，也就是说，色彩被叠加了。因此当他画管风琴时，你会看到在他画的管风琴四周有些奇怪的彩色圆圈，这些圆圈其实是管风琴演奏的音乐，而他画的就是他实际看到的东西。

我认为，一个人不能充分理解音乐的原因就是他不常经历"发音体的自然共鸣"和"互补色"这两种现象。

D：哦？这是两种什么现象呢？

M：请允许我为你举例：假如我用力敲击钢琴的低音C，几秒后，我将清晰并持续听到最初的一串声音，这就是"发音体的自然共鸣"。如果我的耳朵正常，我会听到高八度的C，之后是五度的G。如果我的耳朵足够灵敏，我还会听到一个三度的E。最后，一个受过训练的音乐家还可以听到七度和九度的降B和D。而对我来说，我还能听到一个相当强的增四度的升F及一个很弱的小六度的降A。

关于"互补色"的例子是这样的。我在一张白纸上画一个红色圆圈，然后长时间盯着红色和白色的分界线，几分钟后，白色边缘的红色就会变得更红，而白色则会呈现一种间歇性的、时隐时现的鲜绿色，真是一种无与伦比的美。如果我们以蓝色代替红色，就会看到鲜嫩的橘黄色；如果用黄色，我们则会看到淡紫色或紫红色。反过来也是一样：绿色会呈现红色，橘黄色会呈现淡蓝色，紫色会呈现黄色。这样的现象就是我说的"互补色"。

D：作为一位现代作曲家，您认为在当代音乐进程里所发生的事情中，什么算是最重要的？

M：我认为根本就没发生过什么，音乐总是等待着新的天才。

D：想请问您自己创作音乐的标准是什么？

M：我对音乐作品的要求有三个标准：有趣的、听来美妙的、能打动听众的。

D：您能否为我们展望一下未来会出现什么样的音乐？

M：我想就让我们把这个问题交给年轻一代吧，他们的命运掌握在他们自己手中。

当访谈结束时，梅西安就像《圣经·启示录》里的那位天使那样对我说：

"时间到了尽头，不再有时间了。"

拉威尔

我的座右铭是：复杂不等于混乱

作曲家小传

法国作曲家莫里斯·拉威尔（Maurice Ravel, 1875—1937）生于法国与西班牙交界的蒙马特高地一带。尽管拉威尔的出生地现在已经是法国著名的红灯区，但是他对自己的感情生活却一直讳莫如深，并一直成功地使其隐藏于世人的眼中。直到今日，外界对他的情感世界和性取向仍然感到神秘。

虽然拉威尔非常热爱钢琴，却因为缺乏自律而没有掌握高超的钢琴演奏技术。令人惊奇的是，一个并不是十分精通钢琴技巧的作曲家竟然写出了被誉为钢琴界最难以演奏的曲子，还深受钢琴家们欢迎。个中奥秘之一是：在拉威尔创作钢琴曲时，他的一位钢琴家好友会坐在旁边为其同步在钢琴上视奏。

人们常常把拉威尔与德彪西相提并论，并将其二人都划归为"印象派"作曲家。然而如果你深入聆听他们的音乐就会发现，拉威尔与德彪西的音乐风格是有很大差别的，并不雷同。

奇思异想在拉威尔的作品中有几类不同的展现：一类表现为魔幻的创作题材，如《夜之幽灵》《孩子与魔法》等作品；还有一类是拉威尔热爱异国情调的作品，如西班牙风情的《西班牙狂想曲》《西班牙时刻》、东方情调的《舍赫拉查达》、希腊神韵的《达芙妮与克罗埃》及维也纳风貌的《大圆舞曲》等；此外，丰富的想象力还充分地体现在拉威尔不可世出的、高超的配器能力上。他的配器呈现出美轮美奂并准确清晰的音响世界，因此能够把一首旋律不断重复，仅靠音色与力度变化的《鲍莱罗》写成了世界名曲。同时，拉威尔还为自己的钢琴作品和其他人的作品配器，如他的《帕凡舞曲》《镜子》《库普兰之墓》、穆索尔斯基的《图画展览会》和舒曼的《狂欢节》等，均是与原作不相上下的交响乐改编版。

　　1932 年的一场车祸，令拉威尔的脑部受损。他仍然可以清晰地记得之前演奏、创作过的音乐，却无法再写出新的音乐。5年之后，拉威尔与世长辞。

Ravel

一首《小丑的晨歌》唤出了它的作者——无神论者、法国作曲家拉威尔。在访谈中拉威尔表现出了对音乐认真深入的思索，以及他非常健谈的特点，常常就某一问题口若悬河、滔滔不绝。

一

　　D：大师您好，可以先请您分享一下您小时候受到的音乐教育吗？
　　R：在童年时代我就表现出了对音乐的敏感。而我的父亲在这门艺术方面比大多数爱好者都受过更好的教育，因此他知道如何在我小时候发展我的音乐品位及如何激发我的学习热情。

　　D：我知道您曾经担任过华沙肖邦国际钢琴比赛的评委。所以我特别想请教您的第一个问题就是，您对于肖邦作品的风格、肖邦作品的演奏、"肖邦精神"是如何理解的呢？
　　R：肖邦曾经说过一句话："世上最可恨的事莫过于音乐没有深意。"即使肖邦不断地在音乐中表明这一点，还是有很多人对此一无所知。对于肖邦来说，音乐是用来表达情感的。而现在很多人却用音乐来表现一个肖邦认为与音乐不相干的东西，那就是智力。
　　音乐是为了音乐家而不是专家而创作的，这是肖邦思想的真正意义。一个音乐家（无论是作曲家还是爱好者）对节奏、旋律、和声及声音所创造出来的氛围是很敏感的。他们会为两个和弦的连接而战栗，就像人们为两种颜色的并置而激动。在所有的艺术中，主题都是第一重要的，因为一切都是由它产生的。

举几个例子：舞曲这种体裁，在肖邦之前，都只是展示优雅、快乐以偶尔表现的一些情绪，总的来说都比较肤浅，即使在舒伯特的连德勒舞曲中也是这样。当然即便如此，那些连德勒舞曲也是很惹人喜爱的。

肖邦的一个很明显的贡献是在波罗乃兹的创作中：在他之前，波罗乃兹是一种节日进行曲，庄重、闪亮，完全是缺乏深度的。而肖邦的波罗乃兹只有一首是这种传统类型的，就是 Op.40 No.1。然而即使是这首波罗乃兹，在灵感与和声的丰富上，仍然远胜于他的同时代人。大波罗乃兹 Op.22 就已经在另外一个层面了，强烈的英雄性，还有中部壮丽的节奏动力。肖邦常常会在这些舞曲中引入一个悲哀、深刻的元素，一种至今仍然未知的元素。有时候，这种悲剧性的情感达到一种无上的高度，人们可以从音乐中发现一整部史诗。无论是悲伤还是英雄性，都是真挚的表达，绝不浮夸。

肖邦从不仅仅满足于改变钢琴技巧。他那些充满创造性的经过句都混合着辉煌、精致和意义深远的和声发展。这些音乐永远都有深意，并且经常是由一种绝望的强烈的诗意来表达出来的。

D：您所处的年代正是瓦格纳引起广泛关注的时代，请问您是如何评价这位作曲家的？

R：在历史上曾有两位卓越的作曲家，让文学在音乐中扮演了过于重要的角色：贝多芬和瓦格纳。也许这是他们自己的缺陷？就瓦格纳来说的确如此。然而我确信，他能令人惊讶、惊愕，从而获得他的评论员军团的胜利和失败。从哲学到报告，从重要的抒情诗到美学的闺房，从尼采到拉罗，经过卡特尔·门德斯，瓦格纳的理论成了学术上广泛讨论的对象，就是没有任何对音乐家有用的东西。如果要必须等到音乐家们的承认，这位伟大艺术的天才将在很长一段时间都不会为人所知。谢天谢地！不管怎样，瓦格纳的艺术中音乐以外的部分，立即迷住了每一个对于音乐本身的魅力和丰富感到不满足的人。

我们有权利、有责任表达我们自己。瓦格纳的音乐在法国的蔓延是一场灾难。我们只要审视一下那时法国的重要作品就能发现，瓦格纳的印记无处不在。最重要的是，我们只需回忆一下那些数量众多的质量低下的戏剧作品、室内乐和歌曲，比例失调的解构、笨重的织体、毫无想象力的哀伤，这些作品的寿命都超不过20年。

二

D: 我们现在的音乐史把您和德彪西划分为"印象派"，您能否谈谈这个流派？

R: 如果你问我是否我们在音乐上有一个印象派，我必须要承认，我从来没有把这个术语和音乐联系起来过，在绘画领域另当别论。莫奈和他的学派是印象派，但是在它的兄弟艺术中，却找不到相对等的东西。

D: 原来您并不认为自己是"印象派"，甚至不认为音乐上有"印象派"，那您是如何定位自己的流派呢？"现代派作曲家"？

R：严格地说，我不是一个"现代派作曲家"，因为我的音乐远不是一场"革命"，而只是一种"进化"。虽然我对音乐中的新思潮一向是虚怀若谷、乐于接受的（我的一首小提琴奏鸣曲中就有一个布鲁斯乐章），但我从未企图摒弃已为人们公认的和声作曲规则。相反，我经常广泛地从一些大师身上汲取灵感（我从未中止过对莫扎特的研究），我的音乐大部分建立在过去时代的传统上，并且是它的一个自然的结果。我可不是一个擅长写那种过激的和声与乱七八糟的对位的"现代作曲家"，因为我从来不是任何一种作曲风格的奴隶，也从未与任何特定的乐派结盟。

D：的确，在您的作品中出现过爵士乐的元素，这在古典音乐家的创作中并不普遍。您很喜欢爵士乐吗？

R：在我那个时候，美国人对于爵士乐十分轻视。他们认为爵士乐是廉价、庸俗和短暂的。而那时我就认为，爵士乐注定将成为美国的国家音乐。那时的美国音乐家展示出了来自西班牙、俄国、法国或者德国等欧洲国家的影响，却没有美国自己的个性特征。我并不认为这应该归咎于美国有太多外国人。

拿法国来说，在某些地区你会发现法国人有些像德国人，而在其他一些地方又像意大利人。此外我们还有阿拉伯人、雅利安人、被驱逐出来的美国人和来通婚的美国人。然而谁又能说我们的音乐不是独特的法国味？

在国外，我们对待爵士乐的态度是很严肃的，它影响着我们的创作。比如布鲁斯在我的奏鸣曲中是一种程式化的爵士乐，尽管可能还是法国的特点比美国的特点更多，但毕竟受了他们所谓的"流行音乐"的很大影响。

从个人来讲，我发现爵士乐极其有趣：它的节奏，它的旋律法。我听过乔治·格什温（George Gershwin）的一些作品并为之深深着迷。乔治·安太尔（George Antheil）激起了我的好奇心，因为人们要么把他捧上天，要么把他说得一无是处，从来没有过中庸的态度。能够引起如此鲜明的喜欢与不喜欢态度差别的作曲家，一定是有些东西的。

D：后人曾把"旋律不再重要、变得破碎"归纳为所谓"印象派"的音乐特点，请问您是如何看待旋律的？

R：在一切有生命的音乐中，都有一个含蓄的旋律轮廓。

三

D：曾有人说您的作品就像瑞士钟表一样精致巧妙，追求作品技术层面的完美是否是您的创作目标？

R：我的创作目标是技术完美，因为我确知这一目标永远无法达到，所以我要求自己不断向它靠近。

D：您认为作曲需要用钢琴吗？

R：当然需要！我曾经因为一个学生在没有钢琴的房间里创作而感到震惊。我认为没有钢琴是无法创造出新鲜的和声的。

D：您写了一首只用左手演奏的钢琴协奏曲，现在它已经成了这类为左手创作的作品中演奏得最为普遍的一首作品，当年您是怎么想起写这样一首作品的？

R：我创作这首左手钢琴协奏曲，缘起于我的一次维也纳之行。

那次我在维也纳一直排练歌剧《孩子与魔法》，并指挥我的《圆舞曲》和《波莱罗》。一个偶然的机会我听到了奥地利钢琴家维特根斯坦（Wittgenstein）的演奏，他在一场战争中失去了右手，那次他表演了一首理查德·施特劳斯写的左手钢琴协奏曲。

这类作品的写作由于其严格的限制而对作曲家提出了巨大的挑战。而且，成功解决了这个问题的尝试是极为少见的。这其中最为人所知的是圣－桑写的《六首左手练习曲》。由于这些作品的简洁和重组，从而避免了这个问题最难以对付的方面，并保留了以有限的手段进行拓展的乐趣。

对于困难的恐惧，总是被与困难斗争和克服困难的乐趣所战胜。这就是我接受维特根斯坦的请求为他写一首钢琴协奏曲的原因。我怀着极大的热忱开始了我的创作，在一年之内全部完成，几乎没有任何耽搁。

D：刚才您提到的那首《波莱罗》舞曲，应该算是您的头号大名曲了吧？

R：我只写了一首名作，就是《波莱罗》。但是不幸的是，那首作品里没有音乐。

D：我知道您除了钢琴作品和管弦乐作品，还创作过歌剧和歌曲。很想请教您，在选择声乐作品的歌词时，自由体诗歌与格律体诗歌哪个更适合一些呢？

R：在我看来，为了表现真正深刻和强烈的情感起见，自由体诗比格律体诗要更胜一筹。然而，如果作者希望自己完全消失在诗歌后面，歌曲的节奏亦步亦趋地跟着诗歌的节律走，不对诗歌任何一个重音或音节进行改变，格律体诗能够产生出非常美妙的东西来。总之一句话，如果音乐家选择使用格律体诗，他的音乐将只能对诗歌简单地进行强调和支撑，而无法对诗歌进行诠释或为其增添任何东西。

我相信如果一个音乐家想要特别表现情感和想象，他一定会倾向于使用自由体诗。对我来说，"糟蹋"经典诗歌是一种犯罪。

D：尽管您的作品中也存在很多明显的对位技法，但是呈现出来的效果却不是日耳曼式的厚重的对位织体。

R：是的。在我看来，柴可夫斯基和勃拉姆斯的音乐都有些笨重，埃尔加则整个儿像一个"门德尔松"，我自己的音乐简练和单纯的程度，只有莫扎特的音乐达到过。我的座右铭是：复杂不等于混乱。

D：能请您演奏一下您的《小奏鸣曲》吗？

R：我最近一直没练琴，弹不下来那首曲子了。

　　告辞之前，拉威尔邀请我去现在已经变成纪念馆的、他在法国蒙福尔－拉莫里的故居看看，弹弹他的钢琴，他说这样将会更加理解他的作品。

福雷

我没有吸引观众的习惯

作曲家小传

福雷（Fauré，1845—1924）是法国音乐历史上连接 19 世纪和 20 世纪的音乐家。在我国，德彪西和拉威尔是大家最熟知的法国音乐家，但在法国人眼里福雷也是"法国最杰出的作曲家之一"。

福雷生于法国一个二流贵族家庭。父亲在发现小福雷的音乐天赋后，就把 8 岁的福雷送进了一所教会音乐学校。正是在这所学校，福雷幸运地跟随圣 – 桑学习钢琴和作曲。后来福雷在其事业开始之初，重要的机会几乎都是圣 – 桑推荐的。

1870 年的普法战争中，福雷是法国国民自卫军的一员。

福雷一生担任过管风琴师、《费加罗报》的乐评人，最后稳定在音乐学院的领导岗位上。

从福雷的钢琴作品体裁名称——即兴曲、夜曲、前奏曲、船歌——就可以看出他对肖邦的喜爱和效仿。

在福雷的作品中，不太容易找到情绪和力度的巨大波动，而更多的是彬彬有礼的含蓄与温文尔雅的暗示，追求着高远和空灵的境界。

世人皆知贝多芬双耳失聪之事，却可能少有人知道福雷在晚年也因耳疾丧失了听力。

福雷在音乐学院培养了大批法国著名音乐家，包括拉威尔、埃奈斯库和布朗热等人。他的学生回忆道："福雷总是十分谨慎地操纵手里的笔，他能让枯燥的技术练习变成艺术作品。身兼优秀作曲家和教师双重身份是非常罕见的，但是他从来都不反对和自己相对立的观点。"

Fauré

这次访谈的主角是由先前接受过访谈的法国音乐家卡米尔·圣－桑和拉威尔共同帮忙邀请的，他名叫加布里埃尔·福雷。他是圣－桑的学生，尽管和圣－桑的性情截然不同，但丝毫没有影响他与圣－桑终生真挚的友谊；他也是拉威尔的老师，拉威尔创作的《加布里埃尔·福雷主题摇篮曲》，就是向导师福雷温柔而感人的致敬。

一

D：福雷先生您好，首先请您介绍一下您小时候的音乐记忆。

F：我小时候是个很安静、懂规矩的孩子，在美丽的环境中成长。我唯一有清晰记忆的东西是一座小教堂里的一架风琴。一有机会，我就去那里，好好享受一番。我弹得很可怕，没有技术，也毫无章法可言。但是我记得我非常开心。如果所谓的职业就是这样，那可真是一件快乐的事。

D：我注意到：在您比较早期的创作中似乎以小型作品的创作居多，这有什么原因吗？

F：在1870年以前，我从来都没有梦想过要写一首弦乐四重奏或者奏鸣曲。那时候，作曲家写这种东西是不可能有机会上演的。圣－桑1871年创办了国民音乐协会，主要目的就是上演年轻作曲家的作品，这才使我有了写这类作品的想法。

D: 在您的夜曲和船歌等作品中，我总觉得似乎有一些表现远处钟声的意象，是这样吗？

F: 是这样的。我意识到，钟声能够催生出模糊的梦境，这和所有模糊的梦境一样是难以言说的。经常有这样的情形：某些外部的事情令我们陷入思考，而这思考是如此不精确，甚至完全算不上是真正的思考，虽然这给大脑带来了愉悦。或许这就是对于超现实存在的事物的探求欲，而音乐是非常适合表现这类欲求的。

D: 您大约 32 岁的时候曾向一位女士求婚，并得到了同意。然而最终那位女士还是选择了分手，取消了婚约，这可以算得上是您情感方面的一次很大的打击。您现在回过头来，如何看待当年的这次情感挫折呢？

F: 亲爱的朋友，我请您不要责备那不幸的人，她的罪过只不过是害怕我而已，其实我所有的想法都只有一个目的，那就是让她成为最幸福的女人，因为她是被最深地爱着的。而她怀疑这一点，真是个可怕的错误！

不过那次的分手对我来说也许并不是坏事，因为在她家那个亲切的环境里，我被劝服走上另一条创作道路。

二

D: 著名作曲家圣－桑是您一生最重要的老师，他对您的帮助几乎贯串了您的整个职业生涯。也是在圣－桑的引荐下，您见到了伟大的李斯特，真是让人羡慕。

　　F: 是的。我见到了李斯特，真是令人感动的场面！当圣－桑坚持要把我介绍给李斯特大师时，我吓得脸色都青了。而李斯特对我的热情欢迎，是无法用语言描述的。

　　D: 根据记载，李斯特视奏了您当时新创作的《叙事曲》，是吗？

　　F: 是的。在弹了五六页之后，李斯特对我说："我手指不够用了"，让我接着弹，这可把我吓坏了。

　　D: 李斯特大师对您的《叙事曲》有什么建议吗？

　　F: 大师建议我加一些乐队的笔法，来突出一些细节，给整体一种独特的色彩。

　　D: 我注意到您曾去拜罗伊特音乐节欣赏瓦格纳的歌剧，能和我们分享一下在拜罗伊特听瓦格纳的歌剧和在别处听有什么不同吗？

　　F: 由拜罗伊特剧院里一切的一切叠加而成的效果，我在这儿尽全力告诉你哪怕最微小的一点，都是不可能成功的，毫无意义！我只能说，在我去拜罗伊特听瓦格纳的歌剧之前，什么都没有听到过！！！

　　D: 哈哈，那看来只能去亲自感受您说的这一切啦！

　　D: 我知道您晚年时和伟大的贝多芬一样，听觉上出了问题，这实在太不幸了。

F：是的。我常会听到不存在的声音、分成两半的声音及可怕的嘈杂声。这种疾病攻击了我最需要完善保护的部位，我被它打倒在地。当然我自比贝多芬是很不敬的，至少是与实际不符。贝多芬的后半生只有绝望啊！

三

D：我听说您曾多次因作品出版的问题与出版社发生不快和争吵，是吗？

F：如果我认识法国博物学家若弗鲁瓦·圣伊莱尔（Geoffroy Saint-Hilaire，1772—1844），我一定要问他，巴黎植物园动物展区的收藏里为什么没有出版商的骨架！

D：您是一位在世时就拥有了声望和名誉的作曲家，能和我们分享一下出名是一种什么感觉吗？

F：哈哈，我告诉你出名意味着什么：你会看到，在卖靴子的小店里，他们在卖一种深棕色的靴子，上面放着的一块牌子上写着："最新款，优雅的加布里埃尔·福雷款！"

D：您曾经担任巴黎音乐学院院长一职，在您任职的第一年就有几个音乐学院的教授愤而辞职，并称您为"罗伯斯庇尔"。请问当时您的领导理念是什么样的？

F: 我的理念是要制定一条既古典又现代的路线，也就是说，我希望既不为空洞的传统而牺牲当代音乐实践，也绝不为了一时的风尚和时髦而牺牲传统。我最赞同自由主义：我不想排斥任何能产生真正贡献的东西。我不偏爱任何学派，也不会禁止任何音乐类型，只要它是产生自真诚的、有理有据的观点。

D: 您想采取哪些具体措施呢？

F: 我想在音乐学院达到这样的目标：学生要接受优秀的理论和器乐的教学。此外，我要开创强大的音乐教育：把技巧卓绝的歌唱家、演奏家和未来的作曲家培养成受过完整教育的艺术家。为了达到这个目的，我在经费限度之内，发展了合唱课、乐队课和室内乐课。

另外，我们都知道，很多歌剧杰作难以避免被一些品位糟糕的诠释者以传统之名添加上陈腐和丑陋。在音乐学院里，我们必须无视这些传统。老师的首要职责是：在传授那些歌剧或者轻歌剧的时候，不能以剧场上演时的样子为准，而要严格以作者写下来的、作者所想要表达的样子为准。这种尊重、这种正统必须成为音乐学院教学中的标志。

D: 法国著名女钢琴家玛格丽特·隆留下了很多您作品的录音，她因为曾经和您有过交往，从而建立起一个似乎是您的钢琴音乐"手握真理"的权威诠释者的形象。她曾说您的体内一定有阿拉伯的血液，说您温柔、深凹的双眼似乎经常会捕捉到离奇的幻景。您本人对隆夫人怎么评价呢?

F: 她是一个无耻的女人，用我的名字招摇撞骗!

D: 直到今天，您的作品似乎一直都没有得到最广泛的欢迎和喜爱，您是否对此感到遗憾?

F: 我没有吸引观众的习惯。

在整个访谈中，福雷都表现得十分亲切、优雅迷人，在睿智中散发出幽默，当然也能强烈感受到福雷对于自己艺术观念的坚守。愿他不论在哪里，都能沉浸在朋友的包围中、沉浸在友谊的暖意里。

匈牙利

李斯特

诗意与哲理的境界

作曲家小传

李斯特（Liszt，1811—1886）似乎是西方音乐史上最耀眼的音乐家。他自带光环的一生，成为后世诸多音乐家的梦。他颜值高、热情大方、气质优雅，具有非凡的社交魅力。

李斯特生于今天匈牙利境内的雷町，在父亲的引导下学习音乐，自幼就展露出惊人的天赋。父亲争取到贵族资助，带领小李斯特去维也纳求师。最初李斯特父子拜访了胡梅尔，但因学费昂贵而转投到车尔尼门下，由此成了"贝多芬 – 车尔尼"一脉的真正传人。

少年李斯特首先以其高超的钢琴演奏水平震惊了整个欧洲，并在一次音乐会后得到了乐圣贝多芬在他额头上的亲吻。

时至今日，也没有钢琴家敢自称在演奏技艺上超过了李斯特。李斯特没有赶上录音时代，实在是人类文明史最大的憾事。

李斯特终身未婚，但风流韵事绝对没有很多人传言的那么夸张。比较著名的除了 17 岁和他一位贵族女学生的初恋，就是和玛丽·达古伯爵夫人著名的"旅游岁月"，以及和卡罗琳公主情深缘浅的结婚未果。但是在达古伯爵夫人和卡罗琳公主的劝导下，李斯特潜心作曲，留下了大量杰作。

李斯特自幼就离开了匈牙利，在维也纳求学后，主要定居在巴黎。因此李斯特说得最好的语言是法语，其次为德语，几乎不会说匈牙利语。但是，李斯特在他的 19 首《匈牙利狂想曲》中倾注了对祖国匈牙利无尽的爱，并让全世界爱上了匈牙利的音乐。

1886 年，李斯特在去参加瓦格纳拜罗伊特音乐节的路上，患上感冒，继而转为肺炎，病逝于拜罗伊特。

Liszt

这是一个自访谈以来最激动人心的日子，因为史上最帅、最有魅力、人气最高的钢琴男神——弗朗茨·李斯特来到了我的琴房！他本人比传闻和画像更加潇洒，风度翩翩。而作为一位音乐史上有名的饱学之士，他在回答我的问题时，对于音乐、音乐家、音乐表演、音乐教育和音乐评论等话题都表现出了深刻的洞见，口若悬河、侃侃而谈，其论述充满思辨精神和理论高度，每一部分几乎都可展开成一篇论文。令我特别惊讶的是，李斯特大师所描述的音乐生态和观点看法，放到今天竟然似乎也不显过时。

一

D: 您是一位不多见的有过大量论著的作曲家和演奏家，首先我非常想听听您心目中对于您热爱的音乐艺术的看法。

L: 我想说，除了哲学，没有任何艺术、任何科学可以像音乐那样有权去夸耀它那如此光荣的过去，它那如此古老和绝妙的综合能力。如果我们追溯至最古老的时代，我们便会发现最著名的人物、最受尊敬的哲学家和立法官都曾在音乐的策源地前拜倒。

D: 那么您如何定位音乐家？

L: 要知道，在古希腊时期，受尊崇的音乐家都是第一流的诗人、哲学家和演说家，是那种靠思考和研究去掌握这门科学的人，而不是那种仅靠奴隶般地运用其手指和嗓子去表演音乐的人。然而后来的音乐家大部分是培养来表演音符和一些歌曲旋律的人，人们不把他们视为伟大的哲学家，他们也几乎不感到羞耻。

所以我根据音乐家的品行将其划分为艺术家和匠人两类。那些对人类进步的揭示、为了既定目标不惜遭到嘲笑和忌妒、付出最痛苦的牺牲和忍受贫穷，是任何时代真正艺术家的遗产。而对于匠人来说，只要能够充实他那至高无上的自我、对虚荣心和小宗派可怜的满足，就已经足矣。他们高谈阔论、挣钱、让人大加赞扬。观众有时就是受其愚弄的一部分人，这就是他们干的。

D：成为什么样的音乐家似乎和音乐教育的理念息息相关。

L：是的。大多数的情况是，一个年轻人受了富有诗意和虚幻的梦境的诱惑，从自己的家乡来到首都，以求培养自己相当突出的才能。我们假定，命运对他特别厚爱，在考试中战胜了对手，得到了稀有的恩宠，被录取进音乐学院。之后我们看到他把自己关进一间琴房，为了得到技巧上的表现而从早到晚刻苦用功，身心俱疲。每星期他用四分之三的时间上课、弹奏某种乐器，到最后他也并不了解在艺术上自己在干些什么，或者说为什么要这样干、为什么要那样干。

在绝大多数情况下，他与优秀艺术家简直无缘，他看到的只是冷漠，内心充满怨恨、无知和疲乏。经过3~4年，在耗尽了他微薄的财产，心力交瘁之后，在他彻底把自己搞糊涂之后，有一天他的老师对他说：学业到此结束了，他是一个生活有保障的人了——一个艺术家。

这是多么辛辣的嘲弄！之后他会发现，举办一场音乐会所碰到的多重障碍和通常是微不足道的收入，使大多数艺术家只好对此计划忍痛割爱。他剩下的出路就是做出让步并忍受屈辱，从别的艺术家手中夺走一些需要人给舞会伴奏的顾客。如果有一位好心的市民考虑到他品行良好，请他参加午餐会，并明确规定他可以坐在最外面的餐桌旁、演奏一首旋律去伺候他可爱的主人，那他已经够幸运了。这就是我那个时候职业音乐演奏这个阶层的代表。

D：玛丽·达古伯爵夫人曾与您有过一段著名的恋情，后来和您劳燕分飞。她去世得比您早，那时您是什么心情？

L：我无法伪善，所以我不会为她的死而流泪，反而会为她的生命感到悲哀。拉罗什富科（La Rochefoucauld）曾说，伪善就是向受害者致敬，这是真的，但向错误致敬就更是伪善。而达古伯爵夫人却非常珍爱错误，甚至热爱不渝，除了少数几个升华的时刻，她根本不值得提起。

二

D：您的很多部传记都提到了您在童年时代被巴黎音乐学院拒之门外，您是否愿意谈谈这件事情？

L：好的。那时我的父亲对我说："弗朗茨，你现在应该进音乐学院，在名师的保护和指导下学习。"于是我们在到达巴黎的当天就赶往巴黎音乐学院院长凯鲁比尼处。我随身带了一封梅特尼西侯爵热情洋溢的推荐信。

经过了一刻钟惴惴不安的等待之后，办公室的仆役打开了校长室的门，并示意我们进去。在这九死一生的瞬间，我仿佛受到一股强大力量的驱使，快步向凯鲁比尼走去并吻他的手。但一下子，我突然想到，这在法国也许是不礼貌的，我的眼睛充满了泪水。我不知所措，十分害羞，不敢再睁眼去看这位敢公然顶撞拿破仑的作曲家。我竭力一字不漏地听他说出的任何一句话、感受他的任何一次呼吸。

凯鲁比尼首先就告诉我们巴黎音乐学院规定拒绝任何外国人入学。这对我真是晴天霹雳！我浑身颤抖。尽管如此，我和父亲仍然在恳求。我甚至说："请拿出一点喂狗的食物让我充饥，至少允许我用小孩从桌上掉下的面包屑糊口吧！"然而规章制度是无情的，我绝望了，我觉得似乎失去了一切，甚至我的名誉，我不指望再得到任何帮助。

D：历史证明您的这段经历是这所音乐学院及凯鲁比尼本人的黑历史。

D：我们都知道，您是"乐圣"贝多芬的第三代传人。贝多芬曾欣赏过您小时候的演奏，并发生了著名的"贝多芬之吻"。我非常希望听您回忆一下当时的情况。

L：那场"艺术洗礼"令我永生难忘。那是在1822年的一次私人聚会，我在贝多芬的面前进行了演奏。他听后深受感动，亲吻了我的额头对我说："继续吧，你这天之骄子，你将给许多人带来快乐喜悦，这实在是最好不过的事。"这些话我一直记在心里。

D：那么您如何看待您这位祖师爷的创作？
L：我认为对我们音乐家而言，贝多芬的作品就如同引导以色列人穿越沙漠的烟火——烟柱在白昼引领我们，而火柱则在黑夜照亮方向，使我们在日夜都得以前进。

D: 您和肖邦的友谊也是音乐史上的一段佳话，能谈谈您的这位好朋友吗？

L: 我从没见过像肖邦那样的诗人气质，也没听过那样精彩绝妙的演奏。音量虽然不大，却无懈可击；虽然他的演奏并不华丽炫人，也不适合演奏会场，但丝毫无损其完美。

肖邦有一种极度热烈、易受刺激的天性。他可以缓和自己的情绪，但不能抑制它。每天清晨他都要重新开始一项艰难的任务，让自己勃发的愤怒、灼热的仇恨、无穷的爱、抽搐般的痛苦化为沉默，并以一种使自己沉湎其中的陶醉去拖延它们的到来，以便通过梦想去呼唤一个魔幻神奇的世界，使自己生活在其中，把它吸引到艺术里，以找到一种可悲的幸福。

D: 您通过对舒伯特数十首艺术歌曲的改编展示了对他的热爱。据说舒伯特也写过歌剧，但是其知名度似乎完全不能与他的艺术歌曲同日而语。

L: 的确如此。舒伯特在音乐艺术中完成了伟大的任务，把毕生献给了诗和音乐。尽管他过早地被夺去了生命，但他注定要体验其天才的成熟。因为在他生命最后10年中的作品数量和意义相当于其他作曲家一生的3倍。

舒伯特的歌剧和他的艺术歌曲一样自始至终保持着高贵的气质，十分典雅优美，显示着大作曲家的手笔，只是它缺少一种东西，那就是戏剧因素。确切地讲，他的歌剧就像是由一系列清淡、优美、旋律通俗的歌曲连接而成，其中某些歌曲还值得归入他歌曲集的精品之列。但是每时每刻又都会让人觉得他缺少舞台经验和对戏剧的理解，而音乐的效果又并没有强大到足以通过交响乐队的优势去弥补这些缺点的地步。当舒伯特把抒情作品的形式结构加以扩展时，舞台上的形式结构也许就超出他的能力了。这说明，一位天才并非总有同样的能力去掌握一门艺术的所有形式。每种形式都在一位具有特殊天赋的人的呵护下赢得其最繁荣和最辉煌、最充分的发展。在肖邦身上我们看到一个很好的例子：他把非凡的能力仅限定在与之相适合的范围之内。舒伯特的情况也差不多。在他多产的道路上，戏剧和交响乐方面的尝试只能作为附属性的东西来看待。特别是戏剧对于他的匆匆一瞥来说具有太过开阔的空间，而且对于他突如其来的直接灵感来说舞台所要求的组织太过复杂了。

D：在您的时代，一些同行不知出于什么心理，对您的作品有诸多微词，这些您知道吗？

L：我当然知道。而且我还知道，对我作品的误解是从莱比锡而来的。你要知道，门德尔松是世界上最善妒的音乐家，他从来就没喜欢过我。有一次在晚宴上，他在黑板上画我弹他的《g小调协奏曲》，但他把我的手指画成了五只槌子。事实上，我是按照他的手稿弹奏的，但是我发觉曲子里有好几个段落太过简单，不够开阔——如果我可以这么说的话，所以我就改动了原曲，照着自己的意思演奏。这当然让他大吃一惊。他不像舒曼或者肖邦那样会察纳雅言。而且，门德尔松虽然是个不错的钢琴家，但还算不上是大演奏家，因为他的技巧还嫌不足，无法应付复杂的乐曲，以致他根本毫无能力演奏我的曲子，所以他唯一能做的便是诋毁我的名誉。

三

D: 您把钢琴改编曲提高到了一个前所未有的高度，并且直到今天都深远地影响着这一体裁的创作。根据记载，您在演奏其他作曲家的作品时，还常常会即兴进行改动和添枝加叶，是这样吗？

L: 我常常公开地或者在沙龙中演出贝多芬、韦伯和胡梅尔的作品，结果很多人评论我的乐曲"选得很糟"。所以我十分惭愧地承认，为了博得那些总是很慢才能理解美好崇高的东西的观众喝彩，我毫无顾忌地改动了作品的节拍和思想，我甚至轻率地加上了一些段落和华彩段。而这些当然能保证我获得无知者的掌声，并把我引上了这样的道路。不过幸好我很快就又离开了它。

D: 您的《帕格尼尼练习曲》使得您与小提琴家帕格尼己的联系已经成了众所周知的事情，您的创作究竟受到帕格尼尼多大影响呢？

L: 其实我一直都在拒绝承认我受到帕格尼尼的影响，而且我希望我们的艺术家应该坚决地拒绝扮演目空一切、自私自利的艺术家角色，我希望耀眼的帕格尼尼是最后一个代表。我愿他能把目标放在自己身上，而不是放在外面；我希望他能知道精湛的技巧是手段而不是目的。俗话说：贵族就要有贵族的德行。那么我说另一种身份比贵族更为重要，那就是：天才就要有天才的德行。

D：您除了演奏家和作曲家的身份，也是一位指挥家。请您谈谈您对指挥这项工作的理解。

L：我认为一个指挥的真正任务是让自己看来是多余的。指挥只是领航员，而不是工人。

D：除了在作曲和钢琴演奏领域，在音乐美学界也常常会提到您，特别是您的情感论主张及对标题音乐的倡导。

L：是的。我坚持认为，音乐按其本性并不是那么排他和绝对的，而是属于情感的范畴。它具有不止一个与思想兴趣相一致的联结点。声乐可以通过歌词来提高表现力；器乐则可以通过标题来达到这个目的。

D：我们现在的时代有一种现象，就是很多在音乐艺术领域高谈阔论、发表评论见解的人，常常并不是音乐专业人士，对此您怎么看？

L：哈哈，这种现象在我们那会儿就已经存在了。我丝毫不想拒绝承认那些在文学、科学、哲学等人类进步的任何领域开辟新道路的著名英雄们。但是对这件事也不能保持沉默：他们的伟大功绩丝毫没有给他们权利剥夺艺术家们讨论自己的业务的权利。外行总是想在艺术领域建立美学理论和完全支配裁判权，但是他们首先就做不到"全面了解对象"。因为他们在评判艺术和艺术作品完美的程度时，除了在有影响的艺术家圈子里或从公认的艺术作品的权威那里暗地偷听来的意见，没有别的尺度。

　　外行的评论有时有一定益处，有时甚至很出色，但是对于真正地衡量出艺术作品的价值，断定及找出它们在什么地方有缺点和隐伏的妙处等这样的任务，不论现在和将来，外行都是不可能完成的。专业艺术家如果从事文字活动，即使对艺术没有特别的功劳，至少也不会有很大的害处，但如果玩票的和卖身投靠的笔墨压倒艺术家的笔墨，那害处是不可避免的。而且我要问：评论艺术作品的权利不属于艺术界的人还属于谁呢？解决艺术问题不是从事这种艺术的人的事，又是谁的事呢？谁还能比亲身从事创作的人更会品评那感受和创造的心灵的产物呢？因此，我呼吁，我们应当自己动手打扫自己的家，自己把在神殿里所有做买卖的、兑换钱币的、放高利贷的人都赶出去！评论应当成为艺术创造者本人的事情。

　　　　访谈的时间显得如此匆匆和有限，当键盘圣手与我亲切作别，我心中的问题似乎还有很多，而刚刚这诗意与哲理的对话，在我的脑海中挥之不去。我由衷地感到，男神不仅颜值高、琴技高，思想的深度与境界也高，而这一点是常常被人遗忘的……

巴托克

精神的孤寂将会是我的命运

作曲家小传

巴托克（Bartók，1881—1945）与其同乡前辈李斯特的一个很大的区别是：尽管都无比热爱匈牙利，都创作过许多匈牙利题材的音乐，巴托克却更像一个民族音乐学家。李斯特《匈牙利狂想曲》的主要创作素材来源于匈牙利境内吉卜赛人的查尔达什，而巴托克却是跑到匈牙利的穷乡僻壤收集"纯正的"匈牙利民间歌谣。

作为著名作曲家的巴托克，在李斯特音乐学院里教授钢琴，却出人意料地拒绝教作曲。对此他自己的说法是，他认为作曲从根本上来说，是一种由下意识的力量引领的本能。因此他担心在教学过程中，把这种力量强行拉到表面，从而戕害其源头。然而其身边的人却认为，巴托克此举是因为他不是真正的教师，既不具备教学的天赋，也没有这方面的欲望，他教学纯粹是迫于生计。

在巴托克的有生之年，其作曲家的地位一直饱受争议：既有热心的追随者，也有大量拒绝甚至敌视他的音乐的听众。直到他在生命的最后几个月病入膏肓之时，公众才对他作品中音响的力量幡然醒悟。

巴托克这位最"匈牙利"的匈牙利作曲家，最终却因国内右翼势力的攻击而离开祖国，逃往美国。巴托克著名的《乐队协奏曲》就写于美国。此曲首演后，指挥库塞维茨基称赞说这是 10 年来最好的作品，而在一个多月后，这个夸奖已经由 20 年来最好的作品、30 年来最好的作品变为 20 世纪以来最好的作品，巴托克问："包括肖斯塔科维奇吗？"

　　1945 年，巴托克因血癌病逝于美国。

Bartók

这次访谈的对象是继李斯特之后匈牙利历史上最著名的作曲家巴托克。大师出现之后，我注意到他的身材相当矮小，非常瘦削、苍白，一头灰发。他的嘴唇细薄，微笑时几乎不动，张嘴时也只让人听到他柔和的细语。他有一只精致、笔直的鼻子和一双世间少有的眼睛！这双眼睛不仅大，而且炯炯有神，直射人心。他的眼神就像是烙铁一般，被他的目光注视的人，仿佛烙印就留在了身上。

一

D：巴托克先生您好，非常感谢您的到来！首先想请您谈谈您小时候接受的音乐教育。我知道您曾经跟匈牙利著名作曲家艾凯尔的儿子学习音乐，能介绍一下当时的学习情况吗？

B：好的。我跟拉斯罗·艾凯尔学习和声和钢琴，学到 15 岁，他还让我听歌剧和音乐会，同时也没有忽略室内乐。所以当我到 18 岁的时候，我对于从巴赫到瓦格纳的音乐已经有了相当丰富的知识。我在那些年潜心作曲，勃拉姆斯和多纳尼对我的影响很深。多纳尼只比我大 4 岁，他早期的作品给了我极为深刻的印象。

D：有记载说您后来考上了维也纳音乐学院，但是您却放弃了，选择在布达佩斯音乐学院就读，是这样吗？

B：是的。在我那时候生活的城市波日松尼，维也纳音乐学院被视为唯一的音乐中心。但是，我听从了多纳尼的建议，选择了布达佩斯。

D：我听过您本人演奏钢琴的录音，您的钢琴演奏绝对是钢琴家水平。据说您在音乐学院的钢琴老师是李斯特的学生伊斯特凡·托曼，您能说说和托曼的师生缘吗？

B：那是在音乐入学考试的几个月之后，我竟然收到了托曼老师的来信，这完全出乎我的意料，因为我压根儿认为他不会记得我。那是一封很短的邀请函，请我去布达佩斯聆听著名指挥家汉斯·李希特指挥爱乐乐团演奏的贝多芬《第九交响曲》。托曼认为这一盛事对于一个年轻音乐家的发展非常重要。第二年，我就成了他的学生之一。他对我的付出无人能及，像父亲一样的关怀是无法尽数的，这封信只是一个"起拍"而已。后来他曾经帮我弄到免费聆听埃米尔·冯·绍尔[①]钢琴独奏会的票，以便我可以把我自己买的票卖掉。

D：托曼对您的教学可以分享一下吗？

B：托曼是一个集缜密周到、机智过人、胸怀宽广和卓越技巧于一身的老师。我第一次上他的课的时候，一定是个不折不扣的"野蛮"钢琴家。我的技巧很好，但是非常生硬粗糙。托曼教给我正确的手的位置，以及手指自然和简练的动作。当时这些教

---

① 埃米尔·冯·绍尔（Emil von Sauer，1862—1942）：著名钢琴家，李斯特的学生。

学法才刚刚纳入理论体系里，但是李斯特已经出于本能地运用到他的钢琴演奏中了。而曾经是李斯特的门生的托曼自然也从这位大师那里继承到了这些技巧。如此一来，这些入门指导让我学到了对钢琴音色的掌控。

D: 在您的老师托曼退休之后，他推荐您接替了他的教职？

B: 是的。在 1907 年我被聘为音乐学院的教授，我非常喜欢这份工作，因为它让我有机会在家里安定下来，继续我的民谣研究工作。

D: 谢谢您的分享。请您说说您当时的作曲老师雅诺斯·柯斯勒吧。他是一位勃拉姆斯的忠实拥趸，这是否和您的创新精神有所矛盾？

B: 的确如此。我那时候尝试写作五重奏，但柯斯勒教授却说我写的没有一首像样，他让我从简单一点的东西入手，比如歌曲。我搞不懂我写的五重奏有什么地方不好，因为柯斯勒说的都很笼统，说我应该更注意主题的选择之类的……我自认为写的作品基本都不差，不过还需要加以修改，特别是涉及形式的部分。但是，如果真的糟糕到连修改都不行，那真是很严重了。

D: 这种情形下，您的创作情况如何呢？

B: 我没有受勃拉姆斯式风格的束缚，我渴望通过瓦格纳和李斯特来找到新的方向，但是并不成功。那时我并没有看出李斯特对于现代音乐发展的意义和重要性，我只看到李斯特在作曲方面的过人技巧而已。有两年的时间，我都没有写出一首独立的作品。

D：这种状态后来是如何缓解的呢？

B：《查拉图斯特拉如是说》在布达佩斯的首演让我茅塞顿开。音乐界对这首乐曲打心底里厌恶，但是它令我内心澎湃不已。

D：据说您在生命中的最后一个生日阅读了格里格的《a 小调钢琴协奏曲》的总谱？

B：是的。不过这跟我的生日无关，而是因为这是一部非常受欢迎的作品，碰巧我又从来没弹过，也没听过，所以我想补一下课，至少通读一遍。关于它的说法很多，有好有坏。

D：那么您如何评价呢？

B：从它自身的风格来说，它非常精彩，很专业、很清新。这是一部相当重要的作品，就如同格里格所有的作品一样。

D：有人说格里格是后浪漫主义中边缘的一位，他的作品也许令人愉快，但是并不重要。

B：不不不，他很重要。要知道，他是第一个抛开德国的束缚，挖掘自己国家民歌的人之一。

二

D：您曾经狂热地爱上一位貌美有才的小提琴家斯德菲·盖耶，但是很遗憾她后来嫁给了别人，是吗？

B：是的。那时候她的一封信、一行字甚至一句话就能令我喜不自禁，而下一句话就让我几乎落泪，悲痛不已。

D：您曾经在1905年参加了巴黎的鲁宾斯坦大赛，而且参加了钢琴和作曲两项比赛，然而却均未获胜。那次的钢琴大奖被德国钢琴家威廉·巴克豪斯捧得，您觉得他弹得怎么样？

B：巴克豪斯的确够得上是我的对手，但是我并不认为他弹得一定比我好。喜欢哪个人的演奏，其实只是口味问题而已。

D：那次的作曲第一名给了意大利的阿提里奥·布鲁诺里，而您是第二名。您认可这个结果吗？

B：当我拿到那张所谓的荣誉证书的时候，我想把它寄还给大赛的评委会主席利奥波德·奥尔。奥尔是个出生于匈牙利的小提琴家，曾经在俄罗斯创办了一所颇具盛名的小提琴学院。亚沙·海菲兹就是他的门生之一。我才不要那个垃圾证书呢！

我要说布鲁诺里的曲子根本就是一首一文不值的大杂烩。评委看不出我的作品比他的好了不知道多少，实在是够丢人的。而且我的作品被演奏得也相当好，评委还不懂得欣赏，真是一样的丢人。

D：我记得后来您的歌剧《蓝胡子公爵的城堡》在另外一个作曲比赛中又遭到了失利，是吗？

B：是的。那时感觉我的作曲生涯被判了死刑。如果那些评委是对的，那我就是个没有才气的蠢材；而如果我是对的，那他们就是一群真正的白痴。不管是哪种情况，这都表示我跟他们是无法讨论音乐的，更别说一起共事了。因此我只好认命，只为我的书桌作曲。

D：您的巴黎之行有没有让您愉快的地方？

B：当我看到卢浮宫的那些收藏的时候，就像被魔棒点到了一样。那种感觉只有之前观看《特里斯坦和伊索尔德》或者《查拉图斯特拉如是说》的演出，参加魏因加特纳的柏林的首场音乐会，聆听多纳尼在维也纳演奏贝多芬协奏曲，以及第一眼看到斯蒂芬大教堂的经验，可与之媲美。

D：您在 1929 年年底去了苏联演出，情况怎么样？

B：他们是非常可爱的人，塞给了我一堆谱子和出版的民歌，够我拖回家的了。听众们在音乐会结束时的表现也非常热情，他们喊着：再来一个！再来一个！结果返场了三次。音乐会之后，我们到了一处地主的庄园，那时已经属于乌克兰人民委员会，在那里举行了一场宴会，象征着匈牙利和乌克兰之间牢固的友谊。

当我发现那里的观众真的是"来自一般大众"，而不是像欧美音乐厅那样仅限于社会精英，着实令我精神为之大振。他们的热诚在每个地方都及时地滴落在我心头。

D: 在冬天去苏联会不会很痛苦？

B: 哦不。莫斯科看起来就跟照片完全一样，屋顶覆盖着积雪，仿佛随时都会塌陷似的，一匹马拉的小雪橇跑起来叮当作响，到处可以听到。莫泊桑说得对，就应该在严冬到这里来，正如应该在最热的时候去非洲一样，因为这是这个国家最有特色的时候。

三

D: 我一直觉得您是一位非常热爱匈牙利的作曲家。

B: 是的。每个人在成熟的时候都要为自己设定一个目标，而且他的所有作为都要朝着这个目标迈进。就我个人而言，我的生命在各个方面都只有一个目标：匈牙利国家和人民的福祉。

D: 在您一生中很重要的一件事情就是您对匈牙利民间音乐的收集，所以其实从某种意义上来说您也是一位民族音乐学家。您在收集这些音乐的过程中有哪些心得呢？

B: 我对这些我在旅行中收集到的旋律进行研究，其中大部分——也是最有价值的部分——融入了古老教会的调性，也就是融入了希腊和某些更原始的调式。这些旋律兼有"弹性速度"和"精准速度",展现出了最富变化而自由的节奏和韵律模式。这清楚地表明,我们已经不再使用的古代音阶,其活力丝毫未减,它们使新型的和声组合成为可能。

我们从这些音乐里,还能够学到独到的简洁表达,果断舍弃没必要的枝叶。这正是在浪漫主义的冗长累赘之后,我们所应该倡导的。

D: 是什么让您想到收集民歌来丰富自己的创作的?

B: 在 20 世纪初,音乐史出现了一个转折点。

浪漫主义者的不知节制开始令许多人难以忍受。很多作曲家都发觉:"这条路行不通。只有和 19 世纪完全决裂,才是解决之道。"

而一种在那时还不为人所知的农民音乐给这种变化或者说复苏带来了非常宝贵的助力。这是复兴音乐的理想起点,也是寻求新道路的作曲家所能找到的最好的导师。什么方式最能让一位作曲家从他所研究的农民音乐中获益?那就是要能够融会吸收农民音乐的语汇,达到能完全忘记它,并能把它当成母语一样使用的程度。

D: 那么您的民歌采风工作进行得顺利吗?

B: 世界上再也没有比收集这些民歌更困难的事了。为了找到没有被城市化的音乐素材,我们必须要去那些火车到不了的穷乡僻壤，找那些最穷苦和最淳朴的农民。但是那些"未受污染"地区的农民，对于敲门的陌生人经常是满腹狐疑的！跟他们解释我们为什么要收集这些快要失传的民歌，根本就是白费口舌，他们根本不听。他们对我们这种奇怪的做法找了些最荒诞离奇的解释，因为他们无论如何都想不通一个城里的绅士放弃了舒适的享受到这儿来，就只是为了听他们唱民间小调。许多村民都认为是政府可能又要增加赋税，而这一次是要收音乐税！他们的恐惧中还掺杂着些许的羞怯。他们总是怕我们会取笑他们那些乡野浅陋的歌曲。所以说，一位民歌采风者必须要花很多时间和耐心来应对如此多的不信赖。

D：在您所经历的第一次世界大战期间，您的采风工作还在进行吗？

B：很难想象在那种战争时局中还能进行民歌的采风工作，但是我还是得做下去。然而令人惊奇的是，进行的情况竟然跟太平时期没什么两样。农夫们还是一如既往的轻松愉快，使人觉得他们一点也不在乎战争进展如何。

D：您对匈牙利民间音乐的热爱可能会让人觉得您是一位民族主义者。

B：我的研究从未被任何本国至上主义的偏见所引导，请相信我说的话。我唯一的目标就是探索真理，并且尽可能在不偏离人性的范围内，无私地建构我的探索。

D: 听说竟然还曾经有所谓的专家学者写文章质疑您收集的匈牙利民间音乐的纯正性？

B: 我们必须承认，那些文章里的句子可以用来修饰任何一本写于一个世纪前的小说。然而，就算我们很想，我们也不可能从这些文章中找到一点学术上的价值。

四

D: 您的作品即使在今天都仍被视为现代风格，想必在您那时候就更令人觉得新颖刺耳了吧？比如在 1915 年曾有乐评家评论您的作品为：成串无意义的音符明白地呈现出这位作曲家根本就是穿着靴子在琴键上踏步。

B: 是的，尤其是我写的那些钢琴曲，遭到了无数的批评和攻击。能从这些作品中找到乐趣的人，大概连百分之一都没有。所以只要有人没把它们当成疯狂或者乱写的作品，我就感激不尽了。

D: 据说您的独幕芭蕾舞剧《木刻王子》刚创作出来的时候，布达佩斯皇家歌剧院没有一位指挥和编舞愿意排练这部舞剧。

B: 的确如此。话说皇家歌剧院是什么东西？！不过是个污秽不堪的牛棚、一个垃圾场！座椅东倒西歪，乱到极点。

D: 几乎每一位钢琴学习者都知道您的六本钢琴教程《小宇宙》，据说您用了 14 年的时间创作它，能给我们讲讲这套作品吗？

B：那是在 1933 年的时候，我的小儿子彼得请求我教他弹钢琴。我想了好久，最后我鼓起勇气开始这项对我而言很特别的任务。除了技巧和旋律的练习，《小宇宙》是我教给他的唯一的音乐。我希望这对他是有好处的，而且我也必须承认，我从这个实验中也学到了很多东西。

D：您曾经去过美国，而且最后定居在那里，您是否听过那里的爵士乐？

B：是的。有一次我在芝加哥一家卖私酒的酒店里听到了真正的黑人爵士乐。真的很棒！他们照着乐谱表演，但是又常常即兴演奏，叫人大开眼界。

D：可是您似乎并没有在您的创作中融入爵士乐。

B：因为我们并不需要爵士乐。我们有自己的优美民歌，用不着投入爵士乐的怀抱。

D：您是说您只从匈牙利的民间音乐中汲取养分吗？

B：我的创作源泉来自三个地方——匈牙利、罗马尼亚和斯洛伐克。因此可以把我的创作视为整合概念的体现，这个概念在那时的匈牙利很受重视。我自己的想法是：虽然战事冲突不断，但是各民族是互相友爱、四海一家的。从我是个作曲家开始，我就了解到了这一点。我以一己之力，试图在我的音乐中为这个观念服务。于是，我不拒绝任何影响，不管它是斯洛伐克的、罗马尼亚的、阿拉伯的还是其他地方的来源。但来源一定是干净、新鲜且健康的！因为我所处的地理位置，匈牙利的来源是离我最近的，所以匈牙利的影响也是最强的。我的风格是否有匈牙利的特色，这要留待他人而不是我自己来评判。因为个人特色和环境必须要想办法彼此调和。就我个人而言，我当然觉得它有匈牙利的特色。

D：有一个我问过很多作曲家的问题，那就是灵感和直觉在创作中占有什么样的位置。

B：尽管努力很重要，但是直觉在创作上所扮演的角色远远超过我们所能想象的。我所有的音乐及配器、和声的问题都要视我的直觉而定。如果你问我为什么写出这段音乐，这个问题并不妥当。我只能回答，我写下我所感觉到的东西。让音乐为自己说话，它说的话绝对足以阐明自己。

D：冒昧地问一句，您的创作中是否有应景之作？

B：我的管弦乐组曲《特兰西瓦尼亚舞曲》和《十五首匈牙利民歌》就是为了钱才写的。这种作品之所以会有人演奏，就是因为音乐悦耳怡人，不难演奏，而且是出自"名家"之手。

D：能否和我们分享一些您的人生感悟或人生哲学？

B：我会向每个人推荐，试着去达到心灵"淡漠"的境界，如此就能以完全的无动于衷和极致的宁静来看待凡尘俗世的是是非非。想达到此种境界固然十分困难，甚至是最为困难的一件事，但是如果能够做到，便是常人所能期望的最大胜利：凌驾于他人之上，超越自我及万事万物。

尽管在维也纳和布达佩斯都有我的朋友，但是有好多次，我都会突然意识到自己竟然是茕茕孑立的！而且我预感到，这种精神的孤寂将会是我的命运。

D：音乐家和普通人一样，在生活中也难免会有意志消沉的时候，您是如何战胜这些时刻的？

B：身为音乐家，你必须试着完全投入艺术，以渡过困境。

巴托克向我告别时说的最后一句话是："您知道吗？当我临终时，还有那么多的东西在脑海里，我对此感到的只有遗憾。"

俄罗斯

柴可夫斯基
不要刻意追求深奥和新奇

作曲家小传

1840 年，遥远的俄罗斯大地上诞生了伟大的柴可夫斯基（ Пётр Ильич Чайковский， 1840—1893 ）。

柴可夫斯基天性的敏感大概遗传自他的母亲。

柴可夫斯基的作品中最为大众所熟悉的，大概是他的三大舞剧：《天鹅湖》《胡桃夹子》和《睡美人》，而每逢圣诞节必看《胡桃夹子》更成了西方家庭的一种传统。

柴可夫斯基的另一首世界名曲《如歌的行板》曾令大文豪托尔斯泰落泪，称"听到了苦难民众的声音"。

柴可夫斯基一直给人以"悲情"的形象，特别是其《悲怆交响曲》更是很多人眼中他生命的注脚。其实柴可夫斯基的一生也像是一个谜团，留下了诸多问号。

柴可夫斯基与赞助人梅克夫人长达 14 年"只通信、不见面"的约定，以及这份友谊的突然中断，是留给后人的一个难解之谜。

关于柴可夫斯基的性取向也曾一度成谜。时至今日，学界已经可以确定柴可夫斯基是同性恋。因此，他极为短暂的一次婚姻注定是痛苦和失败的。

柴可夫斯基的死是他留给世人最后的谜案。起初沙皇政府以各种手段向世人证明柴可夫斯基是死于霍乱，然而随着研究的不断深入，现在人们已普遍相信，大师是由于其同性恋身份的暴露，而被有组织地强迫自杀。

　　幸运的是，大师的敏感、复杂和谜团，都在其作品中对我们进行着诉说，并永远地感动着我们。

Tchaikovsky

在《变奏曲》的琴声中，常常被人们亲切地称为"老柴"的俄罗斯作曲家柴可夫斯基出现了。对于这位神秘细腻的作曲家我有太多好奇的地方，特别是有关他那次荒唐的婚姻及他的性取向之类的问题。但是我担心那些问题要么会惹恼这位敏感的大师，要么可能会让我的整篇访谈都只有相关话题的文字，因此我对那些方面进行了回避，而只请教音乐领域的问题。令我意外的是，这位大师在聊起同行及他们的音乐时，一反以往给我的内向腼腆的印象，快人快语，毫不讳言，爆料不断，多次令我忍俊不禁。在此我不得不声明：本文仅代表被访谈艺术家观点……

—

D：尊敬的大师，您和您的老师尼古拉·鲁宾斯坦的师生缘人所共知，所以请您首先谈谈您的老师好吗？

T①：尼古拉·鲁宾斯坦其实并不是像他常常所自吹的是一个英雄。他是一个天才人物，有智慧，受得教育不多，经历不太丰富，而且不太伶俐。从本质上说，他并不渺小，但是由于他四周的那种阿谀奉承，使他变得很渺小。所有这些缺陷都来自他对权力和不可宽恕的专制主义的狂爱。可是他对音乐的贡献是巨大的，他的音乐学院就是健康音乐观念和趣味的源泉。我常对鲁宾斯坦生气，但是一想起他不倦的工作，我就能完全解除武装。即

① T即柴可夫斯基英文名（Tchaikovsky）的缩写。

使他做这一切是为着他的野心，这野心却依然是值得赞美的。而且你还必须记住，他是一个出色的钢琴家，我认为他是当时的欧洲第一，而且他也是极好的指挥。

我和他的关系是非常奇怪的。稍微喝了一点酒的时候，他就尽可能地说我好，埋怨我对他缺乏情感、缺乏爱。但是在正常的时候，他对我很冷很冷。我是不大爱说话的，因此他有时不免以为我觊觎他那指挥的位置。我曾多次坦白地告诉他，我宁愿做乞丐，也不愿做指挥。总之，他的天性是非常聪明的，但当他一想起会被抢去他在莫斯科音乐界第一把交椅的时候，他就变得盲目和过于天真了。

D: 谢谢您的介绍，我想告诉您，现在您在音乐界的知名度已经远远超过了您的老师。

D: 您有一部《悲怆交响曲》，伟大的贝多芬也曾经写过一部同名钢琴奏鸣曲。两部作品虽然同名，表达的精神气质却迥然不同。对于人生、命运，您和贝多芬的理解似乎也相差很远，您能评价一下这位音乐巨人吗？

T: 对于贝多芬的作品，你越是了解它的妙处，就越是叹服贝多芬无比厉害的技巧。他的作品会使一些搞作曲行当的二流音乐家有望洋兴叹之感，无论他们怎么探索，怎么创新出奇、磨炼技巧，要达到贝多芬那样的高度，做到那样的完美，是绝无可能的。

但是贝多芬唯一的歌剧《费德里奥》是个例外。在这部作品中，贝多芬没有像他在交响乐和室内乐里那样，显示出自己是一切时代和一切民族的作曲家中的一位巨匠。歌剧题材平淡、音乐刻画也没有表现出创新的美，而是深受莫扎特的影响。所以说，在题材选择及题材音乐刻画上，贝多芬显然是一位对歌剧风格的表演法则缺乏鉴别力的作曲家。看来，他写歌剧是越出了自己的圈子的，他在这个行当中表现不出那种惊人的、汲取不尽的独特幻想力，而这种独特的幻想力是充满在他的其他作品里的。

二

D：在您的时代，德国作曲家瓦格纳在他本国及其余文明世界都受到音乐界人士的密切注意，您对他怎么看？

T：瓦格纳当时拥有大批把他视若神明的崇拜者，而与此同时，在公众和音乐界中也有不少人不仅不承认他是一个天才，甚至否认他具有一般的音乐资质。对这个问题我是从两方面着眼的：一是瓦格纳和他在 19 世纪作曲家当中所占的地位；二是瓦格纳主义。

作为一位作曲家，瓦格纳显然是 19 世纪下半叶最杰出的人物之一，他对音乐界的影响是重大的。但是我确信，瓦格纳是一位走错了路的天才。他是一个伟大的交响乐作曲家，但不是一个伟大的歌剧作曲家。他的作品中令我们钦佩的一切，实际上都是属于交响乐范畴的。在他的出色、宏伟的作品中，歌手起的是组成乐队的那些乐器的作用。瓦格纳有一种光辉的才能，但是造作是他的败笔，他的灵感往往被一些新理论所麻痹。他在歌剧里只顾着现实主义、真理和理性主义，而失去了音乐。他最后的四部歌剧差不多全欠缺音乐。毫无关联的音乐小品，一点也没有生气地一个接着一个，永远不肯利用音乐的办法来停一下，给观众以微小的休息——我不能把这些叫作音乐。但是毫无疑问，瓦格纳是一个令人惊讶的交响乐作者。如果他不是用毕生精力在德国歌剧中用音乐刻画德国神话的人物，而是写交响乐，我们可能就会得到一些与贝多芬的不朽创作可以媲美的杰作。

瓦格纳主义是什么呢？一个瓦格纳主义者，需要否定瓦格纳之外的一切，必须轻视莫扎特、舒伯特、舒曼、肖邦；需要表示不容异己之见，表示趣味狭隘、乖张。尽管我尊重他的高度天才，但我绝不信奉他所创立的宗教！

D：我知道您出席了1876年首届瓦格纳拜罗伊特音乐节，当时上演了《尼伯龙根的指环》，您对这次音乐节的印象如何？

T：当时听完之后，我模模糊糊地记住了《尼伯龙根的指环》当中许多惊人的美妙之处，特别是交响乐的美。这是很奇怪的事，因为瓦格纳是不打算把歌剧写成交响乐性质的。我虔诚地对作者的巨大天才和他无比丰富的技巧感到惊异，但是我怀疑瓦格纳歌剧观点的可靠性。

在最后一部歌剧、最后一场、最后一个和弦结束后，瓦格纳登台讲了一小段话，结尾的话语是："你们看到了我们能做到的事情；现在只要你们愿意，就可以有艺术。"这些话在观众中引起了困惑。瞬息之间，观众默不作声。然后开始了叫嚷声，但振奋的程度比在瓦格纳登台露面之前的叫嚷声要小得多。我想，当路易十四向巴黎议会成员讲他那句名言"朕即国家"时，那些议员也正是这样的：最初默默地对路易十四承担责任之重感到惊讶，继而想起他是国王，于是齐声高呼"国王万岁"！

三

D：您和"强力集团"是当时俄罗斯音乐界很重要的音乐家，但是他们绝大多数都是业余音乐家，我非常想听您对他们五个人的评价。

T：好。首先说说鲍罗丁。他才能很高，但是盲目的命运使他在医学院做化学讲座，而不是一个活跃的职业音乐家。他没有别人的帮助，连一页音乐也写不出来。

居伊的音乐很优美、迷人，但是对于这样一个建筑学教官，成天忙于给彼得堡所有军校上课的人，还能有什么指望呢？

穆索尔斯基则正好相反，他只是粗糙地幻想，不顾他对音乐的无知，吹牛说他的天才了不起，而拒绝接受训练。然而他确实有真正才能的闪光之处，也确实有创造性。

巴拉基列夫是五人团中最伟大的一个。不幸的是，他还没有获得很大的成就，却停了下来。他有不少才能，但都失去了。由于某件致命的事件把他变成了一个小圣者，这是在他很久以来一直自称为无神论者之后发生的。后来他很少走出教堂，成天斋戒、祈祷，此外就什么也不做。尽管他有伟大的天才，但是他也

我向群星致意

——段召旭云上钢琴独奏音乐会

12首古典音乐大师代表作独家奉献

扫描免费收听

《月光奏鸣曲》
《命运交响曲》
《梦幻曲》
《献给爱丽丝》
……

做了很多坏事。他把里姆斯基·科萨科夫毁了，因为他向里姆斯基·科萨科夫保证说，研究是有害的……

里姆斯基·科萨科夫曾投身于最基本和最严肃的音乐研究中。有一年夏天，他写了64首个赋格曲。不久之后，他的交响乐和四重奏出现了。两个作品都充满了小玩意儿，这些技巧都是枯燥的炫耀主义的表现。我当时曾说，他正在经历一种危机：他或者会跳出危机成为一位大师，或者会湮没在对位法里。

四

D: 德国浪漫主义音乐家舒曼比您年长30岁，我想您一定对他的作品也有过研究吧？

T: 是的。我曾听当时莱比锡布商大厦管弦乐团的指挥雷涅克谈到过舒曼，他年轻时与舒曼熟识。他说舒曼是一个真正的忧郁者，舒曼的沉默寡言令人惊异，好像说每句话都要做出极大的努力。

在舒曼的音乐资质上还有令人莫名其妙之处：他完全不能指挥。雷涅克先生告诉我一些事例，从中可以看出舒曼甚至不会很好地分辨乐队中各类乐器的音色，而乐队指挥必不可少的那种天生的节奏感是舒曼完全缺少的。而就其作品来看，这位音乐家在节奏方面又是那么高明。上述反常现象发生在他身上，是多么地令人难以理解！

我认为，舒曼的伟大之处在于他一方面富于创新能力；另一方面他所表露的内心情绪十分深刻。而这些情绪的外在表现方式就始终有所欠缺。在舒曼的一些好作品中，他强有力的创作才能的动人流露，都被那种难以理解的不协调——出色的内容与笨拙的配器、声乐技巧之间的不协调——冲淡了。这种不协调在他的晚期作品里特别明显。这位伟大的艺术家已经被他的精神病前兆所征服，不能用一种宁静、客观的态度对待自己的作品。舒曼在他的晚年不停顿地工作，仿佛是担心那临近的灾难会使他在音响中希望如此表达的一切突然中断。舒曼在配器方面尤其不得心应手，他的配器缺乏色彩和稠密，在很多情况下不仅令人感受不到他的交响乐具有一种绝顶的美，甚至常常使一些特别缺少素养、预先未做研究的听众绝无可能认识这种美。他的作品给演奏者带来许多工作，而结果出现的是一种沉重而呆板的感觉。

D：聊到了舒曼，我总是很自然地想到他的好朋友勃拉姆斯，您见过这位作曲家吗？

T：在我去莱比锡进行艺术旅行的时候曾经见过勃拉姆斯。他身材不高，很壮实，有一副很动人的外表。他的漂亮的、几乎是老年人一般的头，令人想起性格温和、仪表出众的俄国老年神父的头。勃拉姆斯丝毫没有漂亮德国人的典型特点，他的一切都令人想起俄罗斯僧侣阶层中常见的那种纯血统的俄罗斯人。勃拉姆斯举止朴实，毫无傲慢气息。他性格开朗，和他相处的数小时给我留下了很愉快的回忆。

然而遗憾的是我像我所有的俄罗斯音乐界朋友一样，只尊重勃拉姆斯是一位忠实、坚毅、富有活力的音乐家，但是，从过去到现在我都不能喜爱他的音乐，尽管我非常想。勃拉姆斯的音乐当中有某种干巴的、冷漠的、含糊的因素，使俄罗斯人难以接受。从俄罗斯人的观点来看，勃拉姆斯根本没有旋律上的创意：音乐构思从来没有说到点子上。你刚听到一个曲调中的句子露了头，它就已经落进无谓的和声演进和转调的旋涡，仿佛作曲家抱定宗旨要高深莫测。他像是在挑逗和刺激你的音乐感，而又不愿满足音乐感的需要，羞于用知心的言语讲话。听他的音乐时，你会问自己：勃拉姆斯是深邃呢，还是故作深邃以掩盖其想象力极端贫乏？他的音乐风格始终是高尚的，从来不追求表面效果，也见不到他有平庸和模仿之处，一切都很严肃、很高尚，甚至很别致——但在这一切当中却没有最主要的东西，没有美！

我十分尊崇勃拉姆斯和他音乐意念具有的处女般的纯洁感，钦佩他自负而坚决地不愿顺应壮伟的瓦格纳主义——但是我不喜欢他的音乐。

D：您的莱比锡之行还见到了其他作曲家吗？有没有印象比较深的？

T：还有一位作曲家，我们很快就成了知己，因为我们两人的音乐气质具有明显的内在共性。这个人就是爱德华·格里格，一位挪威作曲家。他的音乐早在15年前就已经在俄罗斯获得了广泛声誉，他热情的音响早就已经征服了我的心。初次见面，格里格的外貌立刻引起了我的好感。他有一双特别吸引人的、中等大小的蓝眼睛，那迷人的气质令人想起天真儿童的目光。勃拉姆斯在俄罗斯不受欢迎，而格里格却能以同样的尺度立刻并且永久赢得俄罗斯人的心。在格里格的音乐中，有某种跟我们相近的、在我们心中立即得到热切呼应的东西。

也许格里格比勃拉姆斯的技巧差很多，格调没那么高，目的和意念不那么广，看来根本没有那种向无底深处探索的打算——但他却和我们贴近，我们感到他比较亲切和易于了解，因为他具有深刻的人道精神。听格里格的音乐，我们本能地意识到，写这种音乐的人是一心想要用音响来表露一个诗意盎然的人所怀着的丰富感觉和情绪。这个深具诗意的人服从的不是理论、不是原则，也不是因某种偶然的生活环境而扛上肩膀的旗帜，而是依靠活生生的、真挚的艺术感。他少有的素质再加上他的无比朴实，不愿刻意追求过分的深奥和新奇——而许多作曲家，他们的缺点就在于刻意开辟新途，而又没有半点天赋和资质，这使得他的名字不断地出现在我们那时的一切音乐会节目中。

五

D：据记载，1887 年李斯特音乐协会举行的"庆典"音乐会上，上演的全部都是您的作品，您还记得那次庆典吗？

T：当然记得。当时的听众热情洋溢，我再也不能抱怨掌声不足。在整个音乐会过程中，我面向观众，坐在台上，旁边是格里格和他的妻子。后来有好心人告诉我，他听到有一位夫人给她的女儿指点我和格里格夫妇，说："看啊，宝贝儿，那儿坐着的是柴可夫斯基，身旁是他的孩子。"这话是说得十分认真的，而且也毫不为怪，因为我满头白发、老态龙钟，而45岁的格里格和他妻子，他们从远处看起来很年轻，身材又不高。

D: 听您描述这些音乐家真是非常有趣，能否再谈一位您认识的音乐家？

T: 我那时还结识了布索尼。他在意大利佛罗伦萨出生，并在那里度过了童年和少年时期，之后就住在德国，并受到很好的音乐教育，成为技巧深厚的钢琴家和作曲家。他在音乐方面完全丧失掉了美丽的南方土地的儿子所固有的特色，又那样完美地向德国人学会了他们的语言和习惯。我听了他的四重奏，一面很赞赏他那独特的节奏处理与和声配置；一面却惋惜，布索尼先生在竭力扼杀自己的天性，不顾一切地力求显得像个德国人。他羞于做意大利人，害怕在他的作品中流露出哪怕是一点儿旋律性的影子，而愿意显得像德国人一般深不可测，这是可悲的现象。天才的老人威尔第在《阿依达》和《奥赛罗》中为意大利音乐家开辟新途径，而丝毫没有倒向德国风味的一边。他的年轻的同胞到德国，却打算以强制变质为代价在贝多芬、舒曼的祖国博取桂冠，他们力求像勃拉姆斯一样深奥、难以理解，甚至枯燥无味。这些青年忘记了，羊即使披上了狮子的皮，也还是羊。如果狮子生来就强劲有力和美丽，那么，羊生来就是温驯、长着奇妙的羊毛，还有其他一些素质，只要对这些素质加以培植、改良，其价值丝毫不次于与它们对照的那些狮子的长处和优点。

D：我一直有一个关于创作方面的问题，为什么天才作曲家通过自己的作品创造出的新颖写作手法或形式，别的作曲家使用时却显得那么平庸甚至陈旧？

T：那是因为天才艺术家在自身创作手法方面所呈现出来的某些典型的、纯外在的形式特点，经过二流天才们的滥用，后来变成了陈规旧套，最后成了一种考古学上的意义。所以，人类天才在艺术领域内的最伟大的创造陈旧化，是并不奇怪的。

时间在大师坦诚的话语中流转，美妙的时刻转瞬即逝。如果还有下次访谈的机会，我想柴可夫斯基一定还有很多话要表达，我也还有很多话要问。

拉赫玛尼诺夫

生命拿走什么，音乐会将它复原

作曲家小传

拉赫玛尼诺夫（Сергей Васильевич Рахманинов,1873—1943）生于 1873 年的愚人节，而逝世于"二战"行将结束的 1943 年。

进入 20 世纪以后，音乐领域的分工日趋细化。贝多芬、李斯特、肖邦那种身兼作曲家和演奏家的现象逐渐绝迹，取而代之的是在各自单一领域追求与探索的音乐家。但是拉赫玛尼诺夫却将身兼多职的古老传统带入了 20 世纪，一生都将作曲家、演奏家和指挥家几种身份均发挥至大师级别。

同样是 20 世纪，西方音乐的作曲风貌呈现百花齐放的多元态势，各种新潮美学、实验手法层出不穷。而拉赫玛尼诺夫却似乎一直不为所动，依然坚持浪漫主义创作手法、坚持有旋律的写作，成为浪漫主义在 20 世纪的最后一团薪火。

19 岁的拉赫玛尼诺夫在莫斯科音乐学院毕业时，就以优异的成绩成了音乐学院历史上仅有的几位金奖获得者之一，名字被镌刻于石碑之上。

冲动性格大概显现在拉赫玛尼诺夫少年时代的顽劣上。本来就读于圣彼得堡音乐学院的他，由于调皮捣蛋而不得不转学至莫斯科音乐学院。在莫斯科音乐学院，拉赫玛尼诺夫成了兹维列夫教授的"家徒"：被允许住在老师家中，接受严格的作息管理，每天早晨5点开始练琴。晚上兹维列夫则安排学生去剧院、音乐厅欣赏各种演出，增益学生的眼界，还在家中组织音乐名流的聚会，给学生展示的机会。

在和兹维列夫学习之后，拉赫玛尼诺夫又在莫斯科音乐学院跟自己的表兄、李斯特的弟子西洛蒂学习钢琴。据说每次老师留的新作业，拉赫玛尼诺夫在第二次回课的时候就已经背奏并且弹得比老师还好了。在拉赫玛尼诺夫后来逃离家乡到美国的日子里，高超的钢琴演奏本领成了他谋生的手段。施坦威公司每年安排他多达100余场的美国巡演，尽管演奏会无往不利，拉赫玛尼诺夫却为没有时间作曲而感到痛苦。

Rachmaninoff

在无数遍地练习拉赫玛尼诺夫的一首前奏曲后，这位无论是身高还是成就都是当之无愧的"巨人"的作曲家——谢尔盖·拉赫玛尼诺夫出现在了我的面前，并对我的问题进行了回答，这无疑是一份珍贵的厚礼。

D: 我知道柴可夫斯基是您的偶像，所以想先请您谈谈柴可夫斯基好吗？

R[①]: 当我还是一个 12 岁的男孩时，我有机会和柴可夫斯基及他的朋友去莫斯科的餐厅。那里有一个很好的乐团和指挥，那位指挥看到柴可夫斯基走进来，就让他的团员演奏了一首柴可夫斯基的乐曲。当时柴可夫斯基笑着说："当我还年轻时，最大的梦想就是有一天我的作品会大受欢迎，让我在餐厅也能听得到。"接着，他叹了口气，补充了一句，"现在我却不在乎了。"

D: 柴可夫斯基是否曾经提携过您？

R: 我永远忘不了他对我的帮助。在我刚出道时，柴可夫斯基提议皇家大剧院把我的歌剧《阿列可》与他的歌剧《艾奥兰特》安排在同一晚演出。光是作品能在皇家剧院演出就已经足以帮助我展开事业了，而柴可夫斯基却做得更多。他还好像担心我会拒绝，既谨慎又谦虚地问我，是否愿意让我的作品和他的一部歌剧一同上演。能和柴可夫斯基在同一张海报上出现，对作曲家来说几乎是至高的荣誉，我哪敢提出这样的要求。柴可夫斯基深深知

---

① R 即拉赫玛尼诺夫英文名（Rachmaninoff）的缩写。

道这点，而他想要帮我，还考虑着不能伤害或贬低我。那天在我的歌剧结束时，柴可夫斯基倚在包厢的最外缘，特意让全体观众看到他在喝彩，让观众看到他们敬重崇拜的作曲家，对这部新作品如此喝彩。

D：在您的少年时代，安东·鲁宾斯坦曾连续7个星期在每周二晚和周三早上分别在莫斯科和圣彼得堡各举行一场相同曲目的独奏会，您听过这些独奏会吗？

R：是的，每周我都会去听这两场独奏会。周三早上那场可以让我重温自己对前一天晚上演出的印象。在我看来，较之他娴熟的演奏技术，从他弹奏的每部作品中散发出的高雅、和谐的精神更为引人入胜。我还记得他弹奏的《热情》及肖邦《降b小调奏鸣曲》是多么深深地打动我。记得有一次，他把肖邦奏鸣曲的最后一段整个重复弹奏了一遍，可能是因为最后这段的"渐强"弹得没有他要求的那么完美。我真想一遍又一遍地听这种过渡。

D：您还记得在莫斯科音乐学院钢琴毕业时弹了什么曲目吗？
R：贝多芬《"黎明"奏鸣曲》和肖邦《b小调奏鸣曲》第一乐章。

D：斯克里亚宾是您在音乐学院时的同学，我记得他没有拿到作曲学位，是什么原因呢？
R：这件事说起来其实还和我有些关系。当时我不愿在音乐学院多留1年，想提前毕业，就对老师阿伦斯基提出了请求，他答应了。斯克里亚宾听说以后，也要求获得这个特权。而阿伦斯基很讨厌斯克里亚宾，说："我绝不可能让你这么做。"这激怒了斯克里亚宾，于是他完全中断了作曲课程，最终没取得作曲学位就离开了音乐学院。

D：像李斯特一样，您是一位在作曲、钢琴演奏和指挥等方面都取得了赫赫成就的音乐家，而且比李斯特更为幸运的是，我们有幸听到了您的演奏录音。我注意到您的独奏音乐会选择的曲目经常包括多位作曲家，请问您在安排曲目方面是如何考虑的？

R：我认为一场音乐盛会选择的曲目应该错落有致。这是一门艺术，就好像是晚宴中特色各异的菜肴一样。如果一顿饭只有口味浓郁的主菜，而缺少能增进食欲的配菜、蔬菜及甜点的调剂，那么人们在消化时一定会感到极其不适。

我在音乐会上演奏的曲目通常都是由其他作曲家的作品构成的。我不喜欢弹奏自己的音乐，一般最多也就放上两三首我自己写的短曲。我最喜欢的音乐会是分成两部分的：第一部分用肖邦的曲子；第二部分用李斯特的曲子。有了这两个招牌，就不再需要添加我自己的作品了。当然，这样的模式较为特殊，这些曲子也有一定的难度，不会经常被演奏。通常我的演奏会曲目都会包含巴赫、贝多芬、肖邦的曲子，而李斯特的曲子一般作为结尾。我不弹奏那些现代作曲家的作品。

D：您如何评价您自己当时的独奏音乐会？

R：我对自己相当满意，我表现得很出色，我觉得我弹得很好。在音乐会结束以后，我也看到了写在观众脸上的赞许之词。只是那时候的评论家对我总是尖酸刻薄，充满了质疑。我不知道他们究竟想干什么，也不知道我哪里得罪他们了。每当我进步一次，报纸上评论的口吻就更为严厉一些。但是我不会因为这些而改变，因为我还是认为自己是成功的，然而没有一位音乐家来向我祝贺。

D：今天的情况和当年已经完全不同了。今天所有钢琴家都公认您是非常伟大的钢琴演奏家之一。

D：在您巡演过的国家中，您印象最好的是哪个国家？

R：总的来说，我最喜欢去丹麦。虽然去那里挣的钱不是很多，但是我觉得义不容辞。丹麦人的音乐和技术发展大约落后德国等国家一百年，但这也是他们还有一颗心的原因。看到整个国家都有颗心是多么美好。这个器官在很多地方都已经因为无用而萎缩，成了珍品和古董。

D：传记上说，您除了在美国和欧洲巡演，还曾经去西班牙演奏过？

R：是的。在 1935 年的 4 月，我在西班牙举行了 4 场独奏会。那是一次痛苦失望的记忆。旅馆住宿令人惊讶地差，观众在整场音乐会中不停地说话聊天，而且音乐会从来没有在晚上 11 点之前开始过。

D：有一些钢琴家——比如格伦·古尔德——因为无法忍受

为观众演奏而很早就不再登台演出了，您是如何看待演奏家和观众之间的关系的？

R：如果没有观众，我根本无法想象自己将如何去演奏。一位艺术家的观众对于他本人的演奏是如此重要，以至于我根本无法想象缺少了他们，这位艺术家还能够做什么。为了能在录音棚里顺利地演奏，我只能也必须去想那些在我眼前的观众，而不是成千上万在外面聆听着的人们。

D：您令我特别崇敬的一点就是在 20 世纪音乐风格日益多元化和所谓现代化的时代，您却能一直坚持以浪漫主义语汇进行创作。我想问问您对于 20 世纪现代音乐的看法。

R：对我来说，现代音乐只代表着衰退。我不相信它能产生任何有价值的东西，因为它缺少了最重要的精髓——心。诗人海涅曾说："生命拿走什么，音乐会将它复原。"我想如果他听到那些现代音乐的话，他将不会再那样说。因为大致说来，现代音乐什么也没带来。音乐应该带来慰藉，应该让心和灵魂恢复，而现代音乐并未如此。如果我们要有好的音乐，我们必须回到最基本、那曾经让音乐伟大的过去。音乐不能只是色彩和节奏，它必须显露内心的情绪与感情。

我对于那些只为了预先设定的公式或理论而生产作品的作曲家没有任何同情。伟大的音乐从来不曾以这种方式产生——我敢说未来也不可能如此。在最终的分析中，音乐应该是作曲家复杂人格特质的表达。一位作曲家的音乐应该表达他出生的国家、他的爱情、他的宗教，以及那些影响他的书籍，还有他喜爱的图画。

它应该是作曲家经验总和的产物。时间可能改变音乐的技巧，但它不可能转变其使命。

在我自己的作品中，我并没有有意识地去把自己的创作纳入某种乐派或原则中。我只是在纸上写下我心中听到的音乐，尽可能自然。我不曾有意识地写俄罗斯音乐，或是任何其他风格的音乐。我的音乐是直接由心灵发出的，而爱、酸楚、悲伤、宗教等心情都成为我音乐的一部分。

D：您无与伦比的《第三钢琴协奏曲》是题献给钢琴家约瑟夫·霍夫曼的，能否评价一下这位大钢琴家？

R：我认为他是最伟大的钢琴家，不仅是技巧上，在每个层面都是。

D：现如今聆听音乐已经变得越来越方便，您是否觉得人们没有必要再到音乐厅去欣赏音乐了？

R：当然不是。我们那个时候使人们在家中就能欣赏音乐的主要工具是收音机。但是我认为收音机无法对好音乐做出公正完美的传达。这是因为收音机让聆听音乐变得太舒服。所以人们常说，我可以在家抽着烟斗、把脚架起来、完美而舒服地听音乐，那么我干吗要付钱去音乐会坐不舒服的座位？然而我深信如果聆听非常棒的音乐，不应该太过舒服。要享受好的音乐，人们必须心灵敏锐，感情上要非常敏感。当你在家中把脚放在椅子上时，是无法如此的。音乐就如同诗：它是一种情感，也是一个问题。你无法仅仅坐着就能让它浸入你的耳朵、去享受和了解它。

D: 在您音乐事业取得巨大成功的同时，您的家庭生活似乎也是比较美满的，这好像并不容易。我非常想问您，作为一位伟大的作曲家，您认为伟大的作曲家应该有哪种妻子？

R: 这是一个困难的问题。你要知道，创作者是一个很受限制的人。他总是围绕着自己的轴线旋转，他的心中只有自己的作品。我同意他的妻子必须忘掉她自己及她自己的个性，她必须能够自己照顾自己，保证身体健康及物质的需求。而她唯一能够告诉自己丈夫的，就是他是个天才。鲁宾斯坦曾说创作者只需要三件事情——赞美，赞美，还是赞美。他是对的。最常见的妻子的错误是，她们将创作者视为一般的男人，缺乏足够的理解。比方托尔斯泰，他有时候会整天不停地说自己肚子疼。然而实际问题并不是肚子疼，而是他无法工作，这才是折磨他的原因。妻子在对于一位创作型艺术家的需求上，没有太多的理解与体谅，才导致托尔斯泰那么悲惨。

D: 您似乎是把浪漫主义时期集作曲家和钢琴家于一身的传统延续下来的最后一人，后来还有做指挥。这几种身份和工作会不会互相影响？或者说，钢琴家拉赫玛尼诺夫会伤害到作曲家拉赫玛尼诺夫的创作吗？

R: 会的，而且非常多。我无法同时做这其中的两件事。我要么只演奏，要么只指挥，要么只创作，因为音乐会需要认真的准备工作。当然我并不后悔从事演奏事业，我喜欢演奏，对于音乐舞台我有强烈的渴望。有些钢琴家说他们是乐器的奴隶。那么如果我是它的奴隶，我所能说的是——我有一位非常善良的主人。我每天练琴两个小时，虽然我有许多独奏会，演出很疲惫，但是我知道，如果我没有任何音乐会，我会更加疲惫。

D：您的作品已经成了全世界钢琴家们竞相演奏的曲目，也由此呈现出以各种不同风格诠释出来的您的作品，对于这一点您会不会很介意？

R：实话实说，完全不介意。当你看到其他钢琴家把你所创作出来的乐曲，以一种全然不同的音乐色彩呈现，是多么有趣！

D：在照片和录像及对于您的文字描述中，您的表情总是十分严肃、冷峻，几乎从来不笑，请问这是什么原因呢？

R：音乐没有好笑的地方。

D：非常感谢您今天能来接受我的访谈。

R：不客气。但是其实我坚持认为，通过语言来达到了解我的目的是毫无意义的。因为我所有的感受和经验，都更清楚、更真实地从我的作品和我的演奏中传达和表现出来了。

拉赫玛尼诺夫高大的身影消失后，我突然想起来两个重要的问题被遗忘了，那是我一直非常好奇的："您究竟有多高？您的手能跨多少度？"

普罗科菲耶夫
迎合产生不出好的结果

作曲家小传

普罗科菲耶夫（Сергей Сергеевич Прокофьев，1891—1953）是一个"莫扎特式"的音乐神童。他在乌克兰度过了自己的童年，9 岁时举家迁往莫斯科，并创作出自己的第一部歌剧——《巨人》。

在格拉祖诺夫的推荐下，普罗科菲耶夫进入圣彼得堡音乐学院学习。

普罗科菲耶夫从学生时代就对学院派充满反叛精神，其作品自然引起各种争议，有人说他的钢琴协奏曲像是猫在琴键上乱跑。

20 世纪 20 年代起，普罗科菲耶夫定居巴黎。1936 年，普罗科菲耶夫不顾朋友和家人的反对，回到苏联定居。西方学者倾向于认为普罗科菲耶夫的回归是功利性的实用主义选择。

普罗科菲耶夫创作的《第六钢琴奏鸣曲》《第七钢琴奏鸣曲》和《第八钢琴奏鸣曲》表现了苏联卫国战争，因而被誉为"战争"奏鸣曲。

普罗科菲耶夫与另一位作曲家斯特拉文斯基的关系经历了从好友到反目的过程，普罗科菲耶夫称斯特拉文斯基是个盗墓者，其音乐都是从前人的口袋中偷来的。

普罗科菲耶夫喜爱精致的饮食和新潮的东西，其创作不属于某种单一的风格，对于新古典主义、新简约主义等创作风格都有所涉猎。

1953年5月3日，普罗科菲耶夫和斯大林于同一天与世长辞。

在普罗科菲耶夫逝世4年后，他的《第七交响曲》被授予"列宁奖"。

直到今天，关于普罗科菲耶夫的猜测仍在继续：假使他当年没有回到苏联，或许世界上会多一位现代主义作曲家，他本人可能也不会去世那么早；但是可能就没有他在苏联写出的诸如舞剧《罗密欧与朱丽叶》那些经典之作了。

Prokofiev

普罗科菲耶夫在他钢琴奏鸣曲的乐声中来到我的琴房，他的长相犹如北欧牧师和足球队员的混血，厚厚的嘴唇令人印象深刻。

一

D：首先让咱们从头开始，我想请您以您的方式对自己的出生做一个介绍。

P[①]：我生于1891年。鲍罗丁在这前4年去世，李斯特是前5年，瓦格纳是前8年，穆索尔斯基是前10年。柴可夫斯基当时还能再活两年半，他已经完成了第五交响曲，而第六交响曲还没动笔。

俄罗斯当时是由亚历山大三世统治。当时列宁21岁，斯大林11岁。

我的生日是俄历4月11号星期三下午5点。这天是一年中的第100天。

D：我知道您自幼家境宽裕而且文化氛围和音乐氛围都很浓郁，您的母亲热爱音乐并且会弹钢琴。您是否还记得您在幼年时对音乐的感觉？

P：那时每天晚上我被送上床时，从来都不觉得困。我躺在床上，听着某首贝多芬奏鸣曲的琴音，从几个房间之外远远传来。我母亲最爱弹奏的是第一册里的几首奏鸣曲。

---

① P即普罗科菲耶夫英文名（Prokofiev）的缩写。

接着我母亲喜欢弹的是肖邦前奏曲、玛祖卡和圆舞曲。有时候会弹一首李斯特的曲子，但不是太难的。她最喜爱的俄罗斯作曲家是柴可夫斯基和安东·鲁宾斯坦。鲁宾斯坦那时候名声如日中天，我母亲坚信他比柴可夫斯基更加超群绝伦。大钢琴的上方就挂着一幅鲁宾斯坦的肖像。

D: 那么您是什么时候开始进行自己的音乐活动的呢？

P: 我在5岁的时候把一张涂写了歪七扭八的音符的纸拿给我的母亲看，我说："我创作了李斯特的《匈牙利狂想曲》。"于是我母亲不得不向我解释，别人是不能创作李斯特的狂想曲的，因为那是李斯特自己写的曲子。还有就是不能在9条线的乐谱上作曲，而且没有小节线，因为音乐都要写在有小节线的五线谱上。这件事使我母亲意识到，要系统地教导我关于音乐记谱的规则了。

之后我拼凑了一段曲调，并且听起来中规中矩。我把它弹了几次，我母亲决定要把它记下来。这对她来说其实有些难度，因为她没有学过记谱。

我给这首曲子取了一个再可笑不过的名字，叫《印度加洛普舞曲》。这是因为当时印度闹饥荒，大人们看报纸之后谈论，我在一边听到了，并留下了印象。

D: 那么就是说，您最初的音乐教育是您的母亲负责的？

P: 是的，但是当时我没有一样学得扎实。

D: 您的父母对您走上音乐之路是否意见一致呢？

P: 其实并不是。有一天早晨我很早醒来。我的房门和父母的房门一向都是开着的，我听见他们在激烈地争论，最后我父亲说："要是这样的话，我就只有开枪自杀算了。"我以为他是说真的，立刻号啕大哭起来，我父母都吓了一跳。他们把我带到他们的房间，全力安抚我，最后我父亲也哭了。之后他起身到自己的书房去了。

D: 最后父母是如何决定的呢？

P: 他们最后决定让我去圣彼得堡考音乐学院。在 1904 年 9 月，我参加了音乐学院的入学考试。我的考试轰动一时。我之前的那位应试者是个留胡子的男士，他能向评委展示的唯一作品是一首无伴奏的浪漫曲。接着到我进场了，我有点吃力地拿着两大档案夹的作品，里面有四部歌剧、两首奏鸣曲、一首交响曲和许多钢琴曲。主考官是里姆斯基－科萨科夫，他说话了："这才是我想要的学生！"

二

D: 那在后来您小时候的音乐教师中，真正使您有所长进的是哪位老师呢？

P：是一位叫格里埃尔 [1] 的老师。

D：能否给我们讲讲这位老师的教学特点？

P：格里埃尔老师的学生全都对他的教导充满感激，因为他是一位真正诲人不倦的良师。他知道如何因材施教。即使是学生应该学习的理论，但如果学生不是真的能够接受，他也不会强行将其灌输给学生。格里埃尔总是能发掘出学生的兴趣所在，以循循善诱的方法引导学生走入正途。

格里埃尔空闲的时候，会兴致盎然地打棒球或者下棋，甚至跟别人比试射击，这更加赢得了我的崇敬。他甚至还会来看我们小孩子演的戏，他并不把这当一般的儿戏来看待，而是将其视为一种雏形，一个作曲家为舞台创作进行的练习。

D：这真是一位杰出的教育家！

D：您在音乐学院读书的时候，里姆斯基－科萨科夫、格拉祖诺夫和里亚多夫是当时名重的三位教授，而这三人中我们似乎对里亚多夫的了解较少，能否请您说说里亚多夫授课的情况？

P：里亚多夫对学生全然是一副漠然的态度。他的形象我现在还历历在目：墩胖的体型、浮肿的眼皮、鼓鼓的面颊、短短的臂膀，双手总是紧插在裤袋里。他踩着毛纱鞋筒的长筒靴，身子摇晃着，等着学生离去，还他安宁。

---

① 格里埃尔（Glière，1875—1956）：苏联作曲家、音乐教育家。

D: 那么对格拉祖诺夫的音乐创作您作何评价？

P: 没有人能够否认格拉祖诺夫的交响曲中的醇厚特质和无可挑剔的对位法。然而，我想要的是新颖而出乎意料的东西，是"飙得起来"的东西。所以我一开始对格拉祖诺夫饶有兴趣，喜欢和朋友用四手联弹的方式改编、演奏他的作品。但是到了后来，我却开始感觉难以忍受，觉得格拉祖诺夫的音乐守旧过时且缺乏创意，然而最后证明，这样的音乐才是一位首屈一指的作曲家的杰作。

D: 您在音乐学院曾师从著名钢琴教授艾西波娃学钢琴，能和我们讲讲她的教学吗？

P: 我认为艾西波娃只想把一个标准套到所有人的头上。

D: 在音乐学院有没有让您觉得不错的老师？

P: 在我所有的老师中，尼古拉·齐尔品（亚历山大·齐尔品之父）是最具活力、最有意思的一位音乐家，虽然他一身集矛盾之大成。当他讲指挥时，总是叙述鲜活并且深中肯綮；但是当他走上指挥台的时候，乐团却会在他的指挥棒下溃不成军。他对音乐未来发展方向的看法也很有意思。他说："到头来，他们会写全是白键或者全是黑键的曲子。之后，他们就会发现再也无路可走。"我不知道他说得对不对，因为音乐的发展并不是只在记谱的排列方式上。但是我真的觉得他极具洞见。

值得一提的是，我在里姆斯基-科萨科夫班上，没把管弦乐法学会，但是在齐尔品的班上补了回来。也是齐尔品的课使我渐渐地对海顿和莫扎特的作品培养出了兴趣。也是由于此，才使我想到要写《古典交响曲》，虽然这是五六年后的事情了。

三

D：您在音乐学院毕业的时候，一举夺得了众所渴求的、音乐学院学生所能获得的最高钢琴奖项——鲁宾斯坦大奖。您可以给我们讲讲当时参赛的经过吗？

P：我参加这个比赛没有选古典协奏曲，而是用了自己写的乐曲。如果我演奏古典协奏曲，可能无法技压群雄，但是如果演奏自己的曲子，就有机会用新颖的技巧让评委印象深刻，而且他们将无法判断我的演奏是好是坏，即使我输了，这个失败也不会让我丢脸，因为没人知道我是输在协奏曲本身不好，还是输在我的演奏技巧问题上。在我的两首钢琴协奏曲中，我挑了第一首，因为第二首在音乐学院中听来太过于格格不入。我买了20份我的协奏曲的乐谱，在赛前将之发给所有评委。当我走上舞台时，第一眼就瞥见20个评委每人膝上都打开一本我的协奏曲——这对一个刚有作品出版的作曲家来说，真是难忘的一幕！之后在评委冗长而争执不休的商议后，大奖颁给了我。

格拉祖诺夫发了脾气，坚决不肯宣布表决的结果，因为他称这是在鼓励一个"有害人心的潮流"。但是"伤害"既然已经造成，除了宣读结果也无可奈何，所以他还是声调平板、毫无抑扬顿挫地压着嗓子照念了。

D：您曾离开苏联，取道日本前往美国，是吗？

P：是的。记得刚到洛杉矶时，由于我是从马克思主义者当权的俄罗斯来的，所以被限制行动，不能上岸。我被扣留在一个岛上整整3天，被严密讯问。

"你曾经进过监狱吗？"

"进过。"

"太不幸了，是在哪儿？"

"就在你们这个岛上。"

"哈哈，你真爱开玩笑。"

3天以后我被批准前往美国，那时候我已经身无分文。幸运的是我在船上遇到了一些好心人，借给了我300美元。1918年9月初，我到达纽约。

D：那时候您的作品在美国受欢迎吗？

P：不受欢迎。每当我走在中央公园，抬头望着周围的摩天大楼，我总是觉得寒心，并且愤怒：美国这些一流交响乐团，为什么不把我的音乐放在眼里？那些总是口称"贝多芬是伟大作曲家"这种陈词滥调的乐评人，为何一见到新东西就却步不前？为什么剧院经理人只愿意费尽心力安排老调重弹的巡回音乐会？我想是我来得太早了，美国这个孩子还没长大，不懂欣赏新音乐。

D：您在美国是否也像拉赫玛尼诺夫一样以钢琴家的身份演出？

P：是的。我想起在一座小城市巡演时发生的一件有趣的事。在我去之前，纽约的经纪人就提醒我，一定要在演出前把出场费收齐，否则我一分钱也拿不到。我到达以后，向当地的经纪人提出了这个要求。他耸耸肩，答应会关注这件事。演奏会开始前，经纪人来到更衣室，手上拿着一个小旅行箱。他说："观众用银币购票，我也只好给你银币。"我把这些银币塞进口袋，塞了三分之一就塞满了，感觉身上好像挂了几百公斤的银块。我脑子里出现一个可怕的念头：要是我弹到一半，口袋被撑破，一堆银币掉到地上可怎么办？我一定会成为笑柄。经纪人说："中场休息的时候，我帮你把没塞进去的银币拿去兑换。"但是我再也没有见到他，我就这样带着三分之一的出场费回到了纽约。

D：您在 1920 年去了巴黎，和那阳时的法国作曲家有过接触吗？

P：在一场有斯特拉文斯基等人参加的交际性质的音乐会上，走进一位轮廓分明的男士，一头浓发略带灰白，这个人就是拉威尔。别人向他介绍了我，我跟他握手致意，说我很荣幸能跟大名鼎鼎的拉威尔握手，并称他为"大师"。他甩开手，像是怕我要亲吻他的手似的，说道："哦，请不要叫我大师。"他真是特别谦恭有礼。

我相信拉威尔一定知道自己才气过人，但是他很讨厌别人向他致敬，每当有人要向他致敬，他都能躲则躲。

D：您对其他法国作曲家怎么看？

P：在夏布里埃和比才之后，法国就没有一流的作曲家了。因为法国作曲家都在忙着娱乐王公贵妇，取悦他们的耳朵。法国作曲家唯一知道自己在干什么的只有拉威尔而已，其他的全是正牌的大白痴，都没有指望。

D：那德彪西呢？

P：德彪西？呵呵。你知道德彪西是什么吗？他是肉冻、果冻的制造者，他的音乐是完全没有骨头的音乐。我根本无法接受别人对德彪西的仰慕。当然，他的音乐是很有"个人特点"的果冻，果冻制造者知道他在做什么。

四

D：提起您植根的俄罗斯音乐文化，我总会自然而然地想到拉赫玛尼诺夫，您对他的音乐有何感想？

P：我觉得拉赫玛尼诺夫的音乐中有些他特有的旋律转折，美得异乎寻常。但是从整体来说，这样美的时候毕竟只是少数。和斯克里亚宾相比，让我觉得他是个比较不想求新求变、讲究和声创意的作曲家。有人曾经相当恶毒地说他的旋律多是为很窄的音域写的。然而，有的时候他能够在这狭窄的音域中，写出美得让人意外的主题，比如在他的《第二钢琴协奏曲》里。

D：您提到了您的《古典交响曲》，这是您的一部非常独特的代表作，可以谈谈您当时的创作过程吗？

P：那是 1917 年，我在彼得格勒郊外的乡间独自过了一个夏天。在那我读康德的著作，并且努力地创作。我故意没有把钢琴运过去，因为我想试试不靠钢琴作曲。因为我发现，如果谱写主旋律的时候不用钢琴，常常会有更好的效果。那时候我抱着游戏的态度，试着在完全不借助钢琴的情况下完成整部交响曲，我相信这样管弦乐团演奏起来会较为自然。这就是我以海顿风格创作这首交响曲的计划的形成过程。我从齐尔品那里学到了许多海顿的作曲技巧，对这方面还算是熟悉，因此我觉得我可以大胆地去尝试这个艰难的挑战：不用钢琴作曲。

我觉得，如果海顿要是能活到现在，他肯定会吸收新的创作风格，同时保留他自己的风格。而这就是我想写的古典风格的交响曲。当我看到我的想法通过作品表现出来了的时候，我决定把它称为《古典交响曲》。这样命名有两个理由：一是不用再多费脑筋去取名字；二也是因为好玩，就像取名叫"愚弄一只笨鹅"一样。另外，我在心里默默地希望这首作品以后能成为古典音乐的经典，这样就能证明我的决定是正确的。

D：毫无疑问，您的这个希望已经得到了实现，这部作品一直都在获得异口同声的赞赏！

D: 据说您与斯特拉文斯基既是朋友也是对手，您和他都曾创作过新古典主义的作品，您可以谈谈对斯特拉文斯基新古典主义风格作品的印象吗？

P: 我记得斯特拉文斯基曾经写了一首可怕的奏鸣曲，以卖弄某种风格来取悦大众。音乐是巴赫的风格，但是多了几颗麻子。还有他的《俄狄浦斯王》，脚本是法文的，里面的诗是拉丁文的，题材是希腊的，音乐则是亨德尔的英德风格，而钱则是美国来的——真可谓是四海一家。

D: 您的这些评论语言犀利诙谐、观点鲜明，我认为您完全有潜力成为一个当之无愧的"音乐评论家"。

P: 哈哈，无疑我是可以日积月累地当个好乐评家的，然后被人家恨之入骨。

D: 您和肖斯塔科维奇都赶上了当时俄罗斯政坛的多事之秋，政治环境是否影响到了您的创作？

P: 我一点都不关心政治，自始至终我都是个作曲家。只要能让我安静地创作我自己的音乐，在墨迹干掉以前出版我的作品、演奏我写的音符，不管是什么政府都可以。

D: 很多人认为您的音乐特征是"奇异性"，我想"标新立异"一定不是您刻意追求的，请问您在创作中有意打造的特征是什么呢？

P：我的第一个创作特征是遵循古典主义原则。这源自我在童年时代经常听到我母亲弹贝多芬奏鸣曲。这个原则有时带着新古典主义风格，有时模仿18世纪的古典风格。第二个特征是现代派的创作方向。最初我只是尝试着找寻自己的和声语言，后来这慢慢发展成了表达我内在强烈情感的一个途径。第三个创作特征是一直能够听到的"托卡塔"或者"运动"线条。这大概可以追溯到我第一次听到舒曼的《托卡塔》，那印象实在太深刻了。第四个特征是歌唱性。这方面是我很久以后才意识到的。在很长一段时间里，我并没觉得自己有歌唱性的天赋，所以这方面也发展得较为缓慢。但随着时间的流逝，我在创作中把越来越多的精力放到了这方面。

至于别人帮我总结的"奇异风格"，我想我只能表示尊重，因为这违背了我上述的四个特征。不论在什么情况下，我都强烈反对用"奇异风格"来形容我的作品。这个词已经老套得让人觉得有些反胃。不过其实我们歪曲了"奇异"这个词的意思。从本质来说，我更倾向于把自己的音乐归为"类似谐谑曲"风格，或者用三个词来形容谐谑曲的不同层面——逗趣、欢笑和嘲弄。

D：今天，古典音乐普及是一项十分艰巨的任务，您认为作为作曲家可以为此做些什么呢？

P：音乐为少数唯美主义者而写的时代已经过去了。在今天，广大听众和严肃音乐面对面相遇，他们期待音乐犹如大旱之季期待甘霖。因此作曲家们应该注意，如果他们违抗广大听众，听众就会离去，转而追求爵士乐或者其他堕落的音乐。但是，如果能够抓住他们，就会拥有一群前所未有的听众。当然这并不是说必须要迎合听众，因为迎合总有不诚恳的成分在里面，而且迎合也产生不出好的结果。广大听众要的是伟大的音乐，他们了解的比某些作曲家所认为的其实要多得多，而且他们还希望能了解得更加深入。

访谈结束了，我继续一边弹他的奏鸣曲，一边感受他要表达的"内在强烈情感"。

肖斯塔科维奇

卑下的灵魂必然会反映在音乐里

作曲家小传

肖斯塔科维奇（Дмитрий Дмитриевич Шостакович，1906—
1975）生于圣彼得堡，具有波兰血统，其祖父和曾祖父都曾因反
俄而被流放。从这一点来说，肖斯塔科维奇应该很能和肖邦共情。

肖斯塔科维奇的父亲是化学家门捷列夫（元素周期表发明
者）的助手，母亲是钢琴家。

肖斯塔科维奇 9 岁开始学钢琴，12 岁开始作曲，13 岁进入
列宁格勒音乐学院（后改名圣彼得堡音乐学院），先后取得钢琴
和作曲的学位。

肖斯塔科维奇的音乐创作体裁涉猎广泛，且产量丰富。

肖斯塔科维奇曾参加 1927 年首届华沙肖邦国际钢琴比赛，
并凭借不凡的演奏身手获奖。

1941 年列宁格勒遭德军围困时，当时任列宁格勒音乐学院
作曲系教授的肖斯塔科维奇三次申请入伍杀敌，但由于身体不达
标和近视眼而未被获准——漫威超级英雄美国队长的起源故事难
道参考了肖斯塔科维奇的这段经历？

尽管未能亲赴前线，但是肖斯塔科维奇用他的音乐参加了卫国

战争：他的《第七交响曲》的总谱空投到被围困的列宁格勒，并在演出时用高音喇叭向前线将士播放，极大地鼓舞了苏军士气。

据说肖斯塔科维奇喜欢足球，玩牌，还有洁癖。他会定期给自己寄明信片，以检查邮政系统是否通畅。

肖斯塔科维奇一生与苏联政权及斯大林的关系错综微妙、纠缠不清，既被多次批判，也被树成楷模；既被扣"帽子"，也多次获得"列宁勋章"。直到今天学界对此仍持不同见解。

1975 年，69 岁的肖斯塔科维奇因肺癌逝世于莫斯科。

Shostakovich

当外表就像其照片一样清心寡欲的肖斯塔科维奇走进我的琴房的时候，我很意外，因为我并没有弹奏他的作品，更别说一千遍了。他告诉我，他听到我在练习他当年音乐学院毕业时曾弹过的一首贝多芬奏鸣曲，所以就来了。

一

D: 和您关系最密切的作曲家应该就是格拉祖诺夫了吧？他是您的老师，并曾经多次大力帮扶过您。关于格拉祖诺夫先生您有什么有趣的回忆吗？

S[①]: 那简直太多了。记得有一次，格拉祖诺夫听我和一个朋友视奏勃拉姆斯的《第二交响乐》。我们弹得很糟，因为我们没有听过这首乐曲。格拉祖诺夫问我们过去听过没有，我老实回答说："没有，没听过。"他叹了口气说："你们真幸运，年轻人。有那么多美好的事物等着你们去发现。而我呢，什么都已经涉猎了，不幸啊。"

D: 对于格拉祖诺夫这样一位您无比敬重的恩师，您会无条件地赞同他的一切观点吗？

S: 格拉祖诺夫对我有着极大的影响，从他那里我学到了太多。但是自然，我也不同意他的一些看法。比如有一次他说音乐是作曲家为自己及"少数几个人"而创作的，我就坚决反对这个说法。

———————————

① S 即肖斯塔科维奇英文名（Shostakovich）的缩写。

D：我知道格拉祖诺夫的音乐审美趣味比较偏向 19 世纪，他对您的创作是如何评价的呢？

S：他曾在和别人聊起我的早期作品时说："尽管我不喜欢，可时代是属于这个男孩儿的，而不是属于我的。"

D：［我取出一张指挥家托斯卡尼尼（Toscanini，1867—1957）指挥肖斯塔科维奇交响乐的唱片］尊敬的大师，这张唱片您听过吗？

S：是的，我听过。托斯卡尼尼把他指挥我的《第七交响曲》的唱片送来给我，我听过后非常生气：什么都不对头，精神、性格、速度都不对，粗制滥造，毫无价值。我写了一封信给他说了我的看法。我不知道他收到了没有，可能收到了，但是假装没收到——这完全符合他虚荣和妄自尊大的习性。

D：您对托斯卡尼尼本人是什么印象？

S：我讨厌托斯卡尼尼，他是典型的独裁者和暴君。我从来没听过他指挥的音乐会，但我听够了他的唱片。我认为他对音乐的处理是可怕的。他把音乐剁碎了，然后在上面浇上让人恶心的调味汁。他在排练时的举止令人生气，对音乐家又叫又骂，并且以最不顾体面的态度大吵大闹。可怜的音乐家们必须忍受这一切胡闹，否则就会被解雇。

D：您和普罗科菲耶夫给人的感觉就像是那个时代苏联作曲家

中的双子星，您可以谈谈他吗？

S：普罗科菲耶夫和我始终没有成为朋友，大概是因为他总的来说不喜欢交朋友。他这个人无情，除了他自己和他的音乐，好像对什么都不感兴趣。他从小就很幸运，他想要的都能得到。他始终有钱又有成就，从来没有我的那些忧愁，结果就养成了被宠坏的神童的性格。普罗科菲耶夫笨得像只鹅，而且爱吵架。有两句口头禅，一句是"好笑"，用来评价他周围的一切，包括人、物和音乐。第二句是"懂吗？"那是在他想知道自己是否把意思说清楚了的时候用的。

我看普罗科菲耶夫从来没把我当作作曲家来对待。他认为只有斯特拉文斯基才是他的对手，所以从来不放过任何机会向这位对手开炮。

在俄罗斯的重要作曲家之中，只有斯特拉文斯基和普罗科菲耶夫知道怎样推销自己的东西。这并不偶然，因为在某种意义上说，他们俩都是西方文化的儿子，虽然是过继的儿子。我认为，他们爱出风头，喜欢出名，所以不能成为十足的俄罗斯作曲家。他们赢得了声誉，但是失去了某些同样重要的东西。

D：说到普罗科菲耶夫，我就会想到作曲家斯克里亚宾，您如何评价他的音乐？

S：斯克里亚宾对配器的认识就像猪对橘子的认识一样多。我个人认为斯克里亚宾的交响诗——《神诗曲》、《狂喜之诗》和《普罗米修斯》——全都不知所云。

D: 您那时的作曲家很多都曾受到瓦格纳的影响，您对瓦格纳怎么看呢？

S: 我对瓦格纳的看法是矛盾的。俄罗斯作曲家从他那里学到了一种新的配器方法，然而没有学他如何大规模地为自己谋名，如何钩心斗角用心计。他的《齐格弗里德》第一幕中的铸剑是天才之作，但是为什么要动员自己的支持者大张旗鼓地反对勃拉姆斯呢？他欺负自己的一个同行并不是出于一时之气，而是出于灵魂中一种本质的品性。卑下的灵魂必然会反映在他的音乐里。

二

D: 我很想知道您的作曲方式，是不是和很多作曲家一样在钢琴上进行创作？

S: 对我来说，用钢琴作曲是一种退而求其次的方式。这种方式适用于听觉不好的人和乐感很差的人，他们需要一些听觉上的帮助。也有些"大师"养着一帮秘书为他们划时代的大作写配器，我永远理解不了这种"增产"方式。一般来说，我都是先在脑海中有了总谱，然后用墨水把它定稿——不打草稿。我无意自夸。归根结底，每个人都是按照他自己认为最合适的方式作曲。但是我总会严肃地提醒我的学生不要在钢琴上找曲调。我小时候犯过这种即兴作曲征，险些不治。

D: 我知道您也是一位非常棒的钢琴演奏家，还曾经参加过第一届华沙肖邦大赛并得到了荣誉证书。因此我特别想请教您，钢琴家应如何在演奏中实现创造性？

S：对于这个问题，一位有名的演奏家曾有一次向我抱怨说，弹奏众所周知的乐曲实在困难，因为："要找到新的处理方式太难了。"我当时就对这个说法不同意。我是这么想的：怎么能埋怨"新的处理方式"难找呢？"新方式"是什么？是装满钱的皮夹子？你能在街上走着走着找到一个"新方式"吗？有人掉了，你去捡起来？我认为找是找不到新的方式的，得要它来找你。我不断地看到，对于一首音乐作品的新的处理方式总是被那些对生活的其他方面、对总的人生有新的态度的人所得到。

D：对于您这样已经"离开我们"的作曲家，我特别想问一个问题，就是您对于"死亡"是怎么看的？

S：我想人在活着的时候，怕死可能是最强烈的感情了，甚至可能没有比这更深沉的感觉了。然而奇怪的是，人们的很多诗歌、散文和音乐，都是在这种畏惧的影响下创作出来的。这其实是人们想要加强与生者的联系，并加强他们对生者的影响。

我建议用理智的态度对待死亡，否认死亡和它的力量是无用的，它是自然规律，没有人能避免。应该多想到死亡，习惯于死亡的想法，不能让死亡的恐惧向我们出其不意地袭来。我们要对这种恐惧习以为常，一种办法就是描写死亡。

D：大师，能否请您告诉我如何区分好的音乐和不好的音乐？

S：从根本上说，什么是好的音乐，什么是不好的音乐，我不知道，无法给你肯定的回答。比方巴达捷夫斯卡（Tekla Badarzewska，1834—1861）的《少女的祈祷》，按照所有的规则来衡量，它都应该属于不好的音乐，但是我每次听它的时候，泪水就涌上眼眶。我想这首曲子一定也感动了契诃夫（Chekhov，1860—1904），否则他不会在他的《三姐妹》中那样使用它。也许无所谓好的音乐或不好的音乐，只有感动你的音乐和使你无动于衷的音乐，如此而已。

D：最后，请让我向您这位 20 世纪最杰出、最天才的作曲家表示最衷心的感谢……

S：不，不，您之所以做出这样的评价，只是因为您是一个善良的人。

> 大师说在脑子里出现了一部新作品的总谱，匆匆起身告辞了，想必一定是回去用墨水将其定稿……

斯克里亚宾

需要被崇拜的神并不是神

作曲家小传

拉赫玛尼诺夫曾这样评价自己的同学和朋友斯克里亚宾（лександр Николаевич Скрябин，1872—1915）晚期的音乐：植根于"无主之地"。

斯克里亚宾的一生环绕着各种争议。

在学生时代，斯克里亚宾因为过度练习李斯特的《唐璜》而损伤了右手，从此勤奋训练左手，写了很多左手技巧艰难的钢琴曲，以及只用左手演奏的 Op.9。

从莫斯科音乐学院毕业时，斯克里亚宾的作曲老师阿伦斯基拒绝签发他的毕业证书，斯克里亚宾愤而肄业。

1897 年，年仅 25 岁的斯克里亚宾与音乐学院的同学结婚。婚后不久他就发现这是个可怕的错误，因为组建家庭的负担严重影响了他成为作曲家和钢琴家的追求之路。

在写完《第三奏鸣曲》之后，斯克里亚宾抛弃了妻子和 4 个孩子，与一名年轻女子公开同居。

斯克里亚宾早年疯狂地痴迷于肖邦的作品。他一生的创作风格从浪漫主义到无调性的神秘主义，变化非常大。

斯克里亚宾经常站在椅子上向朋友描述自己的梦境，以制造在空中飘浮的效果。他还和妻子一起进行"飞行实验"，试图在空中移动身体。

肖斯塔科维奇曾说斯克里亚宾对配器知识的认识就如"猪对橘子的认识"一样多。

里姆斯基–科萨科夫曾经说斯克里亚宾："也许他失去了理智？"

在上演作品《普罗米修斯》时，斯克里亚宾设计出一台发光风琴，即不同的音对应不同的颜色，使舞台配合着令人毛骨悚然的音响而充满各种色彩。

斯克里亚宾终生梦想创作一部能够表现人类所有感官体验的艺术作品，那就是他有生之年的最后一部作品，叫《奥秘》。原计划将在喜马拉雅山演出这一作品，却因斯克里亚宾的突然离世而未果。

斯克里亚宾死于嘴唇上一个脓包感染而引起的败血症。

Scriabin

这次访谈的主角斯克里亚宾除了外形极富魅力，还是著名的"神秘主义者"，而且他有着一套自恰、丰满的音乐—哲学系统。因此这次的访谈既妙趣横生也时常有些深奥晦涩，正如斯克里亚宾自己后期的音乐。在访谈的尾声，我索性让作曲家自行发挥，充分地表达其天马行空的艺术哲思。

一

D：您的创作风格从早期到晚期发生了极大的变化，几乎令人难以相信这是同一位作曲家的创作。毫无疑问您一直在努力建立属于您自己的新风格。我特别想知道促使您寻找新风格的契机是什么？

S[①]：那是在1893年的一个早上，我读了一本杰出的书，是讲这个星球的植物的，里面提到热带花卉的外形、样态和其他维度花卉外形之间的联系。我的想象力一下子就使我产生了非常棒的想法。

我把我那个时代的音乐比作各自适宜维度的植物。我设想把每种形式的音乐都发展到其理想形式，也就是说，达到它们最充分的发展，并假设这是音乐的赤道。然后我把这些和已经发现的热带地区及中纬度地区音乐比较了一下。

换句话说，从我们现实的维度到理想状态，是否就像中纬度

_____

① S即斯克里亚宾英文名（Scriabin）的缩写。

植物与热带植物一样在彼此之间存在着一种联系呢？这无穷的可能性是难以想象的。

D: 从《第五钢琴奏鸣曲》开始您直接标记"神秘"术语和解释，能否请您为我们描述一下您的《第五钢琴奏鸣曲》？

S: 你可以从这首奏鸣曲中听到我隐秘的呼唤，隐藏的生命之力，你将会为之激动起来。我生命的波涛，神启般的光芒，拥抱整个世界。致生命！

我用亲吻和我充满神秘喜悦的诺言，唤醒你的生命。

我召唤你的生命，隐藏的渴望，迷失在感知的杂乱中。在创造之魂的秘密纵深处升起。

D: 从您的《第六钢琴奏鸣曲》开始，您彻底放弃了调号，请您为我们说说这首奏鸣曲吧。

S: 人类！生生不息、群起反对我的人类。我复活你们昔日所有的恐惧、所有的怪兽和所有可怕的、恐怖的景象。来试试把我吞下去吧！把龙的牧场打开。毒蛇们！来缠绕我、勒我、咬我。每个人和每件事物都想摧毁我，而当这些都落在我头上的时候，就是我开始我的游戏之时。我将用爱来征服你们，我将向你们投降并引诱你们。但是我将永远不会被征服，因为连我自己都永远征服不了我。

D: 在您的第五交响曲《普罗米修斯》中，您的神秘主义似乎达到了顶峰。在这部作品中您开始实践把声音、光亮和颜色融合在一起的方法。您只是想要并置视觉和听觉的感受吗？

S: 并不是那么简单。这部交响曲是这样的：一些东西开始发出微弱的光亮和搏动。它颤抖着、闪烁着，它是"一"，它是一切。我是一切。它有着一切的可能性，它不仅仅是混乱（意识的起点）。所有历史和所有未来都永远在它之中。所有元素都掺在一起，但是所有的一切都在那里。它散发出色彩、感受和梦。我希望，我创造，我辨认，我区分不清。什么都勾画不出来。我什么都不知道，但是一切都像是预感和我的记忆。过去和未来的瞬间一起涌来。预感和回忆、恐怖和欢乐杂糅在一起。

D: 据我所知，您似乎并不是对您的每部作品都非常喜欢，比如您曾经拒绝别人上演您的《第二交响曲》，是吗？

S: 是的。当我写它的时候我是很喜欢它的，但是后来它就不能令我感到满意了，特别是最后的部分，太平庸了。

二

D: 在您的很多作品中，旋律和伴奏的界限似乎是模糊的，这是为什么呢？

S: 因为在我看来，旋律就是展开的和声，和声就是收起的旋律。

D: 作曲对您来说是一个怎样的过程？

S: 一阵冲动打扰了天空的和谐。一个来自神圣思想的创造物被印制出来。一瞬间更低程度的平衡被恢复了。然后一个新的冲动又产生了，和谐再次被打破……直到整个能量的蓄水池在所有曼梵达拉期（一段不可计算的时间，访谈者注）的活动中找到它的出口。

D: 作为一位充满个性的音乐家，您能否谈谈关于个性培养的经验？

S: 欲望的折磨及欲望的不满足是发展自我个性的绊脚石。

有个性的生活大多都会遭到痛苦的折磨，而坚强的人能够通过与阻碍的抗争、通过行动力来摆脱这些痛苦，而软弱的人则会灭亡。

D: 我知道您曾经在音乐学院担任过一段时间的教职，教学工作对您的创作有影响吗？

S: 哦是的，那段时间痛苦极了。我整天都为了那些干扰我创作的事情而咆哮，除了一首给弦乐团的行板，我没有完成任何作品。音乐学院的事务令我一直无法专注于自己的创作，我整天听的都是别人写的音乐……

D: 在您的一生中，除了崇拜您的人，想必也有很多反对您的人。您如何看待自己的敌人呢？

S：当你想要毁掉你的对手的时候，恰恰给了他们生机。

去爱你的敌人——他们给了你信念，奋起反抗他们并与之斗争。为了他们的反对而和他们彼此热爱，用你强大的、探索的翅膀去自由地飞翔。当你飞翔到感觉的巅峰，你将明白什么是一体的和谐、什么是极乐及什么是自我的消解。

你最好的朋友就是你的敌人。他们唤醒了你对爱的渴望。

三

D：以您无比深邃和神秘的思想，是如何看待死亡的呢？

S：为什么鲜花在绽放之后会枯萎？为什么处处都有限制？为什么万物永远都有尽？

为什么盛着爱和性欲的杯子会如此快地枯竭？

唯有死亡例外，永无尽头。

D：现在回顾您的一生，您有没有可以和现在的年轻人分享的话？

S：在我年轻时代所做的一切探索都是为了今后我会成为什么，因此，是我创造了我自己。

我的年轻时代充满了因忧虑世界而产生的高度紧张和无聊。

后来的我则战胜了悲伤，处在极乐和自由的巅峰。

D：您以"神秘主义"著称，能否给我们谈谈您所理解的神？

S：一个需要被崇拜的神并不是神。

D：时至今日其实还是有很多人理解不了您的音乐，更理解不了您的音乐哲学，他们可能会觉得您很怪异。对他们您是否有话要说？

S：我的喜悦巨大到可以容纳无数个世界都可以一直保持外表的平静。我的世界，高唱着我的自由和极乐。

接受我吧，不要纠结。我并不是一个可怕的神，而是一个充满爱的神。千万不要崇拜我，只要接受我就行了。我将把你们从永恒地捆绑着你痛苦心灵的恐惧中释放出来；我将把你们从义务的压迫和怀疑中解救出来；我将带你们盛开。你们是自由的，并且想多自由就可以多自由。只要你有胆量，你就可以像我一样，你可以做你希望的任何事，不会再有恶毒和忌妒驻扎在你的心里。我将给你永恒的不竭的快乐和生命之源，来交换那些罪恶的甜蜜瞬间和永恒的折磨所带来的恐惧。

D：您希望通过您的音乐实现怎样的理想？

S：我要把世界从暴政的统治和残暴的民众中拯救出来。我带来无限的自由与正义，我带来最充分的进步和创造力的神圣愉悦。这个世界渴望自由而又惧怕它，因为世界总是同时渴望着支撑、真理和无知！所有的真理都包括自由，而自由就是真理。不要害怕这种无底的空虚！

D: 但是如果没有真理，我们又为什么生存？我们将要去哪里？我们如何生活？难道所有的痛苦、愉悦或者崇高与卑微都仅仅是幻想的影子吗？

S: 不要害怕。你创造了你想要的一切。如果你了解了自己的力量和自由，这一切会消失吗？你想飞，就去飞。按你的愿望去飞，去任何你想去的地方，环绕在你四周的是真空！

D: 事实证明，尽管您自认为是神，但是也逃脱不掉生老病死的规律。

S: 是的，我将像人类一样死去。但是我所创造出的时空及其中的一切，都在死神的管辖范围之外。

四

D: 有一个问题我曾经问过许多音乐大师，那就是您如何看待天才和天赋？

S: 一个人意识的增长就是其天赋的增长。其他人的意识都是天才的意识的火星和溅溅。那独一无二的意识，就是我的意识。

天才能容纳其他人所有的色彩和情感，他欣然接受所有同时代人的意识。

D: 一个老命题，即关于情、知、意三者的关系，您是怎么看的？

S：情感、知觉和意志，这是一个混合体。

D：作为一位"神秘主义者"，请您谈谈"神秘主义者"吧。
S：神秘主义者是好人，只有他们有沉醉的天赋。

D：下面请您分享一些您的艺术哲学感悟吧。
S：生活，通常来说，就是自我通过奋斗来获得自由。我们渴望痛苦，我们渴望力量。最伟大的力量是个人魅力，无需暴力的力量。

我可以确信以下几点：

1. 这个世界，是我的作品，是我的创造力的产物。

2. 我渴望个体得到最充分的发展。

这个世界对我来说太狭小了，颜色和气味都很暗淡。

以下这些是一切的基础：

1. 来自其他一切事物的自由。

2. 与其他一切事物的联合。

这就意味着：

1. 个性与多样性。

2. 单独与整体。

如果我能够知道每一件事，我就将违背我孤立的个性，以和所有其他人的联系而存在。

1. 我和神之间没有区别，因此，我就是神。

2. 世界和我之间没有区别，因此，主客观是一体的。

3. 在理论上，时间和空间是没有区别的，因此空间和时间是我接受它们的主观形式而已。它们将在狂喜中消失，并在我制造的无尽时空中消解。

4. 科学和艺术之间没有区别，因此最高级的艺术其实和最高级的科学是彼此往复流动、互为起点和终点的。

5. 感知的起源和艺术的起源是没有区别的。

D：最后请问您是哪位音乐家的爱好者？

S：我是斯克里亚宾的爱好者。

因篇幅体量有限，很多作曲家口若悬河的连珠妙语都只能忍痛割爱，以后如果有机会再为读者进行补充吧。

里姆斯基-科萨科夫
我不喜欢给作品硬找明确的标题

作曲家小传

里姆斯基 – 科萨科夫（Римский-Корсаков，1844—1908）其实是一个复姓，因此是不能只叫他"科萨科夫"或者"里姆斯基"的。里姆斯基 – 科萨科夫是被人们称为俄罗斯"强力集团"或"五人团"中最年轻的一员，其他四位成员分别是巴拉基列夫、居伊、穆索尔斯基、鲍罗丁。这五位作曲家中，除了领袖巴拉基列夫，其他四位其实都是业余爱好者。而且他们并不是像舒曼那样被迫从事音乐之外的事业，而是真的更为热爱其本职工作，而将音乐视为自己的一项喜好，比如鲍罗丁对化学和医学的执着，里姆斯基 – 科萨科夫作为一位海军军官对大海的迷恋。

里姆斯基 – 科萨科夫有多部歌剧都是以神话或童话为题材的，包括最著名的《一千零一夜》和《萨尔丹沙皇的故事》（《野蜂飞舞》即出自此剧），这一点似乎是双鱼座喜欢幻想与想象的表现。此外，尽管里姆斯基 – 科萨科夫对"五人团"其他成员的创作不乏微词，如评论巴拉基列夫"由于技术不完善，写得很少"、居伊"写得马虎"、鲍罗丁"写得很慢"、穆索尔斯基"不简练，而且常常不知所云"，但是他对朋友具有强烈的同情心并毫不犹豫地真诚相助：在穆索尔斯基和鲍罗丁突然逝世后，和学生格拉祖诺夫一起整理两位好友的遗稿，并将那些未完成的作品写完，其中就有鲍罗丁著名的《伊戈尔王》。

　　除了作曲，里姆斯基－科萨科夫还受聘于圣彼得堡音乐学院任作曲教授，并著有多部作曲理论书籍，后因参与学生运动而被解除了教职。

Rimsky-korsakov

本次的访谈嘉宾是俄罗斯"强力集团"中最年轻的成员——里姆斯基－科萨科夫。面对着这位大胡子，我开始了访谈。

—

D: 您是否像很多大师一样，在小时候就表现出了音乐才能?

R[①]: 我很小就表现出了音乐天分。不到两岁，我已经能清楚辨别母亲唱给我听的曲调；到了三四岁，我就能毫无错误地按照父亲弹琴的拍子打我的小鼓。父亲还经常故意突然变换速度和节奏，我都能立马跟上。不久以后，无论我父亲弹什么曲子我都能跟着哼了，也有的时候我和父亲一起唱。再后来，我自己竟然也能把父亲弹过的曲子和伴奏在琴上照葫芦画瓢地弹出来了。这个时候，我已经知道了各音的名称并且能在隔壁房间辨认钢琴上奏出来的音。

D: 这么说您是注定应该学音乐的?

R: 我并不这么认为。我小时候的才能并不止于音乐而已，在其他方面也是相当优秀的。阅读对我来说无异于是小孩儿的游戏，我无师自通学会了看书。我的记忆力也非常强，母亲读给我听的整页的文章，我能过耳不忘。我也很快就学通了算术。所以说在这种情形下，很难说我那时候就对音乐有什么特别的偏好。那时我自己从来没梦想过成为一个音乐家，音乐对我来说不过是兴之所至、好玩而已。我学习音乐并不十分努力，因为我已经完

---

① R 即里姆斯基-科萨科夫（Rimsky-korsakov）的缩写。

全被成为一个海员的想法给迷住了。我父母也愿意送我到海军士官学校去，因为我叔叔和哥哥都在海军服役。在 1856 年 7 月底，我第一次离开母亲，跟着父亲到圣彼得堡进入了海军士官学校。

二

D：您作为作曲家的名声是和"五人团"或"强力集团"分不开的，巴拉基列夫是这个团体的核心与领袖。您还记得与他的初次相见吗？

R：那是 1861 年 11 月的某个星期日，我当时的老师卡尼尔带我去了巴拉基列夫的家里。一见面巴拉基列夫给我的印象就很深刻。他是一个卓越的钢琴家，弹琴都是凭记忆的，从不看谱。单单是他的作曲天才就已经够我敬仰的了，更何况他还有那豪放的言论和新颖的思想！我跟他初次见面时，就把我的《c 小调谐谑曲》拿给他看，他很是赞赏，只在一两处提出了意见。我同时请他指正的还有一首夜曲和另外一些曲子，以及一首《降 e 小调交响曲》的片段的素材。他竭力鼓励我着手写这部交响曲，我简直受宠若惊、喜不自胜。在巴拉基列夫家里，我还见到了久闻其名的居伊和穆索尔斯基。他们除了演奏彼此的作品，也讲了许多当时音乐界的动态。我仿佛突然置身于一个全新的音乐世界中，在这个新世界里，我竟然能和久仰的天才音乐家生活在一起，这印象实在太深刻了！

D：巴拉基列夫对您产生了怎样的影响？

R：与巴拉基列夫结识后，我生平第一次听到有人告诉我凡是人都得多读书，都必须对自己的教育加以注意，都应该熟悉历史、纯文学和批评。我真的不知道该怎样感谢巴拉基列夫。他自己虽然高中毕业后只在大学念过短短的一学期，但是他读过的俄罗斯文学和历史方面的书籍却真不少，在我看来他是一个教育程度极高的人。我们的谈话并不涉及宗教，大概他对宗教完全抱着怀疑的态度。至于我呢，倒完全无所谓：既不信，也不怀疑。宗教的问题根本引不起我的兴趣，虽然我生长在一个宗教气氛浓厚的家庭里。

D："强力集团"的那些成员们对其他作曲家都是怎么看的？

R：这些人对格林卡和贝多芬晚年的几首四重奏特别偏爱，对贝多芬九部交响曲中的八部都并不很中意。他们觉得门德尔松的作品除了《仲夏夜之梦》序曲、《赫布里底》序曲和八重奏的最后乐章，很少有被他们重视的，穆索尔斯基总是不客气地称他为"门德尔"。在他们心目中，莫扎特与海顿已经是不合时代、淡而无味了，J.S.巴赫还像是化石似的，作曲时故意雕琢，把音乐变成了数学，既无情感又无生气。他们觉得亨德尔的个性坚强，却很难得提到他。巴拉基列夫把肖邦比作一个神经质的、常在交际场中抛头露面的贵妇人。他那首《降 b 小调葬礼进行曲》的开始部分很能感动他们，但其余部分则被他们弃若敝屣。肖邦别的作品中，也只有几首《玛祖卡舞曲》能得到他们的好评，而大部分的乐曲都被视为无足轻重的花边而已。不过这些人对当时刚出名不久的柏辽兹的作品却推崇备至。他们觉得比较陌生的李斯特，从音乐观点上来看，他是不健全的、离经叛道的，有时候甚至成为被讽刺的对象。他们在谈话中很少提到瓦格纳。至于当时的俄罗斯作曲家，他们很重视达尔戈梅斯基《人鱼》中的宣叙调，但是他的 3 篇交响幻想曲在他们看来，充其量不过是一件古玩而已。至于国歌《神佑沙皇》的作曲者耳伏夫，他们更不把他放在眼里了。安东·鲁宾斯坦的琴艺虽然名噪一时，然而他们认为他的作曲才能和鉴赏力却并不高。

D：外界对于"强力集团"和柴可夫斯基之间的关系一直众说纷纭，这下可以请您来准确地描述一下了。

R：柴可夫斯基和我们的集团相识在 1866—1867 年的一季。柴可夫斯基从音乐学院毕业后，就接受莫斯科音乐学院的聘请，加入他们的教授队伍，搬到莫斯科去住了。出身于音乐学院的柴可夫斯基就算不受我们的轻视，也难免被我们忽略，况且他远在莫斯科，我们根本就不可能跟他本人相识。后来，也不知道事情是怎么发生的，总之，有一次他到圣彼得堡来参加巴拉基列夫的晚会，这是我们相识的开始。他是一个和蔼可亲而又富有同情心的人，态度率直，谈吐之中充分地表现出诚恳和笃实。那天晚上，在巴拉基列夫的要求下，他为我们弹奏了他的《g 小调交响曲》的第一乐章。这首乐曲完全投合我们的所好，于是我们改变了对他的成见，虽然他的音乐学院的出身仍然使他跟我们之间隔着一道鸿沟。柴可夫斯基那次在圣彼得堡的逗留是短暂的，不过在后来的几年中，他每次到圣彼得堡，总要到巴拉基列夫家里，我们都能见到他。

D: 关于柴可夫斯基之死一直是一个谜，您是否了解其中的真相？

R: 柴可夫斯基的突然去世对每个人都是一个巨大的打击。当时说他是死于霍乱，但是为死者做弥撒的时候，却仍然任何人都可以参加，这是多么奇怪的事！我清楚地记得喝得酩酊大醉的维尔西·比洛维奇是怎样不断地亲吻死者的头和脸。

D: 根据您前面的描述，"强力集团"似乎与学院派格格不入，但是后来您也受聘于音乐学院了，对吗？

R: 的确如此。那是 1871 年夏天，在一个晴朗的日子，新上任的圣彼得堡音乐学院院长阿森契夫斯基专程来拜访我。令我感到惊奇的是他竟然聘请我担任音乐学院"自由作曲"和"管弦乐法"的教授，并兼任管弦乐队班的指挥。显然，他的用意是用我身上的新鲜血液来刷新其前任领导下日趋陈腐的那些学科的教学法。我对于他所提出的这个任命毫无准备，当时就没有给他肯定的答复，只答应会加以考虑。朋友们都劝我接受这个聘请，就连巴拉基列夫也竭力主张我答应阿森契夫斯基的邀请。他主要的目的是想让他的一个"自己人"踏进敌对的音乐学院。结果，我接受了音乐学院的聘请。在秋天，我暂时以海军人员的身份兼任音乐学院的教授。

三

D: 柏辽兹曾在 1867 年 11 月去俄罗斯指挥音乐会，是吗？

R：是的。

D：您可曾在那时与柏辽兹会面？

R：柏辽兹到圣彼得堡来的时候已经很老了。虽然他在排练时仍很敏捷，可是他因多病而弯腰驼背、容态颓唐，因此他对俄罗斯的音乐和音乐家们就毫不在意了。空闲的时候他总是仰天躺着，不断地抱怨着病痛，平常也只接见巴拉基列夫和剧院的理事。有一次马林斯基剧院演出《伊凡·苏萨宁》，请他去观看，他在第二幕闭幕前就走了。我认为柏辽兹之所以对俄罗斯民族和圣彼得堡的音乐动向采取完全漠不关心的态度，其原因也并不是全在他的身体衰弱，主要还是由于他有着那种天才作曲家所常有的自命不凡和不屑与人为伍的心理。外国权威人士可能偶然会承认俄罗斯人在音乐上的重要性，但就算是承认，也还是脱不了盛气凌人的态度。所以，虽然柏辽兹到了圣彼得堡，但是没人说起让穆索尔斯基、鲍罗丁和我去与他会面的事。究竟是巴拉基列夫看出了柏辽兹的冷淡态度而不便启齿请求为我们介绍呢，还是柏辽兹事先曾经主动要求过免见任何年轻有为的俄罗斯作曲家呢，那我就不得而知了。

D：柏辽兹的指挥怎么样？

R：他的指挥成绩斐然，一个著名人物的魅力遮盖了一切。柏辽兹的击拍是简明而美观的，手势和表情从不含糊过去。不过，据巴拉基列夫说，在一次排练他自己的作品时，柏辽兹竟然会茫然不知所措，以至于在应该打2拍的时候打了3拍，或者是发生相反的情况。幸亏乐手们都故意没去看他而各自继续演奏，才算没出岔子。这位名噪一时的指挥家此时已经因为年老多病、工作过度而能力减弱了，可是听众并没有注意到这些，乐队也都原谅了他。指挥是一件多么神秘莫测的事啊！

D：您的学生中有一位高足，是后来的圣彼得堡音乐学院院长格拉祖诺夫。可以谈谈他是怎么到您门下的吗？

R：当时巴拉基列夫给我介绍了几个学音乐理论的学生。所谓的理论，基本上都是初级的理论而已。这些贵妇人之所以跟我学音阶、音程之类的东西，不过是因为碍着巴拉基列夫的情面，其实她们对这些并没有多大兴趣。有一次，巴拉基列夫带给我一首作品，是一个十四五岁的中学生萨沙·格拉祖诺夫写的。那是一部管弦乐总谱，写得稚气未脱，但毫无疑问从这首作品中可以看出这孩子是有天分的。不久巴拉基列夫就把他介绍到我这里来学理论。我一边教他的母亲格拉祖诺娃初级的理论，一边开始教年轻的萨沙。他是一个很可爱的孩子，有一双美丽的眼睛，钢琴弹得很拙劣。我只教了他几节和声学，就直接教他对位法，他自己学得也很专心。他常给我看他的一些即兴之作和写下来的小品。因此可以说，他同时学了对位法和作曲。空闲时间，格拉祖诺夫很勤奋地练琴，而且主动去研究音乐名作。那时候，他特别喜欢李斯特。他在音乐上不是天天在进步，而是时时刻刻都在进步。从第一次上课起，我和萨沙的关系就由普通的泛泛之交和师生关系渐渐成了密切的好友，虽然我们的年龄相差很多。

四

D: 您的《天方夜谭》可谓闻名遐迩，您写这样一部标题音乐是出于什么样的创作动机和想法呢？

R: 我写《天方夜谭》所依据的是《天方夜谭》里许多个别而不相关联的故事和情景，这些体现在我这部组曲的四个乐章里。但是，要想在我的组曲里找到几个跟那些诗意的乐思和观念紧密地联系在一起的主导动机，那是不可能的。正相反，在大多数情况下，这些像是主导动机的东西都不过是纯粹的音乐素材，或者就是为交响曲的发展而设的动机。这些动机星罗棋布地穿插在组曲的各个乐章中，相互交替，而且它们每次出现都具有不同的光彩，描写不同的特质，表达不同的情趣，所以同一个动机和主题每次都代表了不同的形象、动作和画面。我原本打算这样命名四个乐章：第一乐章——前奏曲；第二乐章——叙事曲；第三乐章——慢板；第四乐章——最后乐章。但是由于里亚多夫和别人的劝告，我最后没有这样做。我一向就不喜欢在我的作品中硬找出一个明确的标题，所以后来在新版本里，我就连每个乐章前所标的诸如"大海""辛巴达的船""卡伦德的讲述"之类的标题都删掉了。

在写《天方夜谭》的时候，我的本意是让那些暗示只略微地把我幻想的方向指示给听众，而其他更为精细和个别的概念就由听众自己凭各自的心愿和想象去理解。我的希望是：如果我的听众对这部交响乐有好感的话，那他们得到的印象毫无疑问应该是一篇千奇百怪、变化倏忽的神话所组成的东方故事，而不仅只是四个连续奏出的以共同主题为基础的乐章。

D：俄罗斯的舞剧音乐成绩斐然，在您的时代，美国著名舞蹈家邓肯曾多次访问俄罗斯，并以贝多芬和柴可夫斯基的交响曲编舞。您对这种音乐和舞蹈的结合怎么看？

R：关于邓肯，我要告诉你，我从没有见过她。也许她的确是仪态万方，是一位优秀的舞蹈家，但是我之所以厌恶她，就是因为她把她的艺术附会于那些音乐作品上来骗人，那些为我所珍视的音乐作品根本就不需要她的表达，它们的作曲家也没有想要这样做。如果我知道邓肯小姐用舞蹈或者滑稽动作来表达我的《天方夜谭》《安泰》或者《复活节序曲》，我会感到多么愤怒！为舞蹈而作的音乐作品当然必须有舞蹈的衬托，而且还需要华丽的环境。但是，那些不是为舞蹈所写的音乐作品却不需要任何模拟的动作来表达。而且，说实话，它也无力表达。总之，如果舞蹈自作聪明，附会于音乐，那就会牵制听众的注意力，对音乐本身反倒有害。

尽管还有许多话题想聊，诸如"强力集团"的其他成员、斯特拉文斯基、佳吉列夫等，但是时光飞逝，大师要离开了。或许，可以期待下一次的访谈。

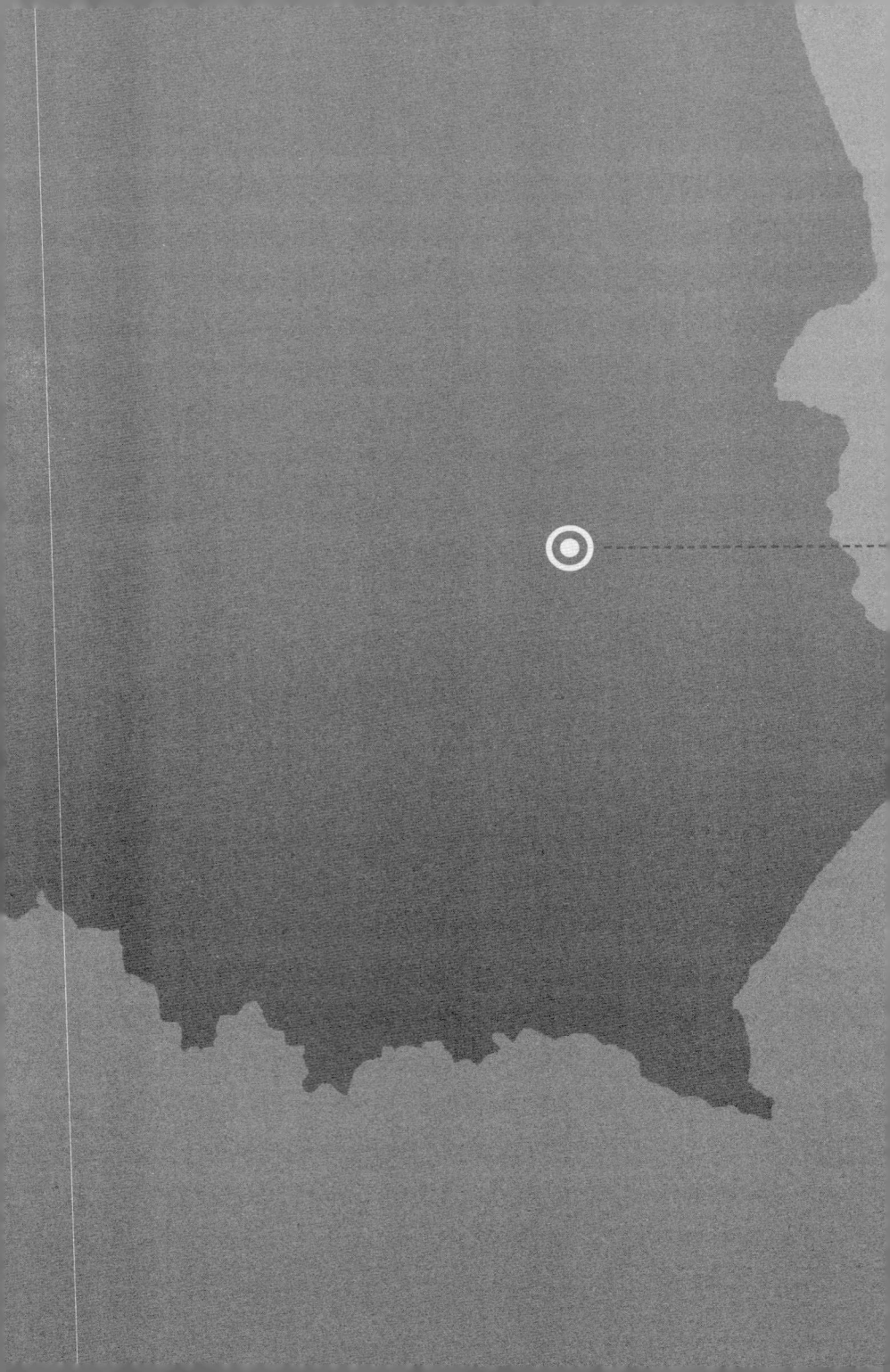

波兰

肖邦

好的演奏追求触键的优美

作曲家小传

波兰作曲家肖邦（Chopin，1810—1849）是我印象中最具幻想性和浪漫特质的作曲家。肖邦作品中呈现出来的浪漫主义色彩自不待言，其 20 岁之后一直定居的法国巴黎，更是与他的浪漫相得益彰。而他在创作过程中会常常陷入幻想甚至是幻觉之中。比如他在创作《"英雄"波罗乃兹》和《"军队"波罗乃兹》时曾以为波兰古代武士从坟墓中走出来，以至于吓得他从房间里逃出去；还有在创作《"雨滴"前奏曲》时，肖邦陷入幻觉，即他躺在海底，雨水冰冷地落在他的胸膛，远处传来钟声……而"幻想"也明确出现在肖邦作品的标题中，比如著名的《"幻想"波罗乃兹》。

肖邦身体瘦弱，被肺病困扰，整个人呈现出一种弱不禁风的性感。因此他在 20 多岁后就不再与乐队演出协奏曲，因为他弹琴的音量会被乐队的声音淹没。

肖邦与法国小说家、常常女扮男装的乔治·桑有一段长达数年的爱情，然而最后仍以劳燕分飞而告终。在这段感情中，似乎桑夫人居于较为强势的位置。这一点倒很符合西方

星座观中认为的"双鱼男"在爱情中缺乏主动性、容易任人
追求的特点。

　　肖邦在与桑夫人分手后，身心俱疲的他曾经到英国进行演
出，却并不顺利。最终，39 岁的肖邦在巴黎因肺病逝世，而临
终时桑夫人也没有去看望他。

Chopin

记得有首歌唱过："有人说许个愿许到第一千遍，最喜欢的人就出现……"

其实，我从小也一直听说，如果你把一位作曲家的某一首作品弹到一千遍，那位作曲家就会出现，和你聊一会儿。

近日，我不经意间把肖邦的一首作品练了一千遍，没想到传说竟然是真的，伟大的弗雷德里克·肖邦，真的出现了……

我怀着既兴奋又紧张的心情、抓紧每一分每一秒，向肖邦问了一些我当时能想到的问题。大师以其坦白直率的方式进行了回答。现将部分访谈内容分享给大家，有一些内容因为太过敏感（比如肖邦认为谁是当代肖邦作品最佳诠释者、肖邦大赛的结果是否符合肖邦精神等）就不进行公开了，大家见谅。此外，肖邦还有着喜欢保持神秘的一面，比如他不喜欢给自己的作品加标题，而是希望"让他们去猜吧"。如此想来，在肖邦说出来的话之外，应该还有许多未尽之意……

—

D：肖邦先生您好，见到您实在太开心了。首先想请您谈谈您是如何看待音乐的，好吗？

C：音乐在声响的帮助下表达我们的思想。人们未定义的词语就是声音，人们使用声音来形成音乐，正如人们使用词语来形成语言。单独一个抽象的声音不能形成音乐，正如单独一个词语不能形成语言。

D: 您于 1829 年 8 月 11 日在卡诺特纳托剧院的维也纳首演中，您演奏了《回旋曲》。根据记载来看，您的演出大获成功，报道一片赞美之声，您是否还有印象？

C: 我只记得当时有一位女士说："真可惜，他的外表太平凡了。"这句话让我很受伤。

D: 您的音乐似乎总是给人一种淡淡的忧郁和孤独的感受，您是否常常觉得孤独呢？

C: 是的。你不会相信我是多么悲哀，因为没有一个人可以让我在他面前大声哭出来。你要知道我是多么喜欢有人做伴，又是多么容易和别人熟悉起来。但是却没有人可以让我与之谈心。这就是为什么我痛苦，你不会相信我是怎么寻求解脱的，那就是孤独。这样就没有人能整天事先不预约地拜访我，也没有人能随便让我被迫和他闲聊。

D: 我最喜爱您的《f 小调钢琴协奏曲》的第二乐章，简直美极了。

C: 那段音乐是我曾经深爱过的一个姑娘格拉克丝卡的理想化的形象，遗憾的是我始终没能鼓起勇气向她表白，我一直为此非常自责。

D: 钢琴奏鸣曲第二号 Op.35 是现在我们最常听到的您的作品之一，特别是其中第三乐章《葬礼进行曲》和后面的第四乐章。第四乐章简直太独特了，快速轻声的双手齐奏，很多人说那是墓地阴冷的风声。您当时写的时候是怎么想的呢？

C: 那个乐章的双手齐奏在我的想法中是《葬礼进行曲》，之后人们的闲聊是对之前葬礼的闲言碎语。

D：尽管您生于波兰，但是您一生的很大部分时间都是在法国巴黎度过的。您能为我们介绍一下那时您眼中的巴黎吗？

C：巴黎有最大的奢侈、最大的猪圈、最大的美德、最大的展览，有关治疗性病的广告到处都是。那里有想象不到的喧闹、吵嚷和泥泞。你会迷失在这个蜂窝中，没人问你是如何生活的，从这点来看，这是很方便的。

D：在我的印象中，除了波兰和法国，英国似乎也是和您比较有缘的国家。我知道您曾经到英国巡演，特别是在您去世前一两年，您拖着病体在英格兰和苏格兰演出了好几场，您对英国人是不是有着特殊的感情呢？

C：你能在伦敦过得很愉快——但是小心——那只是在你短期停留的时候。

那里没有地方小便，只有英国女人，只有马匹和马车，只有宫殿，只有富裕和奢侈，只有树木——一切都是非凡的，从肥皂到剃须刀——一切都一模一样，一切都过于有教养，一切都被洗过了，却黑得像绅士的屁股。

坦率地说，我认为外面草坪上的牛都比英国人聪明多了。

D：出版乐谱是您的主要生活来源之一，您和出版商合作是否愉快？

C：这么跟您说吧，对于那些出版商，我的座右铭是："付钱吧，你们这些畜生。"

D：您是否知道自己开创了一个流派？

C：我不会开创一个新的流派，因为我不了解以前的流派。

二

D：您生于波兰，后来长年住在法国，那么您对那时的德国作曲家们了解吗？

C：除了巴赫和莫扎特，我几乎不关注德国音乐。贝多芬只有几首奏鸣曲合我的口味；舒伯特嘛，我觉得他的音乐太粗糙了；韦伯的钢琴作品过于歌剧化；还有舒曼，对于他我不想说什么，他的《狂欢节》根本就不是音乐，尽管其中有一首是以我的名字来命名的。

D：车尔尼在我们的时代是一位很重要的人物，他的练习曲大量运用在钢琴教学之中。我知道您曾和车尔尼有过交集，能谈谈您对他的印象吗？

C：他是个好人，仅此而已。

D：在您的时代，有一位曾在钢琴演奏领域与李斯特分庭抗礼的钢琴家，叫塔尔贝格，您记得吗？

C：我记得。

D：您觉得塔尔贝格怎么样？

C：塔尔贝格在当时很有名，却不是我的菜……他弹强音和弱音靠的是踏板而不是双手。他的音乐太技术化了。

D：据史料记载，您曾经和钢琴家莫谢莱斯一起在圣克卢为王室演奏，您得到了一尊金杯，莫谢莱斯得到了一个旅行箱，是这样吗？

C：确有其事。而且我觉得，国王给莫谢莱斯箱子是为了让他快点消失（笑）。

三

D：作为一位了不起的教师，您最喜爱哪个学生？

C：我非常喜爱我的一位天才学生，匈牙利的菲尔茨。李斯特曾经说："菲尔茨一弹钢琴，我就该失业了。"可惜的是小家伙死得太早，只活到了15岁。

D：您认为钢琴演奏的最高境界是什么？

C：轻松自如、舒展、优雅。一个人只需学习手与键盘的定位，以轻松地获得最美妙的音响质量，懂得如何演奏长音符和短音符、如何获得不受限制的灵敏度。在我看来，好的演奏家就是能够控制和改变美妙音响质量的人。

D：在演奏会之前，您会如何准备？

C：我会把自己关起来，练习巴赫的作品。

D：均匀是钢琴弹奏中的一个重要课题，您能给一些建议和方法吗？

C：其实我认为人们在这个问题上一直都走歪了，一直在违背自然规律，错误地追求每根手指都力量均匀。事实却恰恰相反，我们的每根手指被赋予的力量应该是不同的。比如对于中指的连体兄弟无名指，很多演奏者总是试图用尽力气去保持无名指的独立性，这其实是不可能做到的事情，而且也没有必要那么做。在一个好的演奏机制中，演奏并不需要追求力量上的均衡，而是要追求触键的优美和晕染的优美。音质有很多种，就像手指各异，而重要的是利用好这些差异，这就是指法的艺术。

D：您作品中的弹性速度是最让钢琴家玩味的，您是怎么把握弹性速度的？

C：设想一下，一首乐曲的时长是固定的，总的演奏时间是一定的，但是细节之处却可以是千差万别的。

D：您的时代有两个牌子的钢琴最出名：一个是普莱耶尔；另一个是埃拉尔德。据说您爱用普莱耶尔钢琴，而李斯特喜欢埃拉尔德钢琴，是吗？

C：这两种钢琴我都很喜欢。在我身体状况好的时候，我用普莱耶尔钢琴；在我体弱多病时，我用埃拉尔德钢琴。

D：您似乎是您那时的著名钢琴家中举行公开音乐会最少的。据记载，从 1818 年到 1848 年的 30 年中，您只公开演出了 30 场，这是什么原因呢？

C：我曾对李斯特说过，我完全不适合举办音乐会。人群令我害怕，人们的呼吸使我窒息，人们好奇的目光让我麻痹，而陌生的面孔让我成了哑巴。

四

D：您的前奏曲 Op.28 在德文版乐谱上的题献为作曲家凯斯勒，而法文版和英文版的题献却是钢琴制造商和出版商普莱耶尔，那么到底谁才有权说"这些是我的前奏曲"呢？

C：我想应该是普莱耶尔。我在 1838 年为了和乔治·桑去马略卡岛，以 2000 法郎的价钱把这些前奏曲卖给了普莱耶尔。

D：既然您提到了您曾经的女朋友乔治·桑，能否告诉我们桑夫人是如何俘获您的心的？

C：在我弹琴的时候，她会深深地凝视我的眼睛。那音乐非常悲哀，是多瑙河的传说，我的心和她一起舞蹈。而她的眼睛、那忧郁的眼睛、独一无二的眼睛，它们在说些什么呢？她靠在钢琴旁，热烈的目光淹没了我。鲜花环绕着我们，我的心被俘虏了。

D：关于您的那首圆舞曲 Op.64 No.1，被我们称为《小狗圆舞曲》的，有一个故事，说是您在乔治·桑夫人的家中见到她的宠物狗追着自己的尾巴玩，由此产生了灵感而写的。

C：Op.64 No.1……

D：降 D 大调。

C：哦……我知道是哪首了。这完全是无稽之谈，简直傻透了！我的那首曲子写于 1847 年，那时候我已经和那个女人分手了，而且我这首圆舞曲是献给波多茨卡伯爵夫人的！

D：原来是这样……

D：您和乔治·桑夫人的爱情在我们的时代已成佳话。回首这段往事，您做何感想？

C：我曾经在 1848 年给朋友的一封信中说："我从未诅咒过任何人，但现在的我疲于奔命，真想诅咒乔治·桑。诅咒她会越来越备受煎熬，因为她越老越坏！"……在有一次我看到乔治·桑哭了之后，我就再也不相信眼泪了。

D：在您去世后，屠格涅夫说，欧洲有 50 多个伯爵夫人声称您死在她们的怀抱里。您能说说当时的实际情况吗？

C：那是一个痛苦的时刻……当时在场的有我的学生古特曼、我的儿时好友杰洛维奇神父、我的朋友波多茨卡伯爵夫人、我的姐姐、加瓦尔小姐及桑的女儿索兰奇·桑。

D：没有乔治·桑吗？
C：没有。

其实我还有特别多的问题想问伟大的肖邦，但看着他消瘦的身形于心不忍，就让答案留存在历史的记忆中吧。

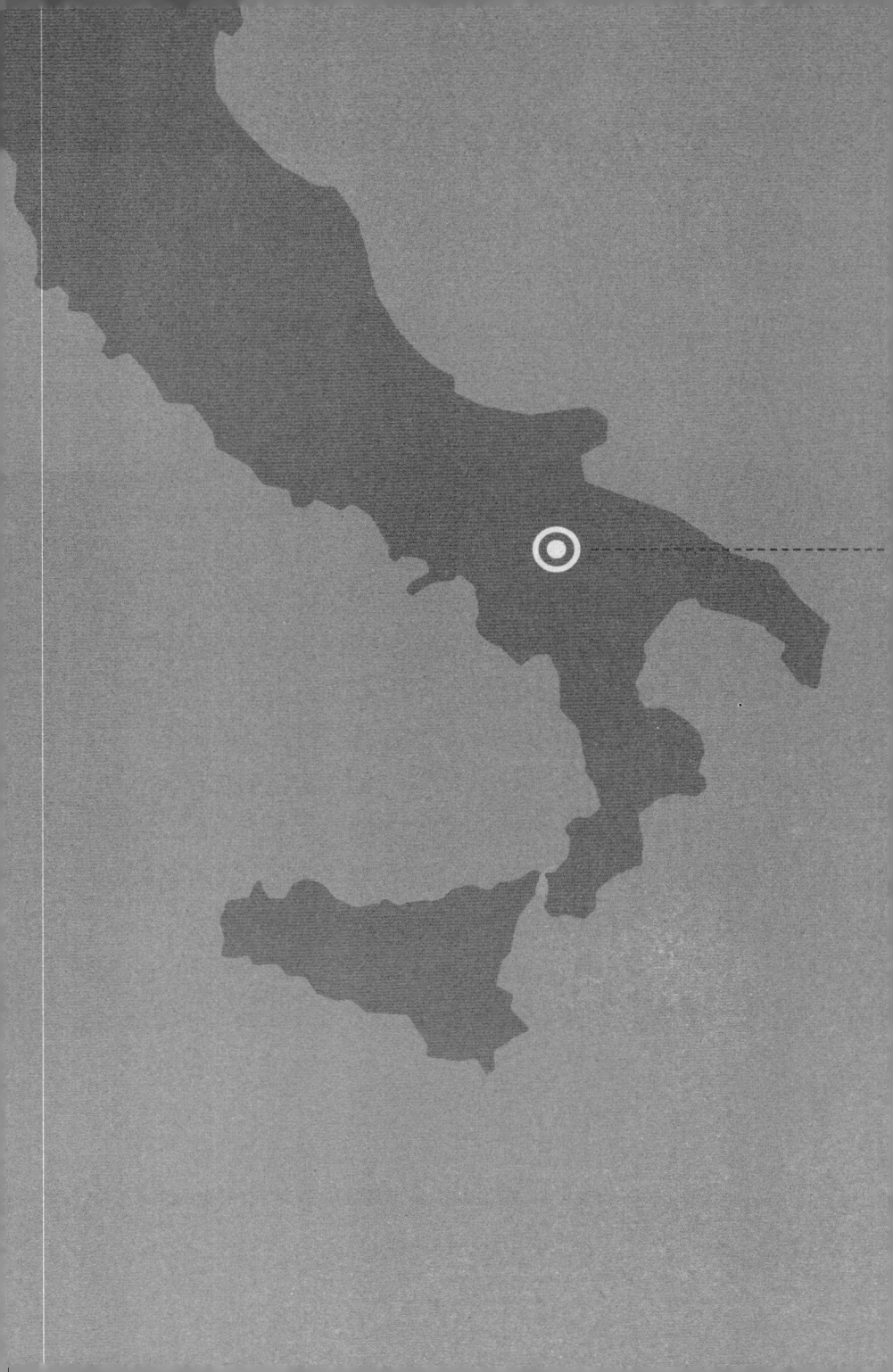

意大利

帕格尼尼

我这辈子已经练够琴了

作曲家小传

浪漫主义的演奏家们几乎没有人不受到帕格尼尼舞台魅力的影响与感召，并纷纷在自己的创作和表演中做出回应。如李斯特的《帕格尼尼练习曲》、舒曼的《帕格尼尼随想练习曲》和《狂欢节》中的《帕格尼尼》、勃拉姆斯的《帕格尼尼变奏曲》、拉赫玛尼诺夫的《帕格尼尼狂想曲》……就连气质与帕格尼尼相距甚远的肖邦也曾写下过深情的《回忆帕格尼尼》。

帕格尼尼（Paganini，1782—1840）生于意大利的热那亚，家境优越，自幼形成了率性而为的阳光性格。

童年的帕格尼尼是在其父的教导下学习小提琴和曼陀林的。作为商人的"帕爸"很快就嗅出了儿子的天赋及蕴藏的商业价值，开始组织少年帕格尼尼的商业巡演，并一直紧随左右。

少年成名的帕格尼尼，在冲破父亲的束缚之后，放纵得一发不可收拾，一生不知疲倦地声色犬马。一位善妒的女歌手给帕格尼尼生了一个儿子，两年胡搅蛮缠之后，帕格尼尼以一笔"遣散费"结束了这段关系并得到了儿子的抚养权，从此一直慈爱地养育自己的儿子。然而他的溺爱也使得其子一生一无所成。

帕格尼尼27岁时不幸染上梅毒，因服用水银治疗又患上了喉头肺结核，以致后来说不出话了。

帕格尼尼后半生辉煌的演奏事业都是拖着沉疴之躯完成的。

因演奏技术与效果过于令世人难以置信，加上帕格尼尼奔放的生活方式，当时的人们编造出许多帕格尼尼的传奇故事，并坚信不疑。这些传奇中就包括帕格尼尼是魔鬼化身的断言，并有人声称亲眼见到帕格尼尼演奏时，魔鬼在拉动他的手臂。

由于生前这些愚昧的传言，加之帕格尼尼去世时拒绝向牧师忏悔，以致大师的遗体不被允许进入教会的墓地安葬，而停在自家地窖中。经过了漂泊的 36 年（这期间遗体还曾被运到大海中的一个岛上）之后的 1876 年，教会才允许帕格尼尼安葬在教会的公墓，条件是帕格尼尼之子阿奇勒要支付给教会一大笔"赎金"。

Paganini

当我在练习肖邦的《回忆帕格尼尼》时，小提琴大师帕格尼尼现身了。大师身材高挑，有着这个时代最令人羡慕的瘦削，披一头黑色长发，面色苍白，双目深陷。他表示比起自己用小提琴来表达，以语言与人交流会显得有些钝拙。

D：尊敬的帕格尼尼大师您好，见到您太令人激动了！我们从您童年的学琴经历聊起吧。据说您小时候是由您的父亲督促您练习的？

P：从早到晚我的小提琴不得离手，我的父亲寸步不离，再也没有比他更严厉的父亲了。在他看来，我还不够勤奋，所以逼着我饿着肚子加倍练琴。我的身体不得不忍受过度的痛苦，健康开始受损。其实这种残酷的督促真的没有必要，因为我本身就对小提琴这种乐器非常着迷。

D：后来在您崭露头角时，也是您的父亲来安排您的演出行程并陪同吧？

P：是的。随着我的知识和天赋的不断增长，我父亲的那份严厉让我越来越感到压抑。我很想脱离他单独旅行，但是这位严格的导师总是如影随形地在我身旁。

D：据一位您成名后的朋友说，从未听到过您练琴……
P：因为我这辈子已经练够琴了。

D: 据说曾有一位有钱的爱乐者借给您一把瓜尔内里名琴演出，在音乐会后您归还这把琴时，他却被您的演奏深深感动而把这把琴送给了您，就是您后来一直使用的被您称为"大炮"的那把琴。这个故事是真的吗？

P: 哈哈，那是我一次散心的旅行。我要在里窝那举行一场音乐会，因为我没有把琴带在身边，音乐爱好者、富商利伏隆先生就借给了我一把瓜尔内里小提琴。但是在音乐会结束后，他拒绝收回这把琴。他说："我不能再玷污这把琴，所以亲爱的帕格尼尼，请您留下这件乐器，并且记住我！"

D: 作为一位意大利人，您在维也纳的演出引起了巨大的轰动，在维也纳出现了帕格尼尼糖果、帕格尼尼面包、帕格尼尼帽子、帕格尼尼手套……您的肖像出现在香烟盒、纽扣、药罐和手杖上。您能为我们评价一些维也纳的观众吗？

P: 维也纳人懂得真正的音乐。

D: 肖基特写了您的传记，据说是您主动找他写的，是出于什么原因呢？

P: 这是因为那时有许多无赖在说着无中生有的故事。因此我十分必要和他一起筑起一座堤坝，阻挡这些闲言碎语。我觉得不能再浪费时间了，我所有的朋友都迫不及待地想见到他的大作。只有如此，我的荣誉才能广为人知，并受到保护，只有真理才能杜绝悠悠之口。

D: 能否请您为我们描述一下当年您音乐会的盛况？

P: 好的，比如伦敦，我的第一场演奏在冷静的英国人中引起了一种非比寻常的激动情绪和前所未有的疯狂行为。整个剧院，前排座位、包厢和顶层楼座，就如同暴风雨中翻腾的大海，被掌声、叫嚣声和一波又一波在空中挥舞的手帕、帽子淹没。所有听众都不由自主地爬上了前排的椅子，大家不得不担心楼上包厢的观众会掉下来。这种激动的情绪并不只在剧院中爆发开，只要是在我出现的地方，街上或者任何地方，左右两边的人都站起来跟着我、围着我。后来在同一家剧院的第八场演奏会，剧院爆满的情形让人无法想象。数百名听众被送出了剧场，而200多人满意地站在乐手中间。因为乐手们把乐池里的椅子以一位一个基尼的价格租了出去，所以观众就到舞台上来了。

D: 您对这样的场面感到开心吗？

P: 可以说这让我心花怒放，我成功地通过我的乐器，摧毁了那些在听众中的恶劣印象。我登台演奏，使所有的批评都化为了难以置信的赞美之词。

D: 在您快40岁的时候，似乎一度想要和一位女士结婚？

P: 对，那时我终于决定要顺从自己的心理需求和社会地位，娶一位女子。那是一个年轻可爱的大家闺秀，既美貌又有严格的教养，能彻底征服我的心。虽然她没有嫁妆，但是我意志坚决，想和她快乐生活，就好像上帝想要我幸福一样！我感觉无比幸福，简直难以想象。

D: 然而遗憾的是，在进一步接触之后，她却完全不符合您的理想。

P: 是啊，相处了 4 天之后，在我看来就像是度过了 4 年，我离开了她。

D: 可以聊聊您唯一的儿子阿奇勒的母亲、女歌手安东尼娅·比安吉女士吗？

P: 阿奇勒 3 岁时我和安东尼娅就已经分开了，她是只恶毒的动物，我不想再听到关于她的任何事。

D: 非常冒昧但绝无冒犯之意地请问您，您早年曾经有一段时间沉迷于赌博，是吗？

P: 是的。那时我经常一个晚上就输掉几场音乐会的成果。看着自己由于漫不经心而变得尴尬窘迫，只有我自己的演奏技艺才能不断帮我脱困。

D: 一直都有一个传言，就是说您曾蹲过监狱，并在狱中戴着镣铐拉琴……

P: 我自始至终，无论在哪个政府中，一直都是个自由的、受人尊敬的、忠于法律的市民。我在这里声明，那个关于我在监狱中待了几年，并在那里习得小提琴的谣言，纯属无稽之谈。

D：您曾慷慨解囊赠予入不敷出的柏辽兹，对他表示支持，请您说说您对柏辽兹的评价吧。

P：我认为，在贝多芬死后，只有柏辽兹能再度建立他的精神。在我听过和他的天才相匹配的神奇作品之后，我觉得有义务请他好好收下那两万法郎，当作我对他的敬意，并且希望他能一直把我当作他最忠诚的朋友。

D：您是否更喜欢演奏自己写的曲子呢？

P：对我而言，最重要的是如何改变自己的演奏风格，以及不断为观众提供新曲。这些曲子我全部自己作曲。当然，对于所谓小提琴音乐的古典曲目，我是全部掌握的。但是，我认为这些古典曲目不足以发挥我的演奏技巧。

D：最后想请教一下您的演奏美学观，即音乐表演中演奏家与作曲家的风格平衡问题。

P：我有我自己的特殊风格，而且也依此创作我自己的乐曲。要演奏其他音乐家的作品，我就必须调整它们来顺应我的风格。这样我宁可自己写一首曲子，因为我可以将我自己的音乐感受完全寄托于其中。

我特别想以 19 世纪的人对帕格尼尼的一则近乎神话的传说来结束这次访谈：

这位脸色苍白的大师穿着他那稍显破旧的小礼服，站在坟墓之间演奏。人们走过去，开始时是不经意的样子，接着人越来越多，坐在墓碑上流泪……天色渐晚，世界都沉浸在小提琴发出的悲伤音调中……最后他离开墓园，一言不发地登上他的马车，只留下众生在夜色中低回不已。

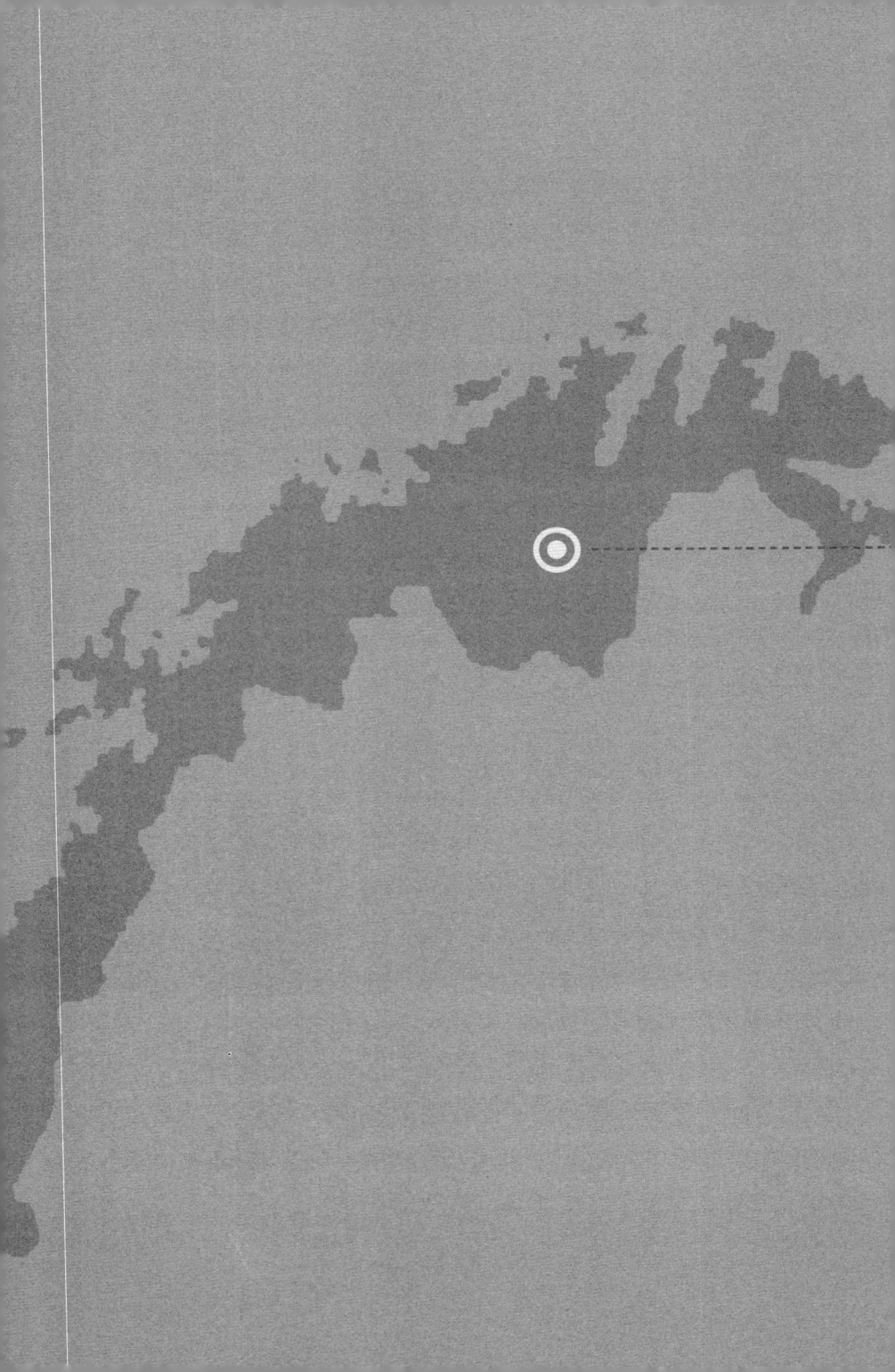

挪威

格里格

一切真正的艺术都只从真正的人产生

作曲家小传

作曲家格里格（Grieg，1843—1907）生于挪威的卑尔根，是五个孩子中的老四。

在格里格 15 岁时，小提琴大师布尔听了他的演奏，对格里格的才能大为赞叹，并强烈建议格里格去莱比锡音乐学院学习。

后来，对于格里格创作中的挪威风貌，布尔也产生了很多影响。

1867 年，格里格和布尔创办了挪威的第一所音乐培训学校，两年之后停办。

1867 年 6 月 11 日，格里格与歌唱家尼娜在教堂结婚，双方的亲属因为反对这门亲事而无一到场。

1869 年 5 月 21 日，格里格刚满一岁的女儿去世，令格里格夫妇深受打击，此后夫妇俩也没有再生育。

19 世纪 80 年代，格里格与著名戏剧家易卜生合作，为戏剧《培尔·金特》写了脍炙人口的配乐。

从 1864 年到 1901 年的 30 多年时间里，格里格创作并出版了 10 套《钢琴抒情曲集》。这套曲集已经成为我们今天钢琴学习的经典教材，格里格也因此被称为"小品大师"，但是我们不应该忘记，格里格的《a 小调钢琴协奏曲》同样已经成了钢琴家们的标准曲目。

1907 年，格里格因病逝世于他的出生地卑尔根。28 年后的 1935 年，尼娜撒手人寰。

格里格的葬礼当天，长长的送葬队伍挤满了卑尔根，商店和学校全部打烊和停课。

1908 年，格里格的骨灰被放入特罗尔德豪根下面湖边岩崖上的一个石室中。

Grieg

每逢进入冬季，我就特别喜欢弹格里格的曲子。于是，在格里格抒情小品的乐声中，这位身高只有一米五几的音乐大师向我走来。

一

　　D：格里格先生，您好！您的作品既洋溢着挪威的民族气息，也鲜明地表现出欧洲浪漫主义时期的创作风格。您是如何完美地平衡这二者之间的关系的呢？

　　G：是这样的。我一生都在记录祖国的民间音乐，在形式结构和风格上我仍然是德国浪漫主义的舒曼乐派，但同时我汲取祖国民歌丰富的宝藏，试图从那尚未有人研究过的对挪威人民的心灵的探索中创造出民族的艺术。

　　在我们说尊重民族的东西时，绝不是指片面追求某种情况的闭关自守。我们只是让音乐家也学习我们的民族财富。顺便说说，民族财富和他们特别亲近，也最能够促进他们的想象力。当音乐家已经知道外国音乐全部的力量和伟大之后，他已经不会像让人遗憾的常见情况那样，受其压力而忘掉民族艺术的地步。而且，如果音乐家需要巩固和发展自己的构思，他找到自己的道路要比身心都熏陶了外国音乐时容易得多。由此可见，我们保护音乐家对民族音乐的印象，就能缩短他发展所需要的时间。他学会领略民族旋律的完美，今后当他想模仿伟大作曲家们时，他将不是模仿他们的手法和独特的特点，而是发展自己在构思方面的伟大和完美。

　　D：能具体谈谈您的家乡卑尔根对您创作的影响吗？

G：不仅卑尔根的艺术和科学哺育了我，而且卑尔根周围的一切都抚养了我。卑尔根的大自然、卑尔根人民的生活、卑尔根劳动和生活的一切领域的业绩都感召了我。

D：尊敬的大师，您知道吗？包括我在内的许多人都是通过您的音乐加深了对挪威的了解的。您在音乐创作的时候可曾想到过这个成就？

G：一般来说，我深信人们由于喜爱我的艺术，也会喜爱起挪威来。

二

D：您曾在回忆录中提到童年第一次令您激动的探索是在钢琴上找到了九和弦，那是怎样的一个情形？

G：我经常回味当我伸手在钢琴上弹出和声——那时我还弹不出旋律——是妙不可言的快乐。我先弹了三度，接着是三和弦，之后是九和弦。当它被奏响时，我高兴得无以复加。这是多么大的成功！后来的哪次成功都没有像那次一样使我陶醉。

D：那时您多大了？

G：我那时快 5 岁了，一年之后母亲开始教我弹钢琴。

D：可以给我们讲讲您母亲是怎么教您弹钢琴的吗？

G：我起先没有料到一开始就埋伏着失望。但不久我就知道了，弹奏的那些练习完全不合我的心意，而母亲又严格到铁面无情的程度。当我试图在钢琴上即兴演奏的时候，母亲的心里可能感到高兴，因为在这里她已经看出我的音乐天赋，但是她不露声色。相反的，当我沉湎于幻想时，那她可是不好惹的。可是当我重新弹奏音阶、指法练习和好像给我饥饿的心灵以石头代替面包的其他技术课题时，母亲密切注意我的弹奏，甚至在隔壁房间里都不放过。有一次，她在做午饭，从厨房里发出严厉的吼声说："你不害羞吗？爱德华！那是升 f！升 f 而不是 f！"我对什么错误都瞒不过她是真心佩服。如果我那时候更加勤奋些，在亲爱的母亲面前更乖一些，即使被管得严，我后来也会轻松很多。但是我不可原谅的坏习惯和喜好幻想在后来给我带来不少麻烦。如果不是我从母亲那里不仅继承了音乐才能，还继承了她孜孜不倦的精力，那我就永远不可能从幻想转为现实。

D：除了接受音乐教育，您对小时候上学的经历有何印象？

G：我对学校敬而远之，总是想不可思议的办法来不受约束。学校只培养了我身上坏的方面，而好的方面则原封未动。

D：您是否从小就立志成为音乐家？

G：哦，完全没有。

D：那是为什么呢？

G：因为那时我认为成为音乐家这个理想太高了，高不可攀。

D：小提琴家布尔应该算是您音乐之路上的贵人吧？

G：奥·布尔是我的大救星。他开启了我的眼界，使我看到挪威音乐的绚丽多彩与原创性。在他的启发下，我学到了很多被遗忘的民歌，特别是认识了自己。

D：您进入由门德尔松创建的莱比锡音乐学院后，曾在普列第（Louis Plaidy，1810—1874）的指导下学习钢琴，能给我们介绍一下他的授课吗？

G：这个秃头的、矮小的胖先生在上课时坐在钢琴旁，当学生弹奏的时候他用左手食指支着耳朵，近乎痴呆地总是唠叨着同样的话："慢，强，高抬指。"简直让人听得快要发疯了。而他的演奏也的确活现了他的指导。此外还有那些不断出现的标点符号——如果可以这么称呼它们的话。那就是：即使是最短的句子也总是要加标点，不断地有逗号、分号、惊叹号、破折号，而在它们之间则完全是空白，连点内容的暗示都没有！

D：您觉得莱比锡音乐学院的作曲课怎么样呢？

G：我对管弦乐队的乐器和配器法一无所知，却必须写序曲！于是我完全陷到里面去了，寸步难行。这也许听起来非常难以置信，但是莱比锡音乐学院真的没有学生可以掌握的入门的课。

D：后来您到了著名巴赫研究专家、莱比锡"巴赫协会"创立者豪普特曼（Moritz Hauptmann，1792—1868）门下学习，请您为我们回忆一下这位音乐家吧。

G：早在我认识豪普特曼之前的 16 岁，那时我还穿着童装，我有幸在一个所谓"个别试"的年终考试中演奏一首自己的作品。在我演奏完之后，惊讶地看见一位长者从考官席上站起来，走到我面前，把手放在我的肩上，对我说："孩子，你好！我们应当成为朋友！你觉得怎么样？我66岁，你16岁，这不正是忘年交吗？"这就是豪普特曼。我从这时起就喜欢他了。他晚年经常生病，所以在家里上课，住在从前巴赫住过的托马斯教堂附属学校里。在这里我有幸和他进一步相识。至今我还记得他身穿睡衣、头戴睡帽、架着眼镜坐在沙发上的姿态。他趴在我的练习本上看我的作业，至今我的练习本上还留有从他鼻子里流出来的一滴液体的黄褐色污渍。他喜欢吸鼻烟，所以经常都要准备着大丝手帕。

D：据说莱比锡音乐学院的教授中，您只对豪普特曼怀有终生难忘的感情，是吗？

G：是的。我至今感激这位可爱的老人对我的睿智的教诲。他虽然学问渊博，但我认为他是一个真正不卖弄学问、丝毫没有学究气的人。对他来说，规则从来不是条条框框，而是性质本身的标志的表现。

D：您在莱比锡音乐学院写出了哪首代表作？

G：我在音乐学院没有一次能写出有希望的东西来，我从音乐学院毕业时和入学时一样是个傻瓜。

D：您在莱比锡期间是否从那里的音乐生活中得到熏陶呢？

G：我非常幸运，能够在莱比锡听到美妙的音乐，特别是管弦乐和室内乐。这使我免于受音乐学院作曲训练的坏影响。我所听到的音乐发展了我的智慧和音乐鉴赏力。

D：公平地说，您在莱比锡音乐学院的学习是否也有积极的作用呢？

G：我很幸运的是，后来我有足够的力量抛弃我所受的压制自我的不完善的教育加给我的包袱。当我清楚地意识到自己的力量之后、当我觉悟到自我时，我才经历了我称为自己第一个、主要的、唯一的成功。因为它决定我的命运。而我童年和学生时代的一切苦与乐、失望和胜利都给这唯一的巨大成功出过力。没有前者也就没有后者。

三

D：您曾得到伟大的李斯特的召见和赏识，这已经是载入史册的佳话了。请您说说这个令人羡慕的经历吧。

G：首先我说说第一次见到李斯特的情形。我偶然得知李斯特要去蒂沃利的德埃斯特别墅，就立刻跑去找他，他没在，我留了一张名片，不久他回去了。后来我在大街上碰到一个丹麦作曲家，他告诉我，李斯特正通过朋友在找我。李斯特请人转告我，他很抱歉没有时间拜访我，但如果我能第二天早晨十点钟去找他，他就太高兴了。

我带着自己的作品去见李斯特的路上，由于恐慌，心口隐隐作痛。但其实我完全没有必要心情紧张，因为世界上恐怕找不到几个像李斯特那样和蔼的人。他面带微笑地迎接我："咱们是不是已经在书信上有过点儿往来了？"同时他的眼光贪婪地盯着我腋下的谱子，手指也向我伸来。我不敢怠慢，心想最好还是我自己把夹子打开吧。他立刻翻阅乐谱，更准确地说，他迅速地读小提琴奏鸣曲的第一乐章，他是真的读，而不是装模作样，这由他的多次点头、啧啧称赞"好"和"太美了"得到了证明。总的说来，我发现李斯特对民族独特性特别有兴趣，这也和我先前预料的一样。

D: 李斯特为您演奏了吗？

G: 在我弹完自己的作品后，我觉得如果我想听李斯特的演奏就必须趁热打铁，因为显然他的情绪很好。但他对我的请求只是耸耸肩。我苦苦哀求说："难道您让我一次都没听到您的演奏就离开意大利吗？"于是他挥了一下手，嘟囔着说："好吧，既然您要听，那我就演奏，我破例了！"李斯特不知从哪拿来一份总谱，是不久前写给他的交响诗《塔索》附加的一首葬礼进行曲。然后他坐到钢琴前弹起来。请相信我的形容，他的演奏简直是源源不断地"喷"出——请原谅我拙劣的形容词——火焰、火花和生龙活虎的乐思。声音就好像是他唤出塔索本人的灵魂。李斯特是使用鲜明的色彩描绘的，但像这样的题材简直就是为他创造的：他的力量就善于描绘悲壮的事物。我实在不知道：作为作曲家的李斯特和作为钢琴家的李斯特哪一个使我更赞叹，他的演奏实在是太有威力了。其实，这甚至不能说是演奏，他使你忘记了在你面前的是音乐家，他变成了宣告审判日的先知，全世界的幽灵都在他的手指下活跃起来。他探得心灵宝藏的隐秘，以恶魔般的力量闯进内心深处。李斯特在弹完自己的曲子之后，沉着地提出："现在让您继续弹您的奏鸣曲吧！"但我回答说："不，太谢谢您啦。在您弹过之后——饶了我吧！"于是发生了最令人惊叹的事。李斯特说："好吧，既然不知为何您不弹了，就让我来弹吧！"您要知道：首先，李斯特不熟悉这首奏鸣曲，以前从未听过，更没弹过；其次，这是一首小提琴奏鸣曲，其中有独立于钢琴声部外时上时下的小提琴声部。李斯特是怎么弹的呢？他弹的时候没有放过任何细节，既弹小提琴声部，又弹钢琴声部，他简直同时照顾到了键盘的每个地方，没漏掉一个音符。而且，他弹得还更响亮、雄伟、优美、热情洋溢，非常气派。当我心花怒放地要喝彩时，李斯特却发牢骚说："既然您委托我视奏这首曲子，就凑合吧，毕竟我是个有经验的老音乐家。"

难道李斯特不是和善的化身吗？我有机会见到过的伟人中，没有一个能和他比。

接着，我给李斯特弹了我写的《葬礼进行曲》，很合他的心意，然后我们闲聊了一会儿。我告诉他，我父亲1824年在伦敦听过他的演奏，他感到很高兴。他说："是的，是的，我在世界各地有过很多演出，太多了。"后来我向他告别，头脑发涨地迈着蹒跚的脚步回家了，但是我知道我经历了我一生中最有意思的两个钟头。

D：这真是太美好的经历了，感谢您的详细描述。那么您第二次见李斯特是什么情况呢？

G：当时我本想和一伙斯堪的纳维亚的朋友去蒂沃利玩几天，

忽然乔万尼·斯甘巴蒂（Giovanni Sgambati，1841—1914）走进来告诉我，李斯特想见我，明天上午11点钟在家等我。尽管蒂沃利有很大诱惑力，但是和李斯特见面当然胜过了它，于是我的计划全改了。这次见面也非常有趣，从各方面说都不比上一次差。此时从莱比锡寄来了我的钢琴协奏曲，我就正好带上它。这次在李斯特家除了我，还有斯甘巴蒂、一个我不认识的模仿李斯特到也穿神父长袍的德国李斯特迷，以及一个来开宗教会议的人和几个要把李斯特活吞下去的年轻的太太、小姐等人。每个人都极力要坐得离他近一点，找任何借口握他的手。当李斯特坐到钢琴前时，这些太太、小姐们簇拥在他的周围，完全不管钢琴家在弹奏时手臂活动的空间。她们贪婪地盯着他的手指，眼看他的手指就要消失在这群小兽张开的大嘴里了。我的心脏都快停止跳动了，内心里揣测李斯特会不会弹，并且是视奏我的钢琴协奏曲。但李斯特问我："您想弹吗？"我赶紧拒绝道："我不能。"因为我到那会儿都还没练熟我自己这首协奏曲。于是李斯特拿起总谱走到钢琴前，面带他独有的微笑向全场的人说："好吧，那我只好让你们瞧瞧，我能不能。"

D: 李斯特把您的协奏曲弹得怎么样？

G: 应该说，他把第一乐章弹得太快了，因此开头有点匆匆而过，但当后来我向他指出了速度问题时，就没有谁能像他弹得那么得心应手了。各乐章在技巧上最难的华彩段，他都弹得无懈可击。他的面部表情也是独一无二的。他不只是在弹琴，他同时还说话、评论，跟在场的人一会儿这个一会儿那个地随便说一句机智的话，左顾右盼意味深长地点头，特别是在合他心意的时候。在柔板乐章和末乐章，他的演奏和称赞都达到了顶点。我一生都难忘这神乎其神的情景。在结束部，李斯特突然停下来，他魁梧的身材挺拔而起，他离开钢琴，迈着大步，高举一只手臂，顺着宽敞的大厅走去，雷鸣般地唱出主题，高声赞叹道："g, g, 而不是升 g！太妙了！这是地道的瑞典鸡尾酒！"然后，像是加了括号的话一样，用 ppp 的力度补充说："不久前斯美塔给我寄来了差不多这样的东西。"

然后他回到钢琴前，重新弹了整个这段直至结束。在把谱子还给我时，他无比真诚地嘱咐我："继续走下去，您听我说，这是您的使命——不要让别人唬住您。"

李斯特的话对我有难以形容的意义。我要说它是一种祝福。在一生中我还会有很多次的失望和痛苦，而当我想起李斯特的话，我就深信这一时刻的回忆中有神奇的力量，在考验的时刻支持着我。

D：听说您和勃拉姆斯是朋友，您对他的音乐如何评价呢？

G：勃拉姆斯没有任何使我困惑不解之处。被云雾分成一片片的风景，其中有古老的教堂或希腊庙宇的废墟——这样的风景就是勃拉姆斯。有人把他与巴赫和贝多芬并列，称为"3B"，这种做法和把他贬低到荒谬的程度是同样让人莫名其妙的。伟大就应该是伟大，而和其他的伟大相比就永远会落得个"不能容忍"的结果。

D：我们都公认您也是伟大的作曲家，您认为您与巴赫和贝多芬的区别是什么呢？

G：巴赫和贝多芬那样的艺术家是在高地上建立起庙宇和教堂，而我则是要给人们建造让他们觉得像在家里一样幸福的园地。

D：应该说，您除了曾见证伟大的浪漫主义大师的风采，也赶上了 20 世纪诸多作曲家的时代。对于他们您是怎么看的，比如理查德·施特劳斯。

G：我看过他的《查拉图斯特拉如是说》的总谱，但是其中没有有前途的东西。那不是音乐，只是玩弄音响和技术。那部作品宣传得过分了。

四

D：请您谈谈您最伟大的杰作《培尔·金特》的创作感受吧。

G：在写那些表现我的祖国，表现它的大自然，表现它的幻想境界、它的古老风俗、迷信，表现那里的人，表现爱、忠诚、惋惜、希望等直接发自人性内心的感情的地方，我就如鱼得水，并且实话实说，这种音乐根本不需要作，它就永存在我的心里！培尔·金特的老母亲，他年轻忠实的未婚妻，农民和他们醇厚的风俗，一生都富于诗意的最好时光的培尔·金特本人，这些都是我感到亲切的人和事。我在童年时看见过他们，即使是现在也看得见他们。没有比用音乐使他们活灵活现更让我感到幸福的了！

D：您曾写了很多歌曲，是否因为您的妻子是一位歌唱家？

G: 的确。我爱上了这个女孩，因为她有着金色的嗓音和极强的表现力。直到后来，她都一直是我生活的伴侣。如果可以换个说法——她一直是我歌曲的忠实诠释者。我那时的歌曲就像生活中必然会发生的事那样自然而然地就写出来了，而且都是为她写的。从那时起，把我的各种感受写成歌曲就像呼吸一样成了一种自然的生存要求。我的妻子作为一个歌唱家所取得的成就也是我作为一个作曲家梦寐以求的目标，即公正地对待诗歌。

D: 除了《培尔·金特》，您还曾把许多易卜生的诗歌写成了歌曲，请问易卜生本人听过吗？他做何评价？

G: 有一次在听了我妻子演唱的我为他的诗而写的歌曲后，易卜生眼里满含泪水地向我们走来，紧紧握着我们的手，激动得说不出话来。他含糊地咕噜着，大概意思是说"这才是真正的理解"。

D: 由于歌词的原因，歌曲在其他语种国家的演出效果常常会打折扣。不知道您的这些歌曲在挪威之外的地方是否受欢迎？

G: 当我看到我的歌曲竟然出现在德国莱比锡布商大厦的节目单中时，的确非常吃惊，并觉得难以预料演出的效果。当音乐会一开始，我就被笼罩大厅的深深的静穆打动了，心里出现了希望。演出无与伦比，根本不需要担心。最后的音符一结束，便听到了来自观众席的狂喜、雷鸣般的掌声。演出结果令人非常高兴，歌词翻译得也很好。

D: 您生前除了创作，也进行了大量的演出活动，不仅指挥，还演奏钢琴。比如您就多次演奏自己的钢琴协奏曲。您喜欢上台演出吗？

G：当在身体状态不佳时，我为了糊口而开音乐会简直是受罪。有人说我如果不想开音乐会，完全可以不开，因为我靠创作能过得更好。但是我要说，一个人不能总是作曲，至少我不能！

五

D：您认为艺术家的使命是什么？

G：大自然一旦造就了艺术家，他就不能安于既得的成就，否则他就不配当艺术家。他应当但凡有力量就一直坚持创作下去，这是他的生活需要。

D：您是否认为 20 世纪的很多作曲家对于"新颖性"的追求是与您不谋而合的呢？

G：我一直都在问自己，所谓独创性、所谓新颖性到底是什么？其实最重要的并不在于此，因为最重要的在于感情的真实。

D：当今世界很多国家都进入了老龄化社会，请您给我们分享一些您对生命进入老年时的感悟好吗？

G：正如真正的音乐不仅有"渐强"和"很强"，还有"渐弱"一样，生命给我们显示了同样的力度变化。"渐强"和"很强"对于老了以后的我们来说已经结束，而该是"渐弱"了。某种"渐弱"甚至可能是美好的。想到"极弱"的临近，我完全不会感到那么讨厌了，但对于在"渐弱"时的不美好的东西——痛苦——我是肃然起敬的。曾有人说："生命是进餐，我现在吃到干酪了，味道好极了。"

D：您曾在 1904 年日俄战争期间被邀请去俄罗斯，而您拒绝了这一邀请，请问是为什么呢？

G：在那种政治环境下，我任何条件下都不愿意去俄罗斯。我很困惑不解：怎么会邀请一个外国艺术家到几乎家家都在哀悼阵亡亲人的国家里来。可能这不是一个我能妄加评论的问题，但是我必须按我自己的感觉行事，它不允许我到俄罗斯开音乐会。当然，我知道很多艺术家对生活有更强硬的观点，但我不属于那样的人。事情只能是这样的，首先应当是——人。一切真正的艺术都是只从真正的人产生的。

> 临走时，格里格告诉我说，在挪威的民间故事中，母亲临终时都会对子女说："为我痛苦吧，但是过后要以新的力量工作！"

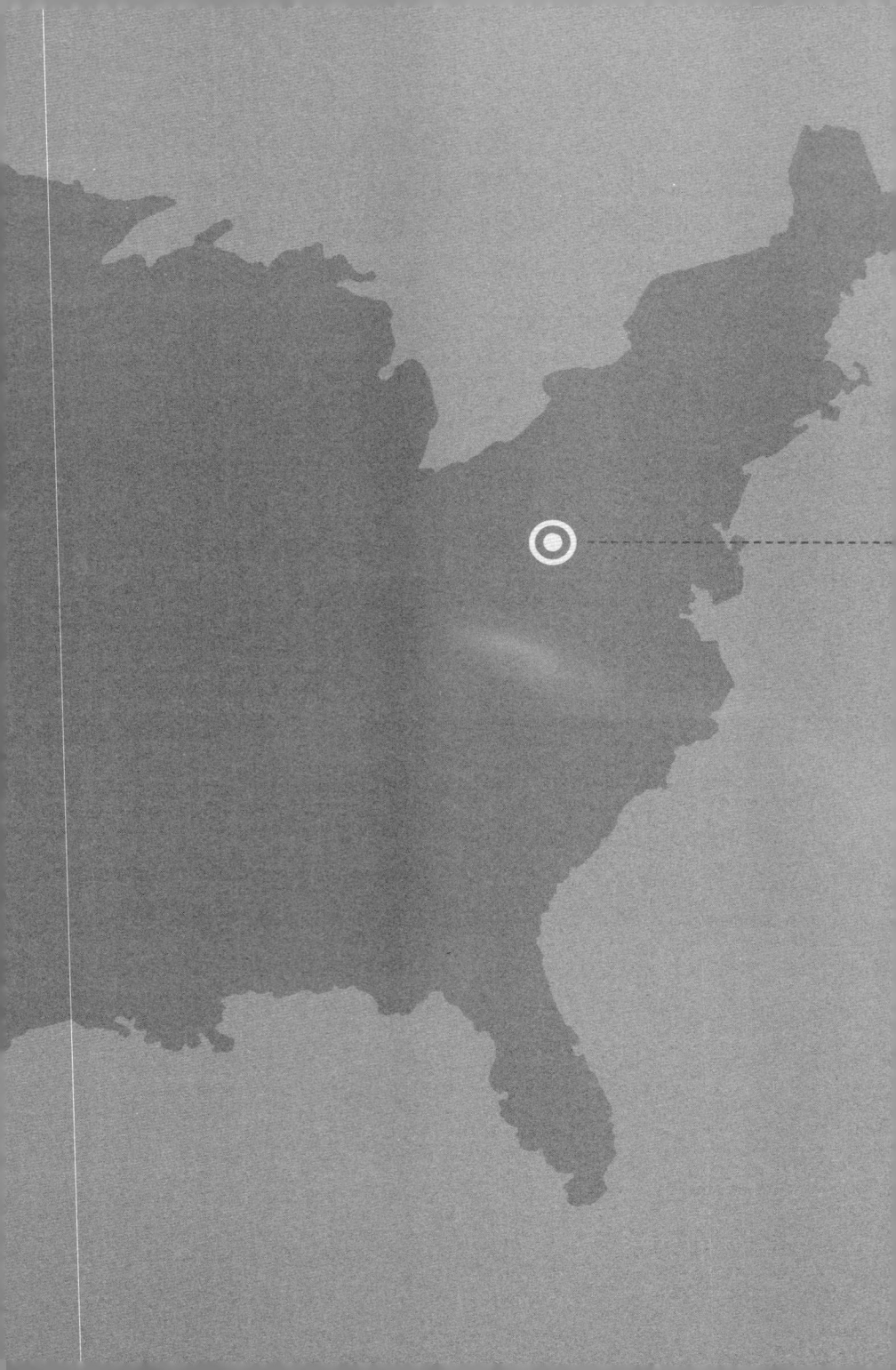

美国

斯特拉文斯基
钢琴是我所有音乐创作的支柱

作曲家小传

斯特拉文斯基（Игорь Фёдорович Стравинский，1882—1971）一生的创作轨迹淋漓尽致地体现了"对新鲜事物充满好奇"的特点。

师从里姆斯基－科萨科夫的斯特拉文斯基，其创作至少可以分成三个时期：

第一个时期为俄罗斯时期，在此阶段斯特拉文斯基写了《火鸟》《彼得鲁什卡》《春之祭》三部知名舞剧音乐。特别是《春之祭》的首演，成了 20 世纪音乐史上的一次著名事件：支持与反对该剧音乐的观众在场内大打出手，招致警察前来维持秩序。当时音乐家圣－桑也在观众席中，音乐开始没多久就愤而离席。

正当其他作曲家开始纷纷效法《春之祭》的风格时，斯特拉文斯基却开始了他的第二个创作时期，即新古典主义时期。斯特拉文斯基重返巴洛克及更古远的时代，以简洁、透明的音乐语言写出了《普尔钦奈拉》等代表作。

在新古典主义音乐风格受到行业的追捧时，他们的领袖斯特拉文斯基居然又调头转向了此前一直反对的序列音乐……

其实，斯特拉文斯基的创作中一直都在使用包括爵士乐在内的各种新鲜元素。他从来不会觉得自己应该固守某个流派，而是将每种流派的风格都仅仅视为自己创作中的手段和素材。

生于俄罗斯的斯特拉文斯基，后来先后加入法国籍和美国籍。他与画家毕加索是好朋友，芭蕾舞团经理佳吉列夫是他的伯乐和终身好友。斯特拉文斯基与时尚教母加布里埃·香奈儿（Gabrielle Bonheur Chanel，1883—1971）的香艳情史已被拍成电影，二人在同一年分别于美国和法国去世。

Stravinsky

当我正在家里不务正业地把玩新入手的手办时，一个长相非常科幻的男人走了进来。我一下认出此君乃美籍俄国作曲家斯特拉文斯基，其一生作曲风格转变之多之大，在音乐史上十分罕见。我知道他酷爱威士忌，赶紧翻出来一瓶请他品尝。斯特拉文斯基一边喝着威士忌，一边围绕他自己的生活和创作，以及他个人的美学观点，和我天马行空地畅聊起来。

—

　　D：您给我的感觉是性格很独特的作曲家，您觉得您的父母对您性格的养成有没有影响？

　　S[①]：我的母亲是个真正的钢琴家，她视谱演奏的能力很强，终其一生都热爱音乐。我的父亲则是个不那么随和的人。他经常让我感到恐惧，我觉得这对我个人的性格产生了很坏的影响。他是个性情不受控制的人，同他相处很困难。他一生起气来，就控制不住自己，突然发作，不管是在什么地方。只有我生病的时候他才对我态度温和，我觉得，这是我可能有抑郁症的最好证明。

　　D：您并没有像那时的很多作曲家那样也开展自己的钢琴演奏事业，这是什么原因呢？

　　S：我不太可能作为钢琴演奏家而出人头地，除了才能不够，

———————————

　　①　S 即斯特拉文斯基英文名（Stravinsky）的缩写。

还因为我的"演奏记忆力"不好。我认为，作曲家并不是一下子就把所有东西都记到心里的，然而器乐演奏家却必须像照相机一样具有"全部无遗"把握作品的才能。此外，我对于能记住一首协奏曲或者一部交响乐的才能并没有多大兴趣，对于追求这点的那些人的思维方式我并没有认同感。我的演奏记忆力有点靠不住。我有一次演奏一首钢琴协奏曲的时候，脑子里突然产生了一个摆脱不掉的想法，即听众是一个巨大蜡像馆的木偶展品。我无意中看到自己的手指在光亮的键盘木盖上的影像时，我的记忆模糊了，结果发生了记忆中断。

我是不是个钢琴家无所谓，但是钢琴居于我切身利益的中心位置是自然而然的，而且钢琴是我所有音乐创作的支柱。我写的每一个乐谱都要用钢琴视奏，每个音程都要分别进行研究，一遍一遍地听。

D: 您为之配乐的舞剧《春之祭》首演在现场爆发的骚乱已经载入史册，您能否回忆一下当时的情景？

S: 对音乐隐隐约约的反对意见从演出一开始就可以感觉到。后来，随着大幕升起，一群洛丽塔蹦跳着出现在舞台上时，爆发了暴风雨般的喧嚣。我身后有人用法语大喊："住嘴！""十六区的丫头们，闭上你们的嘴！"接着混乱仍在继续，几分钟后我愤然离开剧场；我坐在乐队右边，直到现在我还记得自己摔门而去的样子。我从没这样生气过。我觉得，《春之祭》的音乐是平常的、亲切的，我喜欢它。我不明白，为什么人们还没听音乐，就提前反对它。我怒气冲冲地走到侧幕后面，看见佳吉列夫正在那忽关忽开地操纵演出大厅的灯光——这是平息观众的最后办法。我站在侧幕旁的尼金斯基身后，抓着他燕尾服的后襟，直到演出结束。他站在椅子上向舞蹈演员们喊着数字。

D: 后来《春之祭》是怎么获得成功的？

S: 那是第二年，《春之祭》的第一次音乐会演出，现在想来都还使我感到莫大的愉快——那是一个作曲家罕见的成功。音乐刚一奏完，整个剧场都站立起来，纵情欢呼。我走上指挥台，同汗如雨下的指挥紧紧地拥抱，这是我一生中最粗野而有伤大雅的拥抱。观众拥向侧幕，素不相识的人们用手把我举了起来，把我抬到大街上。甚至有个警察挤到我跟前，想要保护我。

后来我逐渐明白了，我更喜欢音乐会演奏的《春之祭》，而不是舞剧版的。

D: 我记得您还曾经为一些爵士乐队和流行乐队写过一些乐曲，比如《马戏波尔卡》《俄罗斯谐谑曲》《乌木协奏曲》，以及为 11 种乐器而写的《拉格泰姆》，这是出于什么考虑呢？

S: 从广义上讲，从 1918 年以后，爵士乐就时常影响我的音乐创作。但是刚才您说的那些作品，除了《拉格泰姆》，其余的都是手艺匠人之作，是一些我不得已才接受的约稿，因为欧洲的战争使我的作品的收入大大减少了。《马戏波尔卡》是巴兰钦的想法，他要一首大象芭蕾舞的简短乐曲，他当时的妻子要骑着其中的一头大象；《俄罗斯谐谑曲》则是保尔·怀特曼为无线电广播而预定的；《乌木协奏曲》也是按一个限定的乐队编制写的。

二

D: 众所周知，您最重要的老师是里姆斯基－科萨科夫。他一定对您的作曲才华非常肯定吧？

S: 其实不论是我跟里姆斯基－科萨科夫学习的时候还是后来，他都很少说赞扬的话，而且从来不用"才华"二字奖励我。实际上他当着我的面称为有才华的作曲家的，只有一个人，就是他的女婿施坦伯格。

D: 作为非常亲近的人，您对里姆斯基－科萨科夫的为人如何评价呢？

S: 里姆斯基－科萨科夫是个很严格的人、很严格的教师，但同时他又是一个很有耐心的人、很有耐心的教师。他的知识掌握得非常准确，所以他总是能把他所知道的东西给你讲得一清二楚。他的教学所涉及的整个都是"技术"。我爱戴里姆斯基－科萨科夫，但是不喜欢他的思维方式。我印象中的里姆斯基－科萨科夫是个非常有同情心的人，非常宽宏大度，而且不是表面上装装样子，只是对柴可夫斯基的崇拜者很不喜欢。他不止一次地说，"柴可夫斯基的音乐就是一种有害趣味的证明"。然而里姆斯基却很自豪地把一顶柴可夫斯基送给他的银制王冠摆在书房里。

我不否认他有一些浅薄，因为里姆斯基－科萨科夫的性格和他的音乐都不十分深刻，这是显而易见的。

里姆斯基－科萨科夫在他的自传里没有提到我，因为他不愿给予我特别的关注而使我显得突出。他有许多学生，一向避免表现出对谁有所偏爱。

D: 除里姆斯基－科萨科夫之外，"强力集团"的其他作曲家您也认识吧?

S: 我很小的时候就认识居伊，因为他很崇拜我父亲，经常到我家做客。他是一个极端的反瓦格纳学派的人，但是他又不能提出什么东西与之对抗，这就是常言道"我们的仇视比我们的爱戴更具实质"的情况了。对于居伊的东方风味我同样不能认真看待。"俄罗斯"音乐，或者"匈牙利"音乐，或者"西班牙"音乐，或者19世纪任何一种其他的民族音乐，与其说缺少民族味，倒不如说枯燥乏味。

D: 另一位和您一样与佳吉列夫有联系的作曲家是斯克里亚宾，您跟他关系怎么样? 他的钢琴作品对您有影响吗?

S: 我跟里姆斯基－科萨科夫学习那几年经常同斯克里亚宾见面。他这个人为人行事毫无分寸，他对我及里姆斯基－科萨科夫的其他学生，态度非常傲慢，让人非常反感，因此我从来不想跟他来往。斯克里亚宾在对位和和声领域的造诣要比大多数俄罗斯作曲家好，比如要比普罗科菲耶夫好得多。

李斯特是斯克里亚宾创作的基础，这对于他那一代作曲家来说是自然而然的事。我一点不反对李斯特，但是斯克里亚宾那种没完没了地争论肖邦－李斯特流派、把它们同德国传统对立的做法，我很不认同。我记得他一次气急败坏的样子，只是因为我赞扬了舒伯特。斯克里亚宾认为舒伯特的钢琴四手联弹不过是一种贵族小姐的音乐。

至于钢琴创作，我要告诉您，我的钢琴作品中斯克里亚宾的影响是微不足道的。一个人只会接受他所喜爱的方面的影响，而我从来不喜欢他那种傲慢的音乐，一个小节都不喜欢。

斯克里亚宾的死是悲惨的，而且为时过早。但我有时候也会问自己：这样的人即使活到 20 年代又能写出什么音乐呢？

D：同样作为 20 世纪的作曲家，您对理查德·施特劳斯、马勒等人的音乐做何评价？

S：我第一次接触施特劳斯的音乐是在 1904 年或者 1905 年，听的是《英雄的生涯》，第二年又听了《查拉图斯特拉如是说》《梯尔的恶作剧》和《死与净化》。但是我听了之后，它们却从相反的方面让我完全失去了对这些作品本应产生的好感。我觉得《英雄的生涯》的傲慢和华丽只能充当呕吐剂。至于马勒，他本人曾给我留下了很深的印象，但是他的交响音乐作品，我只喜欢《第四交响曲》。

马勒的指挥是所有指挥家之中给我印象最深的。这其中的部分原因是：他也是作曲家。我觉得最令人感兴趣的指挥是那些同时又是作曲家的指挥，只有他们才能对音乐的实质作新的理解。

最能推动指挥技术前进的当代作曲家是布列兹和马代尔纳，而这两人都是作曲家。只把指挥当作职业的音乐家是可怜的，在那些同时又是作曲家的指挥家面前，他们难以望其项背。其中的原因很简单，他们总是在某种特点面前却步，总是停留在过去已确立的某种神龛之中，这些人的指挥非常接近于杂技。

D: 对于那时的演奏家您有没有可以谈谈的?

S: 我比较了解约瑟夫·霍夫曼，在我学钢琴的年代，他的演奏是我快乐的源泉。后来我发现，他这个人很爱生气，而且喝酒喝得很多。他当然不喜欢我的音乐，但让我没想到的是，在一天晚上听了我指挥的《随想曲》之后，他在酒后跟我谈话时竟然猛烈攻击起我的音乐来。

D: 对于您和勋伯格，一般流行的看法仿佛是论题和反论题的关系。您对此有什么看法?

S: 这就像所有随意的论断一样，这种说法很容易得到发挥，但这是一种很浮泛而且不怎么可靠的概括形式。

三

D: 在音乐美学领域，常常根据您的《音乐诗学六讲》而将您列入"自律论"的行列。在此我想问您，您真的否定音乐对感情的表现吗?

S：我当时的看法是即兴说出来的，所以在表达上会很不完善。其实就是最愚蠢的评论家也能明白，我并非否定音乐的表现力，而仅仅是否定关于表现力的某些说法。在此我可以重申我的观点：音乐表现自我。一部音乐作品的确能表现作曲家的感情，因此当然可以将作品视为作曲家感情的表现和象征化，尽管作曲家并不一定有意识去做这件事。但是很重要的一个事实是，对那种可以称为作曲家感情的东西来说，一部音乐作品是某种完全崭新的和另外的东西。所以断言作曲家在追求"表现"某些人后来用语言描述加上去的那种情绪，就意味着贬低语言和音乐的品格。

D：您觉得如何评价一部音乐作品的质量？

S：请原谅，我觉得这不是作曲家的事，而是美学家的事情。请相信，职业美学家从没达到过目的，他们实际所运行的规律永远是一种时髦或者趣味的规律。人们认为一部音乐作品比另一部高明，这可能有不同的原因：可能是音乐"在内容上丰富些"；可能是音乐比较感人；可能是在音乐语言上较为精细；等等。然而所有这些论断都是数量性质的，也就是说，它们并没有触及本质或真谛。一部作品高于另一部作品，只能按照它所引起感受的质量来评判，而不是那些"完美无缺的构造"，后者是为了更加强烈地把握观众，其本身绝不能不予以考虑。

D：我在很多文章中看到您曾说一些评论家是外行，是这样吗？

S：我认为，很多所谓"乐评人"的知识甚至都不足以判断音乐记谱法的语法是否正确。他们看不懂乐句是怎么构成的，不知道音乐是怎么写出来的，不懂音乐语言的技巧问题。这些评论家把听众引入歧途并且妨碍他们对音乐的理解。评论家在评论中称赞或者谴责演奏，然而演奏总是与某部作品有关。演奏不是抽象地游离于它所展示的音乐之外的单个存在。评论家们怎么能知道一部他所不熟悉的作品演奏得好还是不好呢？

D：您是否曾经从事过教育事业？

S：从来没有。我的能力十分有限，而且对教育工作没有任何兴趣。我认为，那些值得教的学生有没有我的帮助大概都会成为作曲家的。天生的直觉强迫我会重新谱写学生们的习作。不过，我依然对自己缺乏教育才能而感到遗憾，而对兴德米特、梅西安和那些拥有这种天赋的作曲家充满敬意。

D：最后请您对青年作曲家们说点什么吧。

S：我要说，仅仅靠学习是得不到被称为作曲家的那种天赋的，一个作曲家是否具有这种天赋，不需要别人告诉他。如果作曲能在他身上激起一定欲望并且为了满足这些欲望知道其确切的界限的话，他就知道自己的使命了。如果他仅有"作曲的愿望"或者"用音乐表现自我愿望"的话，他就应该明白他不是作曲家。作曲家的分量和规模是由表达的欲望决定的，这是一种比个体表现更多的东西，是衡量人的一些不可替代的尺度。在新音乐里我们常常感觉不到这些尺度，觉得作者在"躲避音乐"——他们一触及音乐就跑掉了。就像一个庄稼汉在回答他一旦当上沙皇以后要做什么的问题时说的："我大概会掏走 100 卢布，之后尽快逃之夭夭。"

我还要提醒年轻的作曲家们：不要在大学里执教。因为教学是经院派的，所以这种教学在非作曲的时间里对于作曲家不可能成为一种很好的补充。一个真正的作曲家总应当思考自己的工作，他可能并不是总能意识到这点，但当他突然明白他想干什么的时候他会懂得的。

> 这次访谈结束后，其实我是有些遗憾的，因为在整个访谈中我一直都想确证大师和时尚女王香奈儿那段传说中的恋情，然而却始终没有问出口……

约翰·凯奇

音乐的目的是启迪人心

作曲家小传

约翰·凯奇（John Cage，1912—1992）生于美国洛杉矶，其父是一位发明家。显然，在音乐创作领域，凯奇"子承父业"了。

学生时代的凯奇，曾退学前往欧洲学习建筑和钢琴，以画画和写诗为生。

在钢琴学习中，凯奇不喜欢练习音阶。

在前辈作曲家中，凯奇喜爱格里格，对贝多芬没有兴趣。

非常巧的是，凯奇的作曲老师是我们访谈过的一位作曲家勋伯格。凯奇非常崇拜这位老师。

其实，凯奇的创作远远不只是偶然音乐风格的《4分33秒》，他对噪声音乐、预制钢琴、简约主义等领域都有过尝试和涉猎。

凯奇爱好广泛，除音乐外，还制作版画，研究蘑菇菌类。

20世纪40年代后期，凯奇对东方的易经和禅宗产生了兴趣，创作出代表作《4分33秒》等作品。

凯奇一生中最著名的创作非《4分33秒》莫属，这个作品引发出关于音乐的边界究竟在哪里的思考和讨论。很多学者认为不能称《4分33秒》为一首作品，而应以一次"事件"来描述。

在凯奇后来的说明中，他指出《4 分 33 秒》的"演奏"时长是可以任意调节的。

20 世纪 60 年代之后，西方大学名校开始竞相邀请凯奇做讲座，各种荣誉也接踵而至。

当凯奇在 20 世纪 80 年代听说中国有一批青年艺术家宣称，要在最短时间超过所有西方现代艺术史上出现过的流派时，他惊讶地说："有这必要吗？"

我一直认为，作曲家可以分为几类：一类是作曲家本人与其作品齐名；一类是作曲家的作品比他本人有名；还有一类是作曲家本人很出名，作品却鲜有人知。我觉得凯奇属于第三类。

John Cage

这次的访谈对象——约翰·凯奇——不必用弹奏其作品的方式召唤出来，因为在他看来，一切静默及生活中的各种声音都是其作品的一部分。因此，他的作品无时无刻不在演奏。他最有代表性的钢琴作品《4分33秒》就是由钢琴家在舞台上静默4分33秒，不弹任何音符，而在此期间音乐厅里的一切声响，都是此曲的内容。

一

D：作为一位不太容易被人理解的作曲家，您认为作曲家和听众之间是怎样的一种关系呢？

C：我认为，在创作和倾听一首曲子之间通常会存在显著差异。作曲家了解自己的作品，就好比伐木工了解他来回走过的林间小路。但是听众要面对的是从来没有听过的曲子，这就像是走进森林的人面对着之前从来没见过的树木。

D：您是否认为先锋派作曲似乎在追求一种对于传统的无视？

C：这是一种通过知识的转换而实现的对自我的无视。而这种无视并不是由于知识的匮乏，恰恰相反，只有知识丰富的人才能实现这种无视。之后，这种神圣地对自我的无视能让我们获得知识，在此过程中，超自然的知识将装点我们的无知，让我们变得高尚。让我们变得完美的是在我们身上发生了什么，而不是我们做了什么。

D：请问您是如何定义作曲这件事的呢？

C：我认为作曲就是一种整合对立面的活动，比如理性和非理性，并由此在理想状态下创造出在严格划分各部分的过程中可自由移动的连续体。而这些声音的联合与继续在逻辑上或是相关的，或是任意选择的。

D：音乐表演活动的依据是作曲家写出的乐谱，然而乐谱其实是一个并不完备的甚至可以说是开放的符号系统，很多表演活动的因素无法通过乐谱得以确定，从而导致音乐表演活动的不确定性，您对于音乐表演的这种不确定性是怎么看的呢？

C：音乐表演的特征是事先设定表演活动的时间长度，并严格执行。这首先运用于整篇乐谱，然后运用于一个系统当中。但是，虽然一页乐谱的空间等同于时间，但是音乐表演是由人完成的，而不是机器完成的，那么这种空间就可以理解为是移动的，而且移动速度也不是恒定的。因此，只要是涉及演奏时间，乐谱就什么都决定不了；而且，只要涉及音色，乐谱也几乎无法确定什么。另外，对于将要演奏音乐的房间的建筑结构、乐器的摆放位置，这一切都是未确定的。所有这些元素毫无疑问都至关重要，同时也都指向同一个问题：作曲家写出来的曲子是什么样的？

D：作为 20 世纪音乐一个重要创作特点的"无调性"，您是怎么理解的呢？

C：无调性就是和声结构的分解，其全部含义就是，和声中最重要的两个元素——调和转调——都失去了优势。它们渐渐变得模糊，但作为结构元素的属性又要求它们简洁明了。所以无调性只不过是维持调性模糊的状态，取消了以和声作为结构的手段。在这个音乐世界里，作曲家的任务是提供另外的结构手段，就好比重建被炸弹摧毁的城市。而勋伯格和斯特拉文斯基都没做到这一点。勋伯格的十二音序列并不是结构手段，而是一种方法和控制，是对微小的从音符到音符的步骤进行控制；而斯特拉文斯基的新古典主义试图回归过去，拒绝重新审视和声结构，主动地放弃了对冒险的体验，而冒险是创新必不可少的。

D：您在音乐创作中所做的一切，是不是都在力求得到一种更大程度的自由呢？

C：哦，艺术家总是喜欢谈论自由。曾经有一天，我的一个朋友想起了"像鸟儿一样自由"这个表达，于是他去了公园，在那里观察了一段时间这些带羽毛的朋友。回来之后他对我说："您知道吗？其实鸟儿们并不自由，它们会去为了一点儿食物而争斗。"

二

D：您曾在勋伯格门下学习作曲，而且听说勋伯格还是免费教您的，但是后来勋伯格劝您不要从事作曲了，是吗？因为什么呢？

C：在开始的时候，勋伯格问我愿不愿意把一生精力献给音乐，我说："当然愿意。"在跟随勋伯格学了两年以后，勋伯格对我说："要想写音乐，你必须对和声有感觉。"我跟他解释说，我对和声完全没有感觉。然后他说，我会一直遇到阻碍，就仿佛我面前有一堵无法逾越的墙。我说："如果真是这样，那我会倾尽余生用头去撞那堵墙。"

D：在您和勋伯格学习的过程中，还有什么令您印象深刻的事情可以跟我们分享吗？

C：记得在我和他学习的时候，有一天，他指着铅笔上的橡皮头对我说："这一头要比另一头更重要。"还有一次，他问一个很不用功的女生为什么不努力一点，女生回答道："我没有时间。"于是勋伯格问："一天有多少小时？"女生答道："24 小时。"勋伯格道："胡说！你给一天赋予多少小时，一天就有多少小时！"

D：您曾促成了法国作曲家萨蒂那首需重复弹奏 840 遍的作品《烦恼》的演出，请您聊聊这位作曲家吧。

C：通常艺术家都会出于一些美好的理由而小心地朝某个方向前进，希望在死前能够抵达目标。但是，萨蒂鄙视艺术，他哪儿都不去。艺术家会按部就班地数数，而萨蒂却总是从零开始之后突然跳到某个无法预测的点上，并到此为止。取消转调过渡段不仅是他作品的特征，也是他作品里各部分的特征。萨蒂的生活方式也是这样：他没有固定工作，就像从不对作品赋予连续性；他没有津贴和加薪，就像作品没有一个又一个高潮。显然，他很多乐曲的创作并不是受到音乐思维的引领。

D: 当今很多人对于萨蒂的音乐仍然并不熟悉和理解，您可以给想接触和了解萨蒂音乐的人一些建议吗？

C: 要想对萨蒂的音乐感兴趣，就必须从开始就不偏不倚、全然地接受这个观点：声音就是声音，人就是人。要放弃秩序的幻象、放弃情感的表达、放弃我们传承下来的一切其他美学空话。

D: 除了萨蒂，传统的古典音乐家中还有没有能让您看得上眼的？

C: 这个问题我的确思考过。放弃贝多芬或情感的高潮等，对于我来说是如此简单。但是让我放弃巴赫却特别困难。巴赫的音乐令人想到秩序，会使听者怀着荣耀美化自己对秩序的认同，这种认同在日常生活中表现为每天朝九晚五的工作方式及包围着人们的种种设备。只要打开开关，这些设备就会在神的旨意下运作。有人说过，艺术应当是秩序的范例，如此才能使人们暂时地脱离他们所知的周围的混乱。因此，放弃了巴赫，秩序就会难以触及，而这是个严肃的问题。因为，假如我们真的放弃了，那我们还剩下什么？

三

D: 在您的一些作品如《4分33秒》中，表现出了您对静默和自然的关注，您能谈谈您在这方面的思考吗？

C：在所谓的"新音乐"中，出现的不是别的，是声音：可记谱的及不可记谱的声音。那些不可记谱的声音以静默的形式出现在乐谱中，把音乐的大门向环境里的所有声音敞开。世界上不存在真正静默的时间，总有东西让人们去聆听。实际上，就算我们想尽办法想制造静默，也不可能真正做得到。几年前我曾经进入哈佛大学的一间消声室，在那里我只听到了两种声音，一高一低。后来工程师告诉我，高的声音来自我的神经系统，低的声音来自我的血液循环系统。所以我们应该意识到，无论是有意还是无意，声音总是会产生，我试图让人们把注意力转移到无意产生的声音上。这种转移主要是心理层面的，看上去就好像是要放弃一切属于人类的东西，对于音乐家来说，这种转移就是对音乐的割舍。这种转移会把人们带进自然界，让人们突然或慢慢地意识到人类与自然并未分离，而是共同存在于这个世界。放弃了一切之后，就不会再失去什么了。事实上，是你获得了一切。

D：我知道环境噪声在您听来也是一种音乐，甚至是悦耳的，那么您会听唱片吗？

C：当然也会听唱片。但是，只要发现唱片就将其销毁，这即便对于自己也是一种慷慨的友善行为。在我看来，唱片的唯一用处就是版税。

D：请您从您的创作角度，即音乐作品包含环境噪声和静默，来为音乐下一个定义吧。

C：音乐的结构是划分成连续的从乐句到小节的部分。音乐的形式就是内容，也就是连续性。其方法是采取从音符到音符控制连续性的手段，素材是声音和静默，而将这些结合起来，就是作曲。

如果"音乐"这个词是对18、19世纪的由乐器演奏音乐的神圣专指，那我们应该用另外一种更有意义的表达方式来替代：声音的组合。

D：那么人类进行音乐活动的目的是什么呢？

C：音乐的目的是启迪人心，因为它随着时间的流逝确立精神的作用。精神乃是不同元素的集合体，能让人的心中充满爱和安宁。

D：常常感觉您不仅仅是一个"音乐家"，更像是一个"艺术家"，能否请您为"艺术"下一个定义吗？

C：艺术就是对于按照自己方式运行的自然的模仿。所以，艺术发生改变是因为科学在改变，就是说，科学界的变化让艺术家们对自然运作的方式有了新的理解。

D：最后，我很想知道，您对于音乐近乎疯狂的、颠覆式的尝试与努力，您的父母是否能理解和感到骄傲？

C：哈哈，记得有一次圣诞节，我母亲对我说："我反复听了几遍跟你的童年故事有关的录音。听完之后，我不停地问我自己：
'我究竟失败在了什么地方？'"

访谈结束后，我想起来，中国某出版社已经引进出版了凯奇《4分33秒》的乐谱，几十块人民币的定价，翻开里面是一页页空白的五线谱。如果有需要使用五线谱本的朋友，倒是可以买来用。

菲利普·格拉斯

我从来不排斥"卖音乐"的概念

作曲家小传

菲利普·格拉斯（Philip Glass，1937— ）以他的歌剧《海滩上的爱因斯坦》而成为"简约主义"作曲家的代表人物，但是大众更多的是通过他的电影音乐才知道他的名字。

格拉斯的祖上原居于立陶宛，后因犹太血统在"二战"时移居美国。

15 岁那年，格拉斯进入大学学习哲学和数学，并同时在音乐学院学长笛。1954 年格拉斯前往巴黎发展，回到美国之后才进入茱莉亚音乐学院学习作曲。

1964 年格拉斯再返巴黎，跟随著名音乐家纳迪亚·布朗热学习了两年。布朗热认为格拉斯在美国接受的音乐训练太差了。

1966 年，通过和印度作曲家拉维·香卡的接触，格拉斯对印度和藏传佛教产生了浓厚兴趣。

1967 年，格拉斯回到美国发展。

格拉斯的音乐创作以古典音乐为基石，跨越流行、摇滚、环境音乐、电子音乐和世界音乐等多个领域，20 世纪 70 年代，一张报纸的头条曾经写道："格拉斯又发明了新的声音折磨法。"

格拉斯除了作曲，还曾经同时当一名水管工和卡车司机，并和身为雕塑家的表妹经营一家搬家公司。

格拉斯《致敬三部曲》之一的《奥菲欧》写于他第三任妻子去世之时，与奥菲欧的人物命运遥相呼应。

在《时时刻刻》《楚门的世界》《三岛由纪夫》《魔术师》等电影中，我们可以欣赏到格拉斯的音乐。

Glass

这次的访谈比较特别，因为它是访谈系列开始以来，首次对一位健在的作曲家进行虚拟访谈。出生于1937年的美国作曲家菲利普·格拉斯，有着扎实的古典音乐创作功底，在音乐史教程中被划为简约主义音乐的代表人物，却因着给《楚门的世界》《时时刻刻》等三十多部电影写配乐而为更多人所知。菲利普坦率、直接，其真诚的见解屡屡给我以巨大的启示。

一

D：您小时候学习音乐是否有来自家庭的影响？

G：家里大部分搞音乐的都是我爸这边的亲戚。我表妹西维亚是学古典钢琴演奏专业的，其他亲戚则是从事轻音乐的。因此我家学古典乐和流行乐的比例较为平衡。而我母亲这边，他们对音乐家没什么感觉。

当我爸刚开始卖唱片的时候，他还分不出唱片的好坏，别人卖什么他就进什么。慢慢地他发现有的畅销而有的卖不掉，于是作为商人的他想研究到底为什么有些卖得不好。他会把销量不好的唱片带回家听，想着自己找出那些唱片的缺陷，以后就不进这些货了。

20世纪40年代末的时候，像巴托克、肖斯塔科维奇、斯特拉文斯基等那个时代的现代音乐大师的作品就不好卖。我爸一遍遍地听他们的作品，想搞清楚问题出在哪儿，结果却最终喜欢上了他们的音乐。于是他成了新音乐的推广者。时间长了，整个地区想听现代音乐的人都必须上他的店里来。他会带他们逛店，甚至会拿唱片送给顾客说："先拿回家听，如果不喜欢再拿回来。"他在试图打开人们听觉思维的局限。有的人本来是来买贝多芬的唱片，他却偏要给人家推销巴托克的唱片。

D：您后来选择当一名作曲家有什么原因吗？

G：我走上音乐创作之路的初衷很简单。因为我一直在思考一个问题："音乐究竟从何而来？"我在书本里或者同行那里都得不到答案，或许这本身就是个无关紧要的问题。但这并没有使我放弃寻找这个答案。我读大一的时候认为只要我自己开始作曲，就肯定有办法找到答案。尽管我从未找到答案，但在此后的60年里，我发现这个问题本身问得就有问题。

D：在您的成长道路上，曾接受过诸如布朗热等大师的教诲。您觉得那些伟大的音乐教师的教学方针有共同点吗？

G：那些伟大教师的教学方针几乎完全相同，那就是完全一对一地上课，并且根据每个学生的特长来决定他如何完成其课业，以及完成的课业量。

D：您的前妻乔安妮是一位戏剧家，您二人一起去巴黎求学，并在巴黎结婚，那时你们还不到30岁。我很想知道两位艺术家在结婚时对婚姻和生儿育女持怎样的态度。

G：我们都对艺术有着相当大的抱负，并且执着程度相等。

我们都对婚姻和生儿育女怀着很严肃的态度。我知道这都是需要付出代价的，也确定我肯定会付出这些代价。但不管将来怎样，我俩起码是伴侣了，这事儿完全不用商量。乔安妮可不是要我在外面挣钱养她的那种女人。所以我们的婚姻里绝对不存在什么"嗯，挺好，你就给我生孩子就行了，我出去创业"。不，我们永远不可能是那种。我们要的是一个完全共享的家庭和一番完全共享的事业。而最后事实证明我们成功合作了 50 多年之久。

二

D：您的创作中曾经使用过爵士乐的语汇，您如何看待这种来自您的家乡美国的音乐？

G：爵士乐在我耳朵里是巴洛克音乐的变体，因为它们对我来说功能是一样的。和巴洛克音乐一样，爵士乐依赖于其和声转换，并通过这些转换来决定旋律的创意。爵士歌曲也是这个套路，中间肯定有一座"桥"——也就是巴洛克音乐的"连接部"——，而且包含一个典型 ABA 三部结构。不论是爵士乐的独奏和独唱都遵循这个结构。

我用了很长时间才发现爵士乐是如何渗透在我的创作中的。最初我觉得爵士乐基本都是没有乐谱的即兴发挥，跟我的音乐宗旨没有任何关系。一直到近几年，当我重温我早年听到的爵士乐时，我惊奇地发现其实它带给我的影响是那么深。

D: 您是否认为现代音乐的创作应该彻底颠覆传统来追求"原创"和"突破"？

G: 我经常听到人们以一个作品的"原创性"或者"突破性"作为衡量其价值的标准，但我的个人经历却完全不是这样。对我来说，音乐永远是世袭的。我们把历史重新组装成了未来，但是真的，这种世袭太重要了。

我在这里想起当年盲人音乐家托马斯·路易·哈丁（外号"月亮狗"）对我说的话，他说："菲利普啊，我在试图步巴赫和贝多芬的后尘。但事实是，他们是如此伟大的巨人，他们的步伐间距如此长远，我必须得跳着走才能跟上他们。"

D: 您的音乐创作中戏剧音乐和电影音乐占有很突出的地位，并且您自己也曾自称"戏剧作曲家"。

G: 完全没错。当然这并不代表我一生只为戏剧创作。你只要看看音乐史的长河就会发现，所有革新思想几乎全都来自剧院。1607 年蒙特·威尔第的《奥菲欧》、18 世纪的莫扎特、19世纪的瓦格纳、20 世纪的斯特拉文斯基，莫不如此。其原因就是戏剧音乐逼迫作曲家跳出自己的思维框架去考虑别人的立场。如果你永远只是为自己写作，你可以大部分依赖于自己所熟悉的音乐语汇和音乐风格，然后一直只用那一种语言去写。而你一旦进入戏剧界并要考虑所有戏剧元素——动作、画面、台词和音乐——那才会给你意想不到的结果，这是最容易发现新的自己的时候。如果你总是在自己舒服或者熟悉的范围里创作，是很难带来新意的。

D: 是否曾经有人对您的作品表示过反对或不满?

G: 有的, 甚至偶尔会有很强烈的反对声。有一次, 我刚演到一半, 就发现竟然有陌生人莫名其妙地跑到台上来了, 他爬上来之后立马冲到钢琴前把我挤下去, 自己狂砸一通。我想也没想, 完全靠本能反应, 冲上去对准他腮帮子就是一拳。他被吓得滚到台下去了。一半的观众开始欢呼, 当然也有部分观众对我发出牛叫般的嘲笑声。我半秒也没耽误就继续演下去了, 整个舞台纠纷没超过6秒钟。那个肇事者没有再回来捣乱。

这是我第一次遇到有人竟想直接砸场子, 但绝对不是最后一次。那样冲动的观众在后来的很多年里还会反复出现。我一直都无法完全理解他们到底为什么生那么大的气。也许是因为我的作品跟他们预期里的现代音乐听着不一样, 也许他们觉得我在用音乐讽刺他们, 甚至在侮辱他们。呵呵, 也真亏他们想得出! 我大老远跑去欧洲就为了调侃他们这帮五音不全的乡巴佬? 他们知道印度音乐大师拉维·香卡是谁吗? 他们见过拉维·香卡吗? 他们去过印度吗? 他们被世界音乐彻底打开过听觉细胞吗? 他们什么都不懂啊!

三

D: 约翰·凯奇曾提出一个观点: 一部艺术作品是不能独立存在的。您对此如何理解呢?

G: 这个观点告诉了我们，音乐最终的成立是由周围的人与事发生关系决定的。

D: 您能否为我们具体说说这个观点？

G: 请你告诉我，音乐学院的图书馆里都是什么？

D: 乐谱。

G: 它们严格意义上是什么？

D: 是音乐。

G: 不，那根本不是音乐。那只不过是一些印在纸上的点点和线条而已。音乐是必须靠听的，而乐谱上没有一样东西是音乐，只不过是某些人的思想记录和证据而已。你可以通过它们来指引你创造音乐，但它们绝对不是音乐本身。

D: 明白了，这其实就是音乐美学中探讨的音乐作品存在方式问题。

D: 您对音乐活动的三大环节：创作、表演和欣赏之间的关系如何看呢？

G: 毋庸置疑，听众的职责当然就是听。但其实作曲家的职责也同样是听。那演奏者是干什么的呢？什么才是演奏者在演奏时该有的态度呢？严格说来，演奏者的态度应该是必须仔细聆听手上出来的是什么。万万不要以为因为演奏者离乐器最近就代表他真的在"听"了。他完全可能在疯狂演奏的同时，其实自己一个音也没听进去。只有当他完全聚精会神地聆听自己的演奏时，音乐才能上升到创意的境界。这种境界其实是能够渗透到所演奏作品的每时每刻的。然后从开始到结束的这个时间段形成了一个独立的时间框。这才是真正的演奏：一座严肃的、正式的时间框。在这个时间框里承载着听觉细胞的活动，不仅是听众的，也是演奏者自己的听觉细胞。

D：您说得太好了，也就是说，其实不论是音乐创作、表演还是欣赏，其关键词都是"听"，而且应该是"全神贯注地听"。请您再就演奏这个环节给我一些忠告，好吗？

G：最好的演奏状态是在你演奏之时、在你出手之前的一刹那能大致听到脑海中的一部分预期。接着当你的演奏开始后再把这个预期填满，就好比是一个实体在跟随自己的影子，而不是正常世界里的影子跟随物品。如此一来，你就不是只是"因为我练过琴了所以我弹"，因为谁都可以这么做。你可以把手指练得很熟练，以至于可以边弹边开小差也不会错，但这是个糟糕透顶的态度。最理想的演奏就是演奏者能用自己在脑中听到的预期去决定下一刻将出现的每一个声音细节。

四

D：现在有很多人对艺术与商业的关系争论不休，对此您怎么看？

G：我从来都不排斥"卖音乐"这个概念。我11岁的时候就已经在帮我爸卖唱片了。从那时起，我就观察顾客如何掏出钱，然后我爸递给他一张唱片。这在我眼里就是纯数字的交易。我看了无数次的"钱——音乐，音乐——钱"，这对我来说一直都非常正常。我认为世界就是这样运转的，也从来没有觉得这是什么掉价或者践踏艺术的行为。

D：您除了在音乐上探索和修炼，还通过学习瑜伽、宗教等进行精神境界的修行。一个人是怎么有精力同时追求音乐事业和个人境界的呢？

G：不同时追求还能怎么追求呢？

D：请您给有志于成为艺术家的年轻人一些忠告吧。

G：一名艺术家对自己的路一定要非常小心谨慎地计划，因为中途会遇到很多危险。创作上的迷茫只是其中的一种。因为艺术家与普通人一样，对酗酒、吸毒甚至感情上的问题都会陷入迷茫。有太多东西可以摧毁一名艺术家，使他们把自己的大好才华浪费在不值当的东西上。

> 菲利普临走时留给了我一句非常值得深思的话："别忘了，音乐世界和音乐产业可不是一回事啊。"

后记

　　作曲家虚拟访谈终于和大家见面了，此时我的内心充满感恩之情。在此我要向编辑段珩老师、董曦阳老师、李博老师（排序不分先后）致以诚挚的谢意。他们为这本书付出了大量辛劳，并提供了许多宝贵的建议。我还要感谢三联《爱乐》杂志、中读、耿捷老师、俞力莎老师、汤伟老师及为本书写序的李峥老师（排序同样不分先后），感谢他们时时给予我的鼓励和温暖。此外我还要感谢这本书的每位读者、我在中读所作《古典音乐说明书》的每一位听众，是你们带给了我对古典音乐普及之路的信心，我渴望和你们进行更多层面的音乐交流。当然我还要感谢我的亲人和朋友们，感谢你们对我无条件的支持。

　　访谈虽然暂告一段落，但我们和伟大作曲家的对话永远不会结束。时过境迁对于古典音乐来说未必是坏事，有些音乐在不同厚度的时光滤镜之下会给人极为不同的感受。所以，我们慢慢走，慢慢聊，慢慢听。请相信你的心情永远都有一个出口，那就是古典音乐。

　　谢谢大家！

段召旭

2019 年 11 月 19 日

参考书目

1. Kewst & Krehbiel（编）:《莫扎特其人其事》，潘保基译，台北：世界文物出版社，1995 年。

2.［奥］沃尔夫冈·莫扎特:《我是你的莫扎特：莫扎特书信集》，钱仁康译，北京：中国财政经济出版社，2016 年。

3. O.G.Sonneck（编）:《贝多芬其人其事》，张冕译，台北：世界文物出版社，1996 年。

4.［奥］卡尔·柯巴尔德:《艺术歌曲之王：舒伯特传》，台北：佳赫文化行销有限公司，2009 年。

5.［英］诺曼·莱布列希:《为什么是马勒》，林佳怡译，台北：大鸿艺术出版社，2013 年。

6.［美］罗布·哈斯金斯:《凯奇评传》，李静滢译，桂林：漓江出版社，2015 年。

7.［法］克洛德·德彪西:《克罗士先生》，张裕禾译，北京：人民音乐出版社，1963 年。

8.［奥］卡尔·车尔尼:《致一位年轻女士的信》，李柯译，武汉：华中师范大学出版社，2016 年。

9.［德］Werner Fuld:《帕格尼尼：才华的诅咒》，刘兴华译，上海：上海远东出版社，2005 年。

10.［美］詹姆斯·吉本斯·赫尼克:《肖邦传：一个波兰人

和他伟大的音乐》，黄钰岚、杨楠译，北京：研究出版社，2017年。

11.［法］夏尔·卡米尔·圣－桑：《圣－桑传》，郭典典、马洁译，北京：研究出版社，2017年。

12.［奥］阿诺德·勋伯格：《勋伯格：风格与创意》，茅于润译，上海：上海音乐出版社，2011年。

13.［匈］弗朗茨·李斯特：《李斯特音乐文选》，俞人豪译，北京：人民音乐出版社，2003年。

14. 张洪模（编著）：《格里格》，石家庄：花山文艺出版社，1998年。

15. 人民音乐出版社编辑部、湖北艺术学院作曲系（编）：《巴托克论文书信选》（增订版），北京：人民音乐出版社，1985年。

16.［俄］柴可夫斯基：《柴可夫斯基论音乐与音乐家》，高士彦译，北京：人民音乐出版社，2004年。

17.［俄］柴科夫斯基、梅克夫人：《我的音乐生活》，陈原译，北京：生活·读书·新知三联书店，1998年。

18.［奥］马塞尔·普拉维：《圆舞曲之王：约翰·施特劳斯传》，潘海峰译，北京：生活·读书·新知三联书店，1996年。

19.［美］罗伯特·克拉夫特：《斯特拉文斯基访谈录》，李毓榛、任光宣译，北京：东方出版社，2004年。

20.［俄］格利克曼（编）：《肖斯塔科维奇书信集》，焦东建、董茉莉译，北京：东方出版社，2005年。

21.［法］埃克托尔·柏辽兹：《柏辽兹回忆录》，佟心平、冷杉译，北京：东方出版社，2000年。

22.[俄]里姆斯基－科萨科夫:《我的音乐生活》,吴佩华译,上海:上海音乐出版社,1988年。

23. Sergei Bertensson、Jay Leyda:《拉赫玛尼诺夫的音乐人生》,陈孟珊译,台北:原笙国际有限公司,2008年。

24.[俄]普罗科菲耶夫等:《默者如歌》,徐月初、孙幼兰译,北京:文化艺术出版社,1997年。

25.[美]菲利普·格拉斯:《无乐之词》,龚天鹏译,郑州:河南大学出版社,2018年。

26.杰西卡·杜琛:《加布里埃尔·福雷》,杨宁译,上海:上海音乐出版社,2017年。

27. ornella volta. *The Writings of Erik Satie*, London: Atlas Press, 2014.

28. Whitwell, Dr David. *Mendelssohn: A Self-Portrait in His Own Words*, Whitwell Publishing, 2012.

29. Faubion Bowers. *Scriabin*, New York: Dover Publications, Inc., 2011.

30. Karl Geiringer. *Brahms: His Life and Work*, Boston: Da Capo Press, 1984.

31. Herry Pleasan. *Schumann on Music*, New York: Dover Publications, Inc., 2011.

32. Arbie Orenstein. *A Ravel Reade*, New York: Dover Publications, Inc., 2003.

附录：古典音乐大师小档案

作曲家	国籍	生卒年	代表作品
J.S. 巴赫	德国	1685—1750	《马太受难曲》《b 小调弥撒曲》《平均律钢琴曲集》
贝多芬	德国	1770—1827	《第五命运交响曲》《月光奏鸣曲》
舒曼	德国	1810—1856	《蝴蝶》《维也纳狂欢节》
勃拉姆斯	德国	1833—1897	《第一交响曲》《D 大调小提琴协奏曲》
瓦格纳	德国	1813—1883	《黎恩济》《漂泊的荷兰人》
门德尔松	德国	1809—1847	《仲夏夜之梦》《e 小调小提琴协奏曲》
约翰·施特劳斯	奥地利	1825—1899	《蓝色多瑙河》《维也纳森林的故事》
莫扎特	奥地利	1756—1791	《奏鸣曲》《协奏曲》《安魂曲》
舒伯特	奥地利	1797—1828	《冬之旅》《流浪者》《摇篮曲》
车尔尼	奥地利	1791—1857	《钢琴初步教程》《钢琴流畅练习曲》
马勒	奥地利	1860—1911	《大地之歌》《悲叹之歌》《千人交响曲》
勋伯格	奥地利	1874—1951	《净化之夜》《和声学教程》
德彪西	法国	1862—1918	《大海》《牧神午后前奏曲》《月光》《佩利亚斯与梅丽桑德》

作曲家	国籍	生卒年	代表作品
萨蒂	法国	1866—1925	《萨拉班德》《星之子》
圣－桑	法国	1835—1921	《天鹅》《动物狂欢节》
柏辽兹	法国	1803—1869	《特洛伊人》《比阿特丽斯和本尼迪克》
梅西安	法国	1908—1992	《时间终结四重奏》《阿门的幻影》
拉威尔	法国	1875—1937	《夜之幽灵》《波莱罗》
福雷	法国	1845—1924	《叙事曲》
李斯特	匈牙利	1811—1886	《匈牙利狂想曲》
巴托克	匈牙利	1881—1945	《乐队协奏曲》《蓝胡子公爵的城堡》
柴可夫斯基	俄罗斯	1840—1893	《悲怆交响曲》《天鹅湖》《胡桃夹子》
拉赫玛尼诺夫	俄罗斯	1873—1943	《第二钢琴协奏曲》《第三钢琴协奏曲》《帕格尼尼主题狂想曲》
普罗科菲耶夫	俄罗斯	1891—1953	《第六钢琴奏鸣曲》《第七钢琴奏鸣曲》《第八钢琴奏鸣曲》
肖斯塔科维奇	俄罗斯	1906—1975	《第一交响曲》《第五交响曲》《第七交响曲》
斯克里亚宾	俄罗斯	1872—1915	《第五钢琴奏鸣曲》《狂喜之诗》
里姆斯基－科萨科夫	俄罗斯	1844—1908	《普斯科夫的姑娘》《五月之夜》《天方夜谭》
肖邦	波兰	1810—1849	《降E大调辉煌大圆舞曲》《降E大调夜曲》《c小调革命练习曲》
帕格尼尼	意大利	1782—1840	《b小调第二小提琴协奏曲》

作曲家	国籍	生卒年	代表作品
格里格	挪威	1843—1907	《a 小调钢琴协奏曲》《培尔·金特》
斯特拉文斯基	美国	1882—1971	《火鸟》《彼得鲁什卡》《春之祭》
约翰·凯奇	美国	1912—1992	《4 分 33 秒》
菲利普·格拉斯	美国	1937—	《海滩上的爱因斯坦》《音乐的十二个部分》